D1673374

Schriftenreihe

Studien zum Konsumentenverhalten

Band 9

ISSN 1613-9100

Verlag Dr. Kovač

Nadine Schmidt-Mänz

Untersuchung des Suchverhaltens im Web

Interaktion von Internetnutzern mit Suchmaschinen

Verlag Dr. Kovač

Hamburg
2007

VERLAG DR. KOVAČ

FACHVERLAG FÜR WISSENSCHAFTLICHE LITERATUR

Leverkusenstr. 13 · 22761 Hamburg · Tel. 040 - 39 88 80-0 · Fax 040 - 39 88 80-55

E-Mail info@verlagdrkovac.de · Internet www.verlagdrkovac.de

Die vorliegende Arbeit wurde an der Fakultät für Wirtschaftswissenschaften
der Universität Fridericiana zu Karlsruhe als Dissertation eingereicht.

Referent: Professor Dr. W. Gaul
Korreferent: Professor Dr. D. Seese
Tag der mündlichen Prüfung : 09. August 2006

Bibliografische Information der Deutschen Nationalbibliothek
Die Deutsche Nationalbibliothek verzeichnet diese Publikation
in der Deutschen Nationalbibliografie;
detaillierte bibliografische Daten sind im Internet
über http://dnb.d-nb.de abrufbar.

ISSN: 1613-9100

ISBN: 978-3-8300-2725-6

Zugl.: Dissertation, Universität Karlsruhe (TH), 2006

© VERLAG DR. KOVAČ in Hamburg 2007

"Überall geht ein früheres Ahnen
dem späteren Wissen voraus."
— *Alexander von Humboldt*

Vorwort

Diese Arbeit wurde am Institut für Entscheidungstheorie und Unternehmensforschung der Universität Karlsruhe (TH) verfasst. Mein Dank gilt Herrn Professor Dr. Gaul für die Betreuung der Arbeit. Zudem danke ich den Kollegen und Kolleginnen des Lehrstuhls für hilfreiche Gedanken, Gespräche und Aufmunterungen.

Ich möchte Herrn Dr. W. Sander-Beuermann danken, der mich bei der Durchführung der Umfrage und bei der Akquise erster Nutzerdaten unterstützt hat, indem er die Suchmaschine MetaGer zur Verfügung stellte. Er hat damit wesentlich zu der Vervollständigung der Nutzerdaten dieser Arbeit beigetragen. Weiter sei Dipl.-Inform. Martina Koch genannt, die mit einer Studienarbeit bei mir begann und während ihrer Diplomarbeit unsere Datenbank aufbaute und weiterhin pflegt. Es werden weitere Projekte für unser Team folgen. Hier möchte ich auch Dr. Dirk Lewandowski nennen, mit dem ich seit einiger Zeit Artikel publiziere.

Je dis aussi bonjour à Agnès, Jörg et Hanná. Merci pour tout! Danke an Marion für zahlreiche Telefonate. Dr. Markus Höchstötter danke ich für seine Liebe, Geduld und Unterstützung, meinen Weg zu begleiten, auch wenn dieser oft anstrengend war.

Mein ganz besonderer Dank gilt meinen lieben Eltern, Gabriele und Heinz Mänz-Seufert. Sie haben mich immer unterstützt und mich gefördert bzw. gefordert, wenn dies nötig war. Ich möchte Euch und besonders Dir, Dr. Heinz Seufert, diese Arbeit widmen.

Karlsruhe, im Oktober 2006   *Nadine S. Schmidt-Mänz*

Inhaltsverzeichnis

Abbildungsverzeichnis

Tabellenverzeichnis

XIII

Kapitel 1

Einleitung

Suchmaschinen sind mittlerweile bedeutende Anlaufstellen, um nach Informationen oder neuen Angeboten im Web zu suchen oder bereits Bekanntes im Internet wiederzufinden. Die Wichtigkeit von Suchmaschinen als Werbemedium ist den meisten Anbietern bekannt. Dies führt unter Umständen dazu, dass Webseiten oder ganze Web-Präsenzen daraufhin optimiert werden, möglichst weit oben in den Ergebnis-Listen der Suchmaschinen positioniert zu sein. Suchmaschinen wiederum versuchen entsprechend, solche Manipulationen zu verhindern. Innerhalb dieser Problematik wird der Nutzer von Suchmaschinen vernachlässigt. Diese Arbeit fokussiert auf den Suchmaschinennutzer und analysiert sein Verhalten.

1.1 Motivation der Arbeit

Im Web eine Seite zu betreiben, bedeutet noch nicht, dass diese auch von potentiellen Kunden oder interessierten Besuchern entdeckt wird, sofern dies gewünscht ist. Eine wichtige Voraussetzung für den Erfolg von Seiten im Web ist, die online Sichtbarkeit von Webseiten zu erhöhen. Von Bedeutung ist dabei die Berücksichtigung des Suchverhaltens von Internetnutzern und die eigene Präsenz von Angeboten in Suchmaschinen, wenn die gesuchten Themen auf den Seiten eines Anbieters behandelt werden (siehe DRÈZE/ ZUFRYDEN (2004) oder SCHMIDT-MÄNZ/ GAUL (2003)).

In der realen Welt existieren verschiedene Möglichkeiten des Marketing-Mix aus Produkt-, Preis-, Distributions- und Kommunikations-Politik (KOTLER (2003)), um die Aufmerksamkeit auf die eigene Internetpräsenz zu lenken. Zudem ist die Kenntnis darüber hilfreich, wie Kunden oder Besucher nach einem Anbieter, einem Produkt oder einer Dienstleistung suchen, um die Firmen- oder Produkt-Wahrnehmung bei potentiellen Interessenten effizient zu erhöhen. Im virtuellen Raum des Web stellt sich der Sachverhalt komplizierter dar. Die Möglichkeiten, Reize zu streuen, um die Aufmerksamkeit des Suchenden anzuregen, ist gegenüber der realen Welt sehr begrenzt und mit den herkömmlichen Methoden nicht vergleichbar. Aspekte zum Internet als Marketinginstrument im Allgemeinen sind im Anhang B.4 erläutert, wobei auch auf die besondere Stellung der Suchmaschinen als ein online Werbeinstrument eingegangen wird.

Die Leistung der vorliegenden Arbeit liegt darin, einen umfassenden Überblick über das Forschungsgebiet des online Suchverhaltens im Web zu geben, den Suchmaschinennutzer zu fokussieren und die Erforschung des Suchverhaltens im deutschsprachigen Raum zu untersuchen. Hierzu wurde, neben der Durchführung einer online Umfrage, eine Suchanfragen-Datenbank aufgesetzt, um Angaben in der Literatur zu überprüfen. Auf Basis dieser Daten werden Auswertungsmethoden aus der Literatur aufgegriffen und weiterentwickelt. Fehlerhafte und unvollständige Aussagen in anderen Studien können somit korrigiert und vervollständigt werden. Die existierende heterogene Begriffswahl wird zu einer neuen, konsistenten Terminologie zusammengefasst. Anhand von vier unabhängigen Datensätzen werden vollständige Statistiken von Suchanfragen erstellt. Die Formalisierungen können als Grundlage und Vergleichswerte für zukünftige Auswertungen von Suchanfragen herangezogen werden.

Des Weiteren werden Erkenntnisse über das Suchverhalten von Internet-Nutzern genutzt, um Implikationen für Suchmaschinen, Website-Betreiber und den Suchenden selbst zu geben. Hierfür wird ins Besondere auf die Informationsverarbeitung und die Struktur des Informationsbedürfnisses von Suchenden eingegangen.

Verschiedene Begriffserklärungen, die für das Verständnis der Arbeit wichtig sind, werden im Anhang A aufgeführt. Hintergrundinformationen zur Entstehung des Internet und des Web sind im Anhang B zu finden.

1.2 Über das Suchverhalten

Ein immer wieder angesprochenes Problem, das bei der Erforschung des Nutzungsverhaltens und Suchverhaltens von Menschen im Web auftritt, ist, dass sich diese im 'Hyperspace' verlieren. Gründe hierfür werden bei THENG ET AL. (1996) genannt. Einer der Gründe ist, dass Internetnutzer ihre Sinne nicht optimal einsetzen (können). Zu klären bleibt, ob das 'lost in hyperspace'-Problem eher psychologischer Natur ist oder ob das Web für den Menschen unverständlich strukturiert ist. Die Suche im Web scheint sich schwieriger darzustellen als in der realen (offline) Welt.

Bei BELL (1991) wird das Suchverhalten von Tieren als ein aktiver Prozess beschrieben, um bestimmte Ressourcen zu finden. BELL schreibt weiter, dass das Suchverhalten das Zusammenspiel von drei Hauptfaktoren repräsentiert:

1. die Charakteristika und die Fähigkeiten des Organismus (was seine Wahrnehmung einschließt),

2. externe Faktoren der Umgebung (wie die Verfügbarkeit von Ressourcen und der Aufwand, diese zu entdecken),

3. interne Faktoren (wie die Wichtigkeit des zu befriedigenden Bedürfnisses).

Dem Suchen liegt ein verhaltenswissenschaftlicher Entscheidungsprozess zu Grunde. Die Fähigkeit, Ressourcen zu identifizieren und zu lokalisieren, wird im Laufe der Zeit verfeinert und geschärft. Die Lokalisierung wird durch die Orientierung bedingt: Ein Organismus bewegt sich in die Richtung der Ressource, indem Spuren der Ressource selbst oder Informationen über diese Ressource verfolgt werden. Die Beurteilung geschieht über Muster, die der Organismus erhält, wie auditive Signale, visuelle Reize, Gerüche oder bestimmte Hinweise, die für die Ressource charakteristisch sind. Auf diesen Informationen basierend entscheidet dann der Organismus, nach der Ressource zu suchen.

Das Suchverhalten von Tieren ist weitgehend erforscht; es gibt hier verschiedene Modelle, die das Suchverhalten simulieren. In Anlehnung daran entstand das Forschungsgebiet der Jagd nach Informationen (Information Foraging, PIROLLI/ CARD (1999)), wobei hier verstärkt die Navigation auf Websites simuliert werden soll.

Allen Organismen ist eines gemein, sie brauchen immer einen Reiz, um mit der aktiven Suche zu beginnen. Eine Ameise streift durch ein Gebiet und beginnt z.b. mit der aktiven Suche, wenn sie eine Duftspur wittert. Andere Tiere reagieren auf Geräusche, Berührungen oder visuelle Reize. Wird dies auf Suchmaschinen bezogen, in deren Ergebnislisten nur mit textueller Information gearbeitet wird, sind die Fragen zu klären, ob Menschen in der Lage sind, reine Informationen zu deuten oder ob sie instinktiv äußere Reize brauchen, um die Suche fortzusetzen? Wie äußert sich ein Informationsbedürfnis? Gibt es Charakteristika für die Suche von Informationen unterschiedlicher Struktur? Inwieweit werden bereits identifizierte Quellen in Erinnerung behalten, um bei neuen Suchen darauf zurückzugreifen?

Fragestellungen dieser Art werden in dieser Arbeit verfolgt. Außerdem sollen Möglichkeiten aufgezeigt werden, Reize unter Umständen künstlich zu schaffen, um aktiv eine 'Duftspur' zu legen, die für den Menschen interpretierbar ist und seinen Bedürfnissen entgegenkommt.

1.3   Abgrenzung des Forschungsgebiets

Das Suchverhalten von Internetnutzern und deren Verhalten bei der Suche mit Suchmaschinen hat verschiedene Berührungspunkte zu anderen Forschungsrichtungen. Die Interaktion von Endnutzern mit Datenbanken, wie sie heutzutage bei Bibliotheken gebräuchlich ist, stellt eine dieser Forschungsrichtungen dar. Ein Überblick über Studien in diesem Bereich wird bei HSIEH-YEE (2001) und ONDRUSEK (2004) gegeben. Bei HSIEH-YEE (2001) beginnen die ersten Beobachtungen und Erhebungen im Jahr 1995. Die Recherche mit Hilfe von Datenbanken, die als strukturierte Dokumentmengen vorliegen, kann aber zum großen Teil nicht mit dem Verhalten von Menschen verglichen werden, die in einer unbekannten und unstrukturierten Masse von Informationen suchen (MACHILL ET AL. (2002)).

Als weiterer großer Einflussbereich ist die 'Informationsjagd'-Theorie (PIROLLI/ CARD (1999)) zu nennen, bei der durch mathematische Modelle das Navigationsverhalten von Internetnutzern simuliert wird. Die Modelle orientieren sich an der Simulation der Suche nach Futter, Wasser oder auch Fortpflanzungskandidaten bei Tieren. Mit diesen Modellansätzen wird als ein Schwerpunkt das Verhalten bei der Navigation auf Websites beschrieben und kann deswegen nicht uneingeschränkt auf das Suchverhalten im Web transferiert werden. Bei der Betrachtung des Suchverhaltens von Tieren nach Beute sind jedoch interessante Aspekte zu erkennen, die auf das Suchverhalten im Web angewendet werden können.

Das Suchverhalten im Web ist auch der Kognitionspsychologie oder Kognitiven Psychologie unterzuordnen, welche sich mit Prozessen der Informationsverarbeitung, mit Vorgängen der Wahrnehmung, des Gedächtnisses, der Aufmerksamkeit und des Denkens auseinander setzt. Das Verhalten bei der Informationsverarbeitung ist nicht angeboren, sondern wird durch Erfahrungen, die ein Mensch macht, beeinflusst. Hierbei spielen (un)angenehme Reize oder Erlebnisse eine besondere Rolle. Die sehr speziellen Erfahrungen jedes einzelnen Menschen machen auch die Verhaltensweisen einzigartig, weswegen die gleiche Situation unterschiedlich bewertet werden kann. Nach der Kognitionspsychologie kann sich der Mensch durch Pläne und Ziele auch selbst steuern, indem er sein Verhalten beobachtet, bewertet und verstärkt.

Auf das Verhalten von Menschen bei der 'offline' Suche soll in dieser Arbeit nicht eingegangen werden, da in dieser Umgebung der Suchende zusätzliche Reize wie Signale und Gerüche zur Orientierung hat und sie somit stark von der virtuellen Welt im Internet abweicht.

Die hohe Relevanz der Nutzung von Suchmaschinen im Web erfordert es, das Suchverhalten von Internetnutzern zu erforschen. Ohne die Kenntnis von Suchstrategien potentieller Besucher von Webseiten oder Abnehmer eines Produktes können Marketing-Maßnahmen nicht zielgerichtet eingesetzt werden. Die Erforschung des online Suchverhaltens erhält damit einen sehr wichtigen Bezug zum (online) Marketing.

1.4 Ziel der Arbeit

Diese Arbeit stellt die verschiedenen Aspekte bereits veröffentlichter Arbeiten dar und präsentiert darauf aufbauend weiterführende Ergebnisse. Durch zwei empirische Erhebungen sollen darüber hinaus neue Kernaussagen über das tatsächliche Suchverhalten getroffen werden. Fragestellungen nach der Orientierung von Menschen und deren Informationsbedürfnisstruktur im Web werden beantwortet.

Der Mensch möchte auf unbekanntem Terrain Informationen finden und gibt dabei Auskunft darüber bzw. wird dabei beobachtet, wie er ein solches Problem bewältigt. Eine Frage ist hier, ob der Mensch sich automatisch Orientierungshilfen wie 'Wegmarkierungen' setzt, um bereits interessante 'Informationsquellen' oder 'Futterquellen' wiederzufinden. In einem weiteren Schritt sollen mit den Untersuchungen des Suchverhaltens aus verschiedenen Blickpunkten Implikationen für die Hauptbeteiligten bei der Websuche getroffen werden. Dazu sollen Entscheidungsregeln dienen, Suchanfragen auf Grund ihrer Charakteristik zu antizipieren, um Optimierungsmöglichkeiten für Suchmaschinen aufzuzeigen. Für Suchmaschinen ist es außerdem von Interesse, Störfaktoren in der Benutzeroberfläche zu erkennen, um 'kundenfreundlichere' Suchmaschinen für Suchende aufzubauen. Die Kenntnis des Verhaltens soll zudem Website-Betreibern direkt helfen, ein besseres Verständnis für den Suchenden zu bekommen, um so effektiver die online 'Ersuchbarkeit' zu erhöhen und Marketing-Aktionen entsprechend zu planen. Für den Suchenden sollen die Erkenntnisse eine Möglichkeit darstellen, sich selbst zu beobachten und zu bewerten, um im Sinne der Kognitionspsychologie sein Suchverhalten selbständig weiter zu entwickeln.

Folgende Forschungsfragen werden für diese Arbeit formuliert und untersucht:

- Wie beschreibt der Suchende sein Suchverhalten und wie sieht er seine Vorgehensweise bei der Suche, wenn er sein Verhalten reflektiert?

- Gibt es Unterschiede zwischen verschiedenen Gruppierungen bei der Herangehensweise an eine online Recherche?

- Wie sind Suchanfragen tatsächlich strukturiert, wenn beobachtete Suchanfragen von unterschiedlichen Suchmaschinen betrachtet werden?

- Gibt es Diskrepanzen zwischen den Ergebnissen aus Befragungen und Beobachtungen von Suchenden?

- Wie ist die Informationssuche und -verarbeitung strukturiert? Gibt es Reize, auf die Suchende besonders reagieren?

- Lassen sich Signalklassen identifizieren, die eine Suche im Web auslösen? Welche Charakteristika besitzen diese?

- Wie kann das Wissen über die Informationsbedürfnisstruktur von Suchenden angewendet werden?

- Welche Hauptaussagen können für die drei beteiligten Parteien Website-Anbieter, Suchmaschinenbetreiber und Suchende getroffen werden?

1.5 Aufbau der Arbeit

Im zweiten Kapitel werden bisherige Arbeiten und Forschungsansätze über das online Suchverhalten beschrieben. Das Kapitel ist in zwei Teile untergliedert. Im ersten Teil werden die Ergebnisse aus Analysen von Suchmaschinenlogs dargestellt und zusammengefasst. Im zweiten Teil werden Erhebungen über das Suchverhalten vorgestellt, wobei hierunter Umfragen und Laborstudien einzuordnen sind. Das dritte Kapitel präsentiert die Ergebnisse der Umfrage zur Selbsteinschätzung des Suchverhaltens von Internetnutzern, die im Sommer/Herbst 2004 durchgeführt wurde. Zuerst wird der Versuchsaufbau erläutert, um anschließend die Ergebnisse der Antworten zu präsentieren. Des Weiteren werden in diesem Kapitel verschiedene Gruppierungen spezifiziert und diese gegenüber gestellt, um gruppenspezifische Charakteristika zu identifizieren sowie Annahmen bezüglich des Suchverhaltens zu bestätigen. Abschließend werden die Ergebnisse zusammengefasst und erste grundsätzliche Aussagen bezüglich des Suchverhaltens getroffen. Die Ergebnisse aus den Beobachtungen von vier Suchmaschinen werden im vierten Kapitel präsentiert. Neben der Erläuterung des Aufbaus von Suchanfragen, werden auch Ergebnisse zum Nutzungsverhalten angesprochen. Die Ergebnisse aus diesen Beobachtungen werden mit den Ergebnissen der Umfrage verglichen, soweit dies möglich ist. Im nächsten Schritt werden aus den Erkenntnissen über die Struktur des Informationsbedürfnisses von Suchenden Entscheidungsregeln abgeleitet, um dem Suchenden Empfehlungen aussprechen oder Hilfestellungen geben zu können und Themen-Cluster zu identifizieren. Im abschließenden fünften Kapitel werden die Kernaussagen und -ergebnisse über das Suchverhalten zusammengefasst. Handlungsempfehlungen für Suchmaschinen, Website-Anbieter und Suchende sowie ein Ausblick auf weiterführende Forschungsmöglichkeiten bilden den Abschluss der Arbeit.

Kapitel 2

Das Suchverhalten von Internetnutzern

Zur Untersuchung der Interaktion von Internetnutzern mit Suchmaschinen wurden in den letzten Jahren zwei verschiedene Arten von Erhebungsmethoden verwendet. Auf der einen Seite wurden Logfiles von Suchmaschinen ausgewertet, die unter anderem die Suchanfragen der Benutzer enthalten, auf der anderen Seite wurden Untersuchungen zur Interaktion von Suchenden mit Suchmaschinen durchgeführt, worunter Laborstudien, Experimente und Erhebungen durch Fragebögen fallen.

Dieses Kapitel stellt den aktuellen Stand der Forschung dar, indem Studien und Analysen der letzten Jahre vorgestellt werden. Ein Großteil der Erhebungen und Studien wurde in den USA durchgeführt, wo dieses Forschungsgebiet am stärksten vertreten ist.

In Deutschland gibt es wenige kleine Projekte sowie auch eine große umfassende Studie, die von der Bertelsmann Stiftung initiiert und unterstützt wurde (MACHILL ET AL. (2003)). Trotz der Aktualität und der Bedeutung ist man weit davon entfernt, das Online Suchverhalten der Internetnutzer zu verstehen oder die Ergebnisse aus den Studien tatsächlich in geeigneter Form für die beteiligten Parteien (Suchmaschinen-Betreiber, Website-Betreiber und Suchende) umzusetzen.

Bis dato existiert kein vollständiger Überblick über das Forschungsgebiet des Online-Suchverhaltens von Internetnutzern, in dem die verschiedenen Blickwinkel berücksichtigt werden, aus denen die Interaktion mit Suchmaschinen betrachtet und erhoben werden kann.

2.1   Analysen von Suchanfragen

Logfile-Analysen liefern Erkenntnisse über das Verhalten von Internetnutzern auf Webseiten (hier Suchmachinen-Webseiten), vgl. DECKER (2001). Diese werden zur Verbesserung des Internet-Auftritts oder auch zur Erfolgsmessung von Werbemaßnahmen eingesetzt, wie es bei GAUL/ SCHMIDT-THIEME (2002), GREEN (1999), HETTICH/ HIPPNER (2001), INAN (2002), SCHMIDT-THIEME/ GAUL (2002), SCHÜTT (1999) oder STERNE (2002) beschrieben wird. Logfiles erfassen alle Zugriffe auf den Server und stellen somit eine nicht-reaktive Vollerhebung des Nutzungsverhaltens der Besucher einer Website dar (DECKER (2001)).

Bei der Erhebung der Suchmaschinen-Logfiles werden in erster Linie die Suchanfragen ausgewertet und Aussagen über Suchsitzungen gemacht, wobei z.b. die Anzahl der durchschnittlich benutzten Terme oder Operatoren herangezogen werden. Es wird also eine Beobachtung der Suche von Internetnutzern und der damit verbundenen Interaktion mit Suchmaschinen durchgeführt. Aus den Erkenntnissen und dem Verständnis des Suchverhaltens können dann im nächsten Schritt Implikationen für Suchmaschinen vorgeschlagen werden. Da die Messung oder Erhebung passiv verläuft, wird das Benutzerverhalten nicht beeinträchtigt, da sich der Proband oder Suchmaschinennutzer unbeobachtet fühlt oder nichts von der Erfassung weiß. Dies ist rechtlich durchführbar, da die IP-Adresse nicht zurückverfolgt wird (siehe HÄRTING (2005) und KRÖGER/ GIMMY (2000)). Die Analyse von Logfiles hat damit den Charakter eines Feldexperiments (DÖRING (2003)). Bei dieser Form der Erhebung ist nur der Rechner, über den die Suchanfrage initiiert wurde, eindeutig über die IP-Adresse identifizierbar, über den Nutzer sind keine weiteren Informationen vorhanden. Hintergrundinformationen über die Probanden, wie z.b. sozio-demographische Merkmale, sind nicht bekannt (DECKER (2001)). Generelle Aussagen über das Nutzungsverhalten von Suchmaschinen können somit getroffen werden, aber Unterschiede zwischen verschiedenen Gruppierungen von Suchenden, die anhand der sozio-demographischen Merkmale eingeteilt wurden, können nicht festgestellt werden. Ein weiteres Problem besteht darin, dass durch sogenannte Roboter im Web, die automatisiert bestimmte Aufgaben erledigen, Verfälschungen der Daten auftreten können. Roboter können bspw. die Ergebnislisten einer Suchmaschine schneller durchsuchen, wodurch Verzerrungen bei der durchschnittlichen Betrachtungsdauer von Ergebnisseiten auftreten können, vgl. BOMHARDT/ GAUL (2004), BOMHARDT ET AL. (2005) und JANETZKO (1999).

Bei den im Folgenden vorgestellten Studien werden nur diejenigen berücksichtigt, deren Ergebnisse öffentliche und allgemein verfügbare Suchmaschinen behandeln. Ergebnisse, wie sie bei WANG ET AL. (2003) und WANG ET AL. (2004) dargestellt sind, die sich nur mit der Suche im akademischen Umfeld beschäftigen, werden hier nicht aufgeführt. Auch solche Erhebungen, die sich mit der Suche von speziellen Webnutzersegmenten wie Kindern beschäftigen (siehe MACHILL ET AL. (2002)) sollen nicht aufgegriffen werden. Im übrigen gibt es auch Studien, die zwar durchgeführt wurden, von denen aber nahezu keine Ergebnisse veröffentlicht worden sind (KIRSCH (1998)). Auch sie werden nicht weiter behandelt. Die ausgewählten Studien können natürlich nicht vollständig dargestellt werden. Es werden nur die wichtigsten Auswertungen und Besonderheiten angesprochen. Am Ende werden die einzelnen Studien in Bezug auf diese Auswertungen gegenübergestellt (siehe Tabelle 2.1). Hier ist auch erkennbar, welche Analysen bei den Studien tatsächlich durchgeführt wurden. Ziel der nachfolgenden Beschreibungen ist, Maßstäbe zu erkennen, mit denen Datensätze von Suchanfragen ausgewertet werden sollten, damit die Ergebnisse mit denen anderer Erhebungen verglichen werden können.

2.1.1 Excite-Studie (März 1997) – E1

Der in der Literatur am ausführlichsten behandelte Datensatz, bei dem Logfiles ausgewertet wurden, stammt von der Excite Suchmaschine und wurde von dieser zu Forschungszwecken zur Verfügung gestellt. Der Datensatz stammt vom 9. März 1997 und wurde bei HAN ET AL. (2001), JANSEN (2000), JANSEN ET AL. (1998a, 1998b, 2000a, 2000b) sowie bei SPINK ET AL. (2000a) behandelt. Die Herangehensweise an die Auswertung eines solchen Suchmaschinen Logfiles wird in HAN ET AL. (2001) beschrieben. Es wurden 51.473 Suchanfragen und 113.793 Terme erhoben. Die Anzahl der jeweils ersten Anfragen einer Suchsitzung entspricht der Anzahl der beobachteten Nutzer, hier wurden 18.098 (35%) gezählt. 22, 0% aller Anfragen (11.249) sind als Folgefragen zu verstehen, da sie von der vorherigen Suchanfrage abweichen. Die Zahl der zur vorherigen Suchanfrage identischen Fragen ist mit 43,0% sehr hoch. Das ist deshalb der Fall, da solche Anfragen auch generiert werden, wenn sich Nutzer weitere Trefferseiten anzeigen lassen möchten.

Bei den weiteren Auswertungen wurden die identischen Suchanfragen außer Acht gelassen. Die Auswertung der Anzahl von Suchanfragen pro Nutzer ergab, dass 67, 0% der Nutzer im betrachteten Zeitraum nur eine Anfrage formulieren. 96, 0% der Nutzer stellten weniger als fünf Anfragen in einer Session, 19, 0% gaben zwei verschiedene Suchanfragen ein und 7, 0% stellten drei. Die Dauer der Suchsitzung wurde nicht erhoben. Bei Veränderung der Suchanfragen behält der größte Teil der Nutzer die Anzahl der Terme bei (34, 8%). In 70, 1% der Sessions wurde den Suchanfragen maximal ein Term hinzugefügt oder entfernt. Die Verteilung der Zu-/Abnahme von Termen bei Modifikation von Suchanfragen ist um den Median symmetrisch.

Von den Nutzern wurden nur sehr wenige der Trefferseiten betrachtet. Mehr als die Hälfte (58,0%) betrachteten nur die erste Seite, 19% nur die ersten zwei und weitere 9,0% maximal drei. Die überwiegende Mehrheit der Nutzer (86,0%) betrachtet also höchstens die ersten drei Ergebnisseiten.

Suchanfragen enthielten im Schnitt 2,2 Terme. Aus ein oder zwei Termen bestanden 62, 0% aller Anfragen. Bei der Betrachtung der Komplexität der Anfragen enthielten 15, 9% Boolesche Operatoren. Modifikatoren, wie Anführungszeichen für die Phrasensuche, enthielten 6, 0% aller Anfragen. Auf die Anzahl der Nutzer bezogen war die Verteilung der Operatoren ähnlich: 14, 0% der Suchenden machten Gebrauch von Operatoren und 6, 0% von Anführungszeichen.

Für die Betrachtung der meist gesuchten Inhalte wurden die 63 Terme, die mehr als 100 Mal nachgefragt wurden, in bestimmte Themengebiete eingeteilt. Eine entsprechende Auflistung dazu ist bei JANSEN ET AL. (2000b) zu finden. Die genaue Zusammensetzung der Anfragen und der gesuchten Inhalte ist bei JANSEN ET AL. (2000a) detailliert beschrieben. Von diesen Termen waren 24, 7% sexuellen Inhalten zuzuordnen.

2.1.2 Excite-Studie (September 1997) – E2

Bereits ein halbes Jahr später wurde ein weiterer Datensatz der Excite-Suchmaschine ausgewertet. Die Logdatei enthielt Suchanfragen vom 16. September 1997. Die Ergebnisse werden detailliert bei SPINK ET AL. (2001) vorgestellt. Vertiefende Ergebnisse, die u.a. darauf eingehen, wieviele der erhobenen Anfragen sich mit multimedialen Inhalten beschäftigen, werden in JANSEN ET AL. (2001) dargestellt. Die Dauer einer Sitzung wurde nicht weiter eingeschränkt. Es zählten alle Suchanfragen dazu, die während der Interaktion eines Nutzers mit der Suchmaschine getätigt wurden. Im Folgenden werden die Ergebnisse der Studie kurz zusammengefasst.

211.063 Nutzer wurden beobachtet, die 1.025.910 Suchanfragen absetzten. Die Anzahl erster Suchanfragen lag bei 531.416. Es wurden 99.033 leere Suchanfragen gestellt. Die absolute Anzahl von Termen lag bei 2.216.986, ohne die Betrachtung von Mehrfachnennungen wurden 140.279 eindeutige Terme gezählt. Die mittlere Anzahl von Termen pro Anfrage lag bei 2,4.

Eine Anfrage setzten 48,5% der Nutzer ab, weitere 20,8% zwei und ungefähr 31,0% der Nutzer stellten drei oder mehr Anfragen. Excite-Nutzer, die eine weitere Anfrage eingaben, modifizierten zu 32,5% die Anfrage, behielten aber die Anzahl der Terme bei. Bei 41,6% wurden die Anfragen modifiziert, indem sie Terme hinzufügten, und bei 25,9%, indem sie Terme entfernten.

Von den beobachteten Benutzern betrachteten 66,3% (139.935) nur die erste Trefferseite. Operatoren waren bei 11,0% der Anfragen vorhanden. Die Phrasensuche war mit 5,0% unter den Anfragen vertreten. Die mittlere Anzahl der benutzten Terme in den betrachteten Suchanfragen lag bei 2,2 Termen. Dabei enthielten 26,6% der Anfragen nur einen Term, 31,5% zwei und 18,2% drei Terme. Die Auswertung der beliebtesten Themen und die am häufigsten gemeinsam auftauchenden Terme werden bei SPINK ET AL. (2001) und ROSS/ WOLFRAM (1999) diskutiert.

2.1.3 Fireball-Studie (Juli 1998) – F

Bei HÖLSCHER (1999) und HÖLSCHER/ STRUBE (1999a, 1999b, 2000) werden Ergebnisse dieser Studie vorgestellt. Auch JANSEN/ POOCH (2001) beziehen sich auf diese Studie. Die Erhebung der Logfiles wurde in einem Zeitraum vom 1.-31.

Juli 1998 durchgeführt. In diesem Datensatz waren insgesamt 16.252.902 Suchanfragen enthalten. Die genaue Anzahl der Terme wurde nicht angegeben, lag aber im Bereich von 27 Millionen.

Mehr als die Hälfte der Suchanfragen (54, 6% oder 8.873.001 der Anfragen) enthielten nur einen Term. Die mittlere Länge einer Suchanfrage betrug 1,7 Terme. Es wird jedoch keine klare Definition für die hier verwendeten Terme (einzelnes Wort oder auch Phrase) gegeben; zudem wurden nur wenige detaillierte Ergebnisse veröffentlicht.

36, 6% der Suchanfragen enthielten Operatoren, in 8,6% erfolgte eine Phrasensuche (1.401.738). Die Komplexität der Suchanfragen liegt damit weit höher als bei den anderen beschriebenen Studien. Die Anzahl der betrachteten Trefferseiten ist sehr gering, denn nur 59, 5% der Nutzer sahen auf die erste Ergebnisseite.

2.1.4 AltaVista-Studie (August 1998) – AV1

Die AltaVista-Studie von SILVERSTEIN ET AL. (1999) basiert auf ungefähr einer Milliarde Suchanfragen, die in einem Zeitraum von 43 Tagen (2. August bis zum 13. September 1998) gespeichert wurden. Diese Studie ist vom Stichprobenumfang der erhobenen Suchanfragen eine der größten.

Ein Suchwort bei dieser Studie stellt entweder ein einzelnes Wort oder eine Phrase dar. Des Weiteren unterstützt die AltaVista-Suchmaschine Boolesche Operatoren und -term sowie +term Anfragen. Zusätzlich gibt es bei AltaVista den Operator 'NEAR', welcher eine relaxierte Form der Phrase ist. Die Terme neben 'NEAR' müssen dicht beieinander stehen, aber nicht direkt nebeneinander. Angaben über die maximal zulässige Entfernung solcher Wörter fehlen.

Der Begriff 'Sitzung' wurde in dieser Studie anders aufgefasst als in den Excite-Studien. Als 'Sitzung' definieren SILVERSTEIN ET AL. (1999) eine Reihe von Suchanfragen eines einzelnen Nutzers, nach der zuletzt getätigten Suchanfrage wird diese Sitzung als geschlossen gesehen, wenn er nicht innerhalb von fünf Minuten eine weitere eingibt. Wird nach Ablauf der fünf Minuten eine Suchanfrage abgesetzt, dann zählt diese zu einer neuen Sitzung. Eine Sitzung ist dafür bestimmt, ein einzelnes Informationsbedürfnis eines Nutzers zu erfüllen. Der Schwerpunkt liegt hierbei auf dem einzelnen Nutzer, der durch ein Cookie identifiziert wurde. Ein Problem trat auf, wenn Nutzer die Cookies in ihrem Browser deaktiviert hatten. Für diese Suchanfragen wurde die Information der IP-Adresse und des benutzten Web-Browsers verwendet, um den Nutzer eindeutig zu identifizieren. Dieses Substitut ist nicht hinreichend, da bei großen Internet Service Providern wie AOL Nutzern dynamisch immer andere IP-Adressen zugewiesen werden. Beim AV1-Datensatz war aber bei 96 % der Anfragen die Cookie-Information verfügbar. Eine Sitzung wurde zeitlich auf fünf Minuten begrenzt. Dadurch kann diese Studie nicht ohne weiteres mit den anderen Studien verglichen werden. JANSEN/ POOCH (2001) kritisieren auch die unklare Definition verschiedener Kennzahlen, die in SILVERSTEIN ET AL. (1999) beschrieben werden. Deswegen werden im Folgenden nur die Kernergebnisse zusammengefasst, die das Suchverhalten der Internetnutzer widerspiegeln.

Der Datensatz bestand aus 285.474.117 Sitzungen und 993.208.159 Suchanfragen, die aus 153.645.050 Termen gebildet wurden. Die durchschnittliche Anzahl von Termen pro Suchanfrage betrug 2,4. 20,6% der Suchanfragen enthielten keine Terme. Zwei Terme wurden bei 25,8% und drei Terme bei 26,0% der Anfragen eingegeben.

Der größte Teil aller Sitzungen, die erhoben wurden, bestand nur aus einer Suchanfrage (77, 6%). Die mittlere Anzahl von Suchanfragen pro Sitzung lag bei 2,0 Anfragen. Bei den jeweiligen Suchanfragen betrachteten 85,2% der Suchenden nur die erste Trefferseite. Bei 20, 4% der Suchanfragen wurden Operatoren eingesetzt. Wieviele Suchanfragen absolut modifiziert wurden, wird nicht angegeben, aber die häufigste Variante der Modifikation war das Hinzufügen von Termen (7, 1%). Bei den modifizierten Suchanfragen handelte es sich in 35,2 % der Fälle um komplett neue Anfragen. Interessant bei dieser Studie ist auch die Häufigkeit, mit der Suchbegriffe oder Terme auftauchten. Der Hauptteil (63, 7%) der Terme trat nur einmal auf. Diese Prozentzahl basiert auf den 153.645.050 ersten, nicht leeren Suchanfragen. Die häufigste Suchanfrage ('sex') trat 1.551.447 mal auf, das mittlere Auftreten einer Suchanfrage lag bei 4,0 mal, wobei hier die Menge der eindeutigen Suchanfragen zugrundeliegt. Bei einer absoluten Anzahl von 575.244.993 nicht leerer Suchanfragen tritt die Anfrage ('sex') in 2,7% aller Fälle auf. Bei SILVERSTEIN ET AL. (1999) war 'sex' ebenfalls das meistgenutzte Suchwort. Auf den nächsten Rängen wurden ebenfalls sexuelle Inhalte nachfragt.

2.1.5 Excite-Studie (Dezember 1999) – E3

Am 20. Dezember 1999 wurde ein weiterer Datensatz der Excite-Suchmaschine erhoben. Ergebnisse zur Auswertung der Suchanfragen werden bei SPINK/ GU-NAR (2001) und SPINK ET AL. (2004c) vorgestellt. OZMUTLU ET AL. (2002) und OZMUTLU ET AL. (2004) gehen auf die Verteilung der Suchanfragen im Verlauf des Tages und auf die Möglichkeiten von repräsentativen Stichproben aus solch einem umfassenden Datensatz ein.

Bei SPINK ET AL. (2004c) wurde untersucht, ob es besondere Unterschiede zwischen sexuell und allgemein orientierten Suchanfragen gibt. Auf die genauen Indikator-Terme für sexuell orientierte Fragen soll hier nicht eingegangen werden. In SPINK/ GUNAR (2001) werden Suchanfragen, die kommerzieller Natur sind, untersucht. Es wird auch überprüft, wieviele Suchanfragen tatsächlich als Fragen formuliert wurden.

Die allgemeinen Ergebnisse sind in Tabelle 2.1 in Kapitel 2.1.13 dargestellt. Es wurden 325.711 Sitzungen gezählt, 1.025.910 Suchanfragen und 1.500.500 Terme. Die durchschnittliche Anzahl von Termen pro Suchanfrage lag bei 2,4, wobei 29, 8% der Nutzer nur einen Term eingaben, 33, 8% zwei und 36, 4% mehr als zwei Terme. Operatoren enthielten 10, 9% der ausgewerteten Anfragen. Die Nutzer führten im Mittel 1,9 Suchanfragen pro Sitzung durch, wobei 60, 4% nur eine Suchanfrage an die Suchmaschine richteten. Es wurden im Schnitt nur wenige Trefferseiten betrachtet (1,6). Dabei schauten 69, 9% nur die erste Ergebnisseite an. Von den Nutzern, die eine weitere Suchanfrage eingaben, modifizierten 39, 6% ihre Anfrage.

2.1.6 WebCrawler-Studie (März 2000) – W

In ZIEN ET AL. (2000 und 2001) wird eine weitere Variante zur Analyse von Suchanfragen vorgestellt. Da in den meisten Fällen die Logfiles von Suchmaschinen nicht zur Verfügung gestellt werden, wurden in der Studie von ZIEN ET AL. (2000) 50.538.653 Suchanfragen im Zeitraum vom 22. März 2000 bis zum 26. Mai 2000 erhoben, indem automatisiert die Livesuche der WebCrawler-Suchmaschine beobachtet wurde. Wie genau dabei vorgegangen wurde wird nicht beschrieben, außerdem werden keine Tests zur Überprüfung der Vollständigkeit des Datensatzes genannt. Die Suchanfragen enthielten insgesamt 165.763.490 Terme. Eine durchschnittliche Suchanfrage bestand aus 3,3 Termen. Dieser hohe Mittelwert wurde damit erklärt, dass zu diesem Zeitpunkt die WebCrawler-Suchmaschine auch von der AskJeeves-Metasuchmaschine genutzt wurde, welche die Eingabe von natürlichen Fragen erlaubt. So enthielten 8,97 Millionen der Anfragen englische Fragewörter wie 'who', 'what', oder 'where' etc. Der Anteil an Operatoren war mit 35,6 % relativ hoch. So enthielten $22,9\%$ den '+' Operator, $2,3\%$ den '-' Operator und $10,4\%$ der Suchanfragen enthielten Anführungszeichen für die Phrasen-Suche.

Bei ZIEN ET AL. (2000) wurde auch das Wachstum neuer Suchanfragen und Terme gegenüber der Menge der eindeutigen Suchanfragen und Terme untersucht. Die Größe eines Vokabulars, welches in einem englischen Text verwendet wird, wächst normalerweise proportional zur Quadratwurzel der gesamten Anzahl der Wörter in diesem Text. Diese Gesetzmäßigkeit wird auch das *Heap'sche Gesetz* genannt, wie es z.b. bei BAEZA-YATES/ RIBEIRO-NETO (1999) beschrieben wird. Hier wird das Vokabular als die Menge der eindeutigen Suchanfragen oder Terme gesehen. Die gesamte Datenmenge beläuft sich dann entweder auf die Suchanfragen oder Terme, die insgesamt erhoben wurden.

Die Kurve für das Wachstum des Vokabulars für die Suchanfragen folgte bei ZIEN ET AL. (2000) nicht dieser Gesetzmäßigkeit, denn nahezu alle Suchanfragen waren einzigartig, wobei hier Reihenfolge und Groß- bzw. Kleinschreibung berücksichtigt wurden. Das Vokabular der Suchanfragen wächst also schneller. Das Wachstum des Vokabulars der Terme war bedeutend langsamer als das der Suchanfragen, aber schneller als durchschnittlich bei BAEZA-YATES/ RIBEIRO-NETO (1999) beschrieben, wobei hier die Schriftgröße der Terme außer Acht gelassen wurde und die vorangestellten '+' oder '-' Operatoren vor den Termen abgeschnitten wurden. ZIEN ET AL. (2000) schlossen daraus, dass es durchaus empfehlenswert ist, bei Suchmaschinen bereits gesuchte Terme abzuspeichern, um dem Suchenden Eingabehilfen zu geben oder wie bei SILVERSTEIN ET AL. (1999) Korrelationen zwischen einzelnen Termen zu berechnen. Die Empfehlung von weiteren Suchworten für den Suchenden ist eine andere Anwendungsmöglichkeit. Dahingegen ist es weniger hilfreich, die einzelnen Suchanfragen zu speichern, da praktisch jede neue Anfrage einzigartig ist. Des Weiteren nahmen ZIEN ET AL. (2000) eine Klassifizierung der Terme vor. Suchwörter wurden der Gruppe der häufig auftauchenden Terme zugeteilt, wenn sie während eines Suchinter-

valls öfter als eine festgelegte Schwellenhäufigkeit f gesucht wurden. Bei ZIEN
ET AL. (2000) wurde $f = 101$ gewählt und die 64 Tage der Datenerhebung in
384 vierstündige Suchintervalle unterteilt. Warum gerade dieser Wert bzw.
diese Einteilung gewählt wurde, wird bei ZIEN ET AL. (2000) nicht erklärt. In einem
Diagramm wurde auf der y-Achse die Anzahl der Terme abgetragen, die in einer
bestimmten Anzahl $x \in [0; 384]$ von Suchintervallen häufig waren. Daraus resultierte die 80/20-Regel, da in den ersten 10% ($x \in [0; 38]$) und in den letzten 10%
($x \in [346; 384]$) der Ausprägungen auf der x-Achse 80% aller häufigen Terme
auftraten. Die Kurve hat die Gestalt eines sehr weiten 'U'. Die Terme, die in
wenigen Intervallen häufig auftraten, wurden deswegen als 'heiss' bezeichnet, da
sie kurze Zeit häufig nachgefragt wurden, während die Terme, die in sehr vielen
Intervallen häufig nachgefragt wurden, als 'populär' eingestuft wurden.

2.1.7   BIWE-Studie (Mai 2000) – B

Bei BIWE (Buscador en Internet para la Web en Español: Internet Suchmaschine
für das Web in Spanisch) handelt es sich um ein Verzeichnis, das nur spanische
Webseiten enthält. Es gibt zwei Wege, in Verzeichnissen Webseiten zu finden: Entweder wird der hierarchischen Struktur des Verzeichnisses gefolgt oder es wird
eine Suchanfrage generiert, um die gewünschten Inhalte zu finden.

Es wurde bei der Auswertung von CACHEDA/ VIÑA (2001a) und (2001b) angenommen, dass unterschiedliche IP-Adressen zu unterschiedlichen Nutzern gehören
und Sitzungen als beendet gelten, wenn ein Nutzer eine halbe Stunde keine weitere Aktion durchgeführt hat. Die Suchanfragen wurden vom 3. Mai bis zum
18. Mai 2000 gesammelt. Es wurden 324.503 Interaktionen gespeichert. Darunter fielen: 105.786 Anfragen, 173.128 Terme, 61.050 besuchte Kategorien, 157.667
besuchte Dokumente und 57.259 Sitzungen verschiedener Nutzer.

Bei der Auswertung der Logfiles wurden zum einen die Suchanfragen und zum anderen die einzelnen Terme inhaltlich ausgewertet. Es wurden die 105.786 Suchanfragen ausgewertet, wobei 35.518 Anfragen verschieden waren. Die Anfrage, die
am häufigsten auftrat, bestand aus einer leeren Eingabe. Im Mittel trat eine Anfrage dreimal auf. Es tauchten 20,3 % aller Anfragen nur einmal auf, aber ein
Großteil ($60, 9\%$) mehr als dreimal. Im Durchschnitt wurden die einzelnen Terme 7,3 mal wiederholt. Die Nutzung von Operatoren lag insgesamt bei 12,1%,

wobei am häufigsten der spanische Operator 'Y'[1] $(3, 5\%)$, Klammern ')' $(2, 9\%)$, +term $(2, 0\%)$ und Anführungszeichen $(2, 5\%)$ benutzt wurden. Interessant war auch die Einstellung für die Anzahl der Dokumente pro Trefferseite. Die meisten benutzten die Standardeinstellung: Sie ließen sich zehn Ergebnisse pro Trefferseite anzeigen $(87, 7\%)$. Der Wert von dreißig Ergebnissen pro Seite war aber ebenfalls verhältnismäßig hoch $(12, 1\%)$, was wahrscheinlich durch die Standardeinstellungen einer Metasuchmaschine, die auf BIWE zugriff, oder durch automatisierte Suchagenten zustande kam. 67,9% der Nutzer betrachteten nach einer Anfrage die erste Trefferseite und 13,2% auch die zweite.

Die Art und Weise, wie Nutzer durch die Verzeichnisstruktur navigierten, wurde ebenfalls betrachtet. Es wurden insgesamt 61.050 Zugänge zu Kategorien beobachtet. Von den 911 Kategorien, die insgesamt bei BIWE existierten, wurden 898 besucht. Im Mittel wurde jede Kategorie 68,0 mal besucht. Nur ein kleiner Teil $(5, 7\%)$ der Kategorien vereinigt die Hälfte des gesamten Besucherstroms auf sich. Ähnlich verhält es sich mit den betrachteten Seiten im Verzeichnis.

Bei der Auswertung der Sitzungen berechneten CACHEDA/ VIÑA (2001a) und (2001b) eine durchschnittliche Dauer einer Sitzung von 9 Minuten. In dieser Zeit wurden im Schnitt 1,8 Suchanfragen gestellt und 3 Dokumente betrachtet sowie 1,3 Kategorien besucht. Meistens werden die Kategorien im Verlauf einer vorher abgesetzten Suchanfrage aufgesucht, der hierarchischen Struktur des Verzeichnisses wurde nicht gefolgt.

2.1.8   AlltheWeb-Studie (Februar 2001) – A1

Am 6. Februar 2001 wurden für 24 Stunden Suchanfragen bei der Suchmaschine AlltheWeb erhoben. Es wurde - wie bei den anderen Studien - vor allem die Art und Weise der Eingabe von Suchwörtern analysiert, wobei hier aber besonderes Gewicht auf die Betrachtung der Dauer der Suchsitzungen gelegt wurde. Es wurde versucht, zusätzlich die Relevanz der Ergebnisse, die auf Grund der Suchanfragen geliefert wurden, zu beurteilen. JANSEN/ SPINK (2003) stellen die Ergebnisse der Beschaffenheit der Suchanfragen vor und werten zusätzlich die Dauer der Sitzungen aus. OZMUTLU ET AL. (2003a) untersuchten, wieviele Nutzer bei AlltheWeb natürliche Fragen als Suchanfragen durchführten. OZMUTLU ET AL. (2003b) betrachteten auch den Wechsel zwischen Themengebieten während

---

[1]Spanisch für 'und'.

längerer Sitzungen, die aus mehreren Suchanfragen bestanden. Ein zufällig ausgewählter Datensatz von 964 Nutzern wurde dafür untersucht. Es wurde gezeigt,
dass eine Suchsitzung im Schnitt 2,2 Themenwechsel enthält. Die durchschnittliche Anzahl von Suchanfragen pro Thema und Sitzung lag bei 4,5.

SPINK ET AL. (2002c) gehen auf die gesuchten Inhalte ein, indem sie, wie bei
der Excite-Suchmaschine, einen kleinen Datensatz von 964 Sessions mit 10.007
Suchanfragen herausgreifen, um die gesuchten Themengebiete zu beurteilen. Die
Kernergebnisse werden im Folgenden vorgestellt.

Der gesamte Datensatz enthielt 451.551 Suchanfragen, die sich auf 153.297 Sitzungen verteilten. Es wurden 1.350.619 Terme eingegeben, wobei es sich um 180.998
einzigartige Terme handelte. Mehr als die Hälfte der Nutzer (53%) richtete in
81.036 Sitzungen nur eine Suchanfrage an die Suchmaschine. Bei dieser Untersuchung der Suchanfragen betrachteten $54,1\%$ der Suchenden nur die erste Trefferseite. $73,4\%$ sahen nur die ersten beiden Seiten an, im Mittel wurden 2,2
Trefferseiten aufgerufen. Bei der Auswertung der Suchanfragen wurde bei dieser
Analyse auch die Anzahl der betrachteten Dokumente pro Sitzung und pro Nutzer angegeben. Bei der Kenntnis der betrachteten Trefferseiten ist nicht bekannt,
wieviele der angezeigten Ergebnisse (Webseiten) tatsächlich aufgerufen wurden.
Es kann der Fall eintreten, dass die Betrachtung des Logfiles ergibt, dass die erste
Trefferseite angesehen wurde, aber keine empfohlene Webseite aufgerufen wurde.
Die mittlere Anzahl der aufgerufenen Webseiten pro Sitzung lag bei 8,2. Die mei-
sten der bekannten Suchmaschinen liefern standardmäßig zehn Ergebnisse pro
Trefferseite. Mehr als 66% betrachten nur fünf Ergebnisse.

Im Durchschnitt werden pro Suchanfrage nur 2,2 empfohlene Web-Dokumente
betrachtet. Suchmaschinennutzer müssen nicht alle Web-Dokumente aufrufen,
um zu beurteilen, ob diese für sie relevant sein können. Das liegt daran, dass bei
den meisten Suchmaschinen ein Ausschnitt aus dem zugrundeliegenden Text der
gefundenen Webseite angezeigt wird. In anderen Fällen kann schon im Vorhinein
auf Grund der WWW-Adresse eine Bewertung stattfinden. Werden Forschungs-
gruppen von Universitäten zu einem bestimmten Thema gesucht, so werden dem
Nutzer auch Webseiten empfohlen, die keiner '.edu' Adresse angehören. Diese
werden dann vom Nutzer als irrelevant eingestuft. Bei JANSEN/ SPINK (2003)
wurde die Dauer einer Sitzung erhoben. Als Dauer einer Suchsitzung wurde die

Zeitspanne zwischen erster Suchanfrage und dem Zeitpunkt definiert, bei dem ein Nutzer die Suchmaschine verlässt. Mit dieser Definition kann die Dauer einer gesamten Suchsitzung gemessen werden und auch die Zeitspannen, in der das erste und alle weiteren Web-Dokumente betrachtet werden, außer dem letzten Dokument, nach dessen Aufruf der Nutzer nicht wieder zur Suchmaschine zurückkehrt. Im Durchschnitt dauert eine Suchsitzung 2 Stunden und 21 Minuten. Die sehr langen Sitzungen sind für diese hohe mittlere Dauer verantwortlich. Hier kann es aber durchaus sein, dass in dieser Zeit nicht aktiv gesucht wurde, sondern weitere Browser-Fenster geöffnet wurden, um mit anderen Aktivitäten im WWW fortzufahren. Die Suchmaschinen-Seite wurde dann erst am Schluss der Online-Aktivitäten des Nutzers geschlossen. Die Angabe der durchschnittlichen Dauer ist deswegen nicht unbedingt sinnvoll. Mehr als die Hälfte der Sitzungen (52, 1%) dauerte weniger als 15 Minuten.

Die Zeitspanne, in der ein Nutzer ein Web-Dokument aufruft und dann wieder zur Suchmaschine zurückkehrt, muss nicht mit der Betrachtung des Dokuments verbracht worden sein. Auch hier ist es möglich, dass der Nutzer andere Aktivitäten gleichzeitig durchgeführt hat. Die mittlere Betrachtungsdauer eines aufgerufenen Web-Dokuments liegt mit 16 Minuten recht hoch, wobei auch hier die sehr langen Zeitspannen starken Einfluss haben. Etwas mehr als 75, 0% der Nutzer betrachteten Dokumente in einem kürzeren Zeitraum als 15 Minuten. Bei 14, 0% der Nutzer dauerte die Betrachtung eines Dokuments weniger als 30 Sekunden. Die Dauer ist kürzer als die Zeit, die bei CYBERATLAS (2004) bei 'normalen' Online-Sitzungen festgestellt wurde. Mehr als die Hälfte (52, 5%) der Nutzer betrachteten die Web-Dokumente nur 3 bis 4 Minuten.

Bei dieser Studie wurde auch die Relevanz der Web-Dokumente beurteilt. Dazu wurde ein kleiner Teil des Datensatzes zufällig ausgewählt, der die Information enthielt, welche Seite der Nutzer besucht hat. Insgesamt wurden auf diese Weise 530 URLs beurteilt. Die Zahl der zufällig herausgenommenen Suchanfragen wird nicht erwähnt. Drei unabhängige Personen haben diese Web-Dokumente beurteilt. Damit sollte herausgefunden werden, warum die Betrachtungzeiten so kurz sind: Entweder findet der Suchende sofort die gesuchte Information oder stellt fest, dass jenes Web-Dokument nicht zu seinen Bedürfnissen passt. Es wurden insgesamt 530 Web-Dokumente bewertet. Jedes Dokument wurde von jedem der Begutachter mit 0 (irrelevant) oder 1 (relevant) bewertet. Ein Dokument konnte so maximal 3 Punkte erhalten, wenn es von jedem der drei Begutachter als relevant eingestuft wurde. In mehr als der Hälfte der Fälle haben mindestens zwei der drei bewertenden Personen die betrachtete Auswahl von Web-Dokumenten als relevant eingestuft.

2.1.9 Excite-Studie (April 2001) – E4

Am 30. April 2001 wurde ein weiterer Datensatz von Suchanfragen der Excite-Suchmaschine erhoben. Der Log bestand aus 1.025.910 Suchanfragen, wie OZ-MUTLU ET AL. (2003a) zu entnehmen ist. OZMUTLU ET AL. (2003a) legten bei der Auswertung des Datensatzes vor allem den Schwerpunkt auf Suchanfragen, die als natürliche Fragen formuliert waren. Suchanfragen, die entweder ein Fragezeichen enthielten, mit einem der üblichen Fragewörter begannen ('where', 'how', 'who', 'what' etc.) oder eine Aufforderung enthielten ('get', 'take' oder 'show'), wurden als natürliche Anfragen eingestuft. Nur 0,3 % der Anfragen glichen natürlichen Fragen. Im Datensatz, der 1999 erhoben wurde, enthielten noch 1,0% der Anfragen die oben beschriebenen Indizien für natürliche Fragen. Die mittlere Anzahl von Suchanfragen bei den Sitzungen, die natürliche Fragen enthielten, lag bei 2,2. Etwas mehr Anfragen enthielten eine Aufforderung (0, 4%). Bei diesen lag die mittlere Anzahl von Suchanfragen pro Sitzung bei 2,1. Im Mittel wurden pro Sitzung 3,9 Suchanfragen abgesetzt. Bei beiden Anfrageausprägungen (natürliche Frage und Aufforderung) wurde in den meisten der Fälle nur eine Suchanfrage eingegeben. Bei natürlichen Fragen wurden durchschnittlich 7,0 Terme eingegeben, bei den deutlich kürzeren Aufforderungen 4,1. Die beliebtesten Terme, mit denen eine natürliche Suchanfrage begann, waren 'where' (53, 0%) und 'what' (23, 0%), was nicht verwunderlich ist. Danach folgten weitere Fragewörter und typische Verben, um eine natürliche Frage zu formulieren. Nur bei der Hälfte der natürlichen Anfragen wurden auch Fragezeichen eingegeben. Ähnlich sah die Verteilung der beliebtesten Anfangswörter bei Aufforderungen aus, so enthielten (63, 0%) der Aufforderungen das Wort 'find'.

Bei SPINK ET AL. (2002c) werden allgemeine Ergebnisse, die nicht auf besondere Anfragen reduziert sind, dargestellt. Die durchschnittliche Anzahl von Termen pro Anfrage betrug 2,6, wobei 25, 0% nur einen Term eingaben, 30, 5% enthielten zwei und 42, 6% mehr als zwei. Die durschnittliche Anzahl von Suchanfragen pro Sitzung lag bei 2,3. Der größte Teil der Sitzungen (55, 4%) enthielt nur eine Anfra-

ge. Im Durchschnitt wurden nur 1,7 Trefferseiten nach einer Anfrage betrachtet.
Für die übersichtliche Darstellung der Ergebnisse sei auf Tabelle 2.1 verwiesen.

Bei SPINK ET AL. (2002c) wurde ebenfalls untersucht, welchen Themengebieten
die Suchanfragen zuzuordnen sind. Es kam dabei u.a. heraus, dass 24, 7% nach
'Handel, Reisen und Beruf' suchten.

2.1.10   AlltheWeb-Studie (Mai 2002) – A2

Am 28. Mai 2002 wurde ein weiteres Mal ein Logfile der AlltheWeb-Suchmaschine
erhoben. Die Ergebnisse sind in JANSEN/ SPINK (2006) und in SPINK/ JANSEN
(2004a) dargestellt. Es waren hier 957.303 Suchanfragen auf insgesamt 345.093
Suchsitzungen verteilt. Insgesamt wurden 2.225.141 Terme benutzt, von denen
340.711 verschieden waren. Es wurden im Schnitt 2,3 Suchwörter pro Suchanfrage
eingegeben, 76.3% schauten sich nur das erste Ergebnisfenster der Suchmaschine
an. Operatoren wurden in 10,0% aller Suchanfragen genutzt. Die Nutzer formulierten im Schnitt 2,8 Suchanfragen pro Sitzung. Die weiteren Ergebnisse sind in
Tabelle 2.1 aufgeführt.

Von den erhobenen Suchanfragen enthielten 33,1% nur einen Term und 10,0%
der Suchanfragen kamen nur einmal vor. Insgesamt waren 10,0% der Anfragen in
komplexer Weise formuliert. Zusätzlich wurden noch die Suchanfragen und Terme angegeben, die am häufigsten nachgefragt wurden.

Es gab hier auch Vergleiche, wieviele der Suchanfragen auf kommerzielle oder
erotische Themen bezogen waren. Es wurde dazu ein Beispielsdatensatz von 2525
Fragen ausgewertet, von denen 12.7% kommerziellen Bezug hatten. Dagegen wurde nur ein Anteil von 3,3% erotisch-orientierter Suchanfragen gefunden.

2.1.11   AltaVista-Studie (September 2002) – AV2

Bei JANSEN ET AL. (2005) sind die Eckdaten des am 8. September 2002 erhobenen Datensatzes beschrieben. In diesem Datensatz waren 369.350 Sitzungen,
1.073.388 Suchanfragen und 1.073.388 Terme vorhanden. Die durchschnittliche
Länge der Suchanfragen betrug 2,9 und 27,3% der Anfragen enthielten Operatoren. Die Nutzer setzten im Schnitt 2,9 Suchanfragen ab. In 72,8% der Suchanfragen wurde nur die erste Ergebnisseite betrachtet. Die Ergebnisse sind in Tabelle

2.1 nochmal aufgelistet. Bei SPINK ET AL. (2004d) wurden zum ersten Mal vor der Analyse der Suchanfragen auch die aktuellen Nachrichten an diesem Tag gesichtet, um zu untersuchen, ob bestimmte Mitteilungen in der Presse das Suchverhalten der Personen beeinflusste. Es konnten keine besonderen Bekanntmachungen entdeckt werden und auch der heranrückende Jahrestag des Anschlages auf das World Trade Center am 11. September 2001 hatte keinen Einfluss auf die Suchanfragen. Der Datensatz enthielt wahrscheinlich sowohl Suchanfragen von Personen, als auch von Suchagenten, die automatisiert Anfragen an Suchmaschinen richten.

Agenten haben Einfluss auf die Ergebnisse von Logfile-Auswertungen zur Analyse von Nutzerverhaltensweisen, wie bei BOMHARDT/ GAUL (2004) und BOMHARDT ET AL. (2005) dargestellt wird, wobei in diesen Arbeiten auch komplexere Methoden zur Aufdeckung von Agenten beschrieben werden. Es gibt keine vollkommene Lösung zur Erkennung und zum Ausschluss von Agenten, weswegen sich SPINK ET AL. (2004d) für zeitliche und interaktive Kriterien entschieden. Es wurden daher nur die Sitzungen verwendet, die 100 oder weniger Suchanfragen enthielten. Diese Anzahl von Suchanfragen pro Sitzung ist 50 mal höher als bei JANSEN ET AL. (2000b) beschrieben und wurde deswegen als Ausschlusskriterium verwendet.

Im AltaVista-Log wurden nicht nur die Suchanfragen eines Nutzers gespeichert, sondern auch die Anforderung weiterer Trefferseiten zur selben Suchanfrage. Problematisch dabei war, dass die Log-Einträge bis auf den Zeitstempel nochmals die gleiche Suchanfrage erzeugten. Auf die Auswertung dieser weiteren Suchanfragen wurde bei SPINK ET AL. (2004d) besonderer Wert gelegt, indem die Sitzungen, die aus zwei Suchanfragen bestanden, manuell durchsucht wurden, um die Stärke der gemachten Änderungen zu bewerten. So sollte herausgefunden werden, ob nur Terme verändert werden, aber das Interessengebiet gleich bleibt, oder ob bei der nächsten Anfrage das Themengebiet komplett gewechselt wurde. Es wurden 254 Sitzungen ausgewertet, von denen 206 aus mehreren Suchanfragen bestanden (81,1%). Alles in allem waren 655 Suchanfragen enthalten, wovon 532 in den Sitzungen abgesetzt wurden, die aus mehreren Suchanfragen bestanden (81,2%). Die mittlere Anzahl von Suchanfragen pro Sitzung lag bei 2,0. In den 206 Sitzungen wurde jedesmal bei einer weiteren Suchanfrage das Themengebiet gewechselt. Im Mittel wurden bei diesen Sitzungen zwei Themengebiete behandelt. Die mittlere Anzahl von Suchanfragen pro Thema lag bei einer Anrage. Die Themen, die am meisten bei den Sitzungen, die aus zwei Suchanfragen bestanden, bevorzugt wurden, waren 'Generelle Informationen', 'Computer und Internet' und 'Shopping', die Einteilung wurde wie bei SPINK ET AL. (2002b) vorgenommen.

Bei der Auswertung dieser Logfiles wurden nur Sitzungen mit zwei Suchanfragen ausgewertet. Sie sind deswegen nicht mit anderen Ergebnissen, in denen modifizierte Suchanfragen betrachtet wurden, zu vergleichen.

Ähnlich wie bei OZMUTLU ET AL. (2003b), die ebenfalls nur diejenigen Sitzungen untersuchten, in denen mehrere Anfragen enthalten waren, wurde auch nur ein sehr kleiner Anteil der Fragen insgesamt ausgewählt. Nach welcher Methodik diese Auswahl vorgenommen wurde, wird nicht erwähnt.

2.1.12 AOL-Studie Dezember 2003 – AOL

Von BEITZEL ET AL. (2004) wurden Log-Dateien von America OnLine (AOL) ausgewertet. Viele Angaben, wie die genaue Anzahl der Suchanfragen und -terme, fehlen in der Veröffentlichung. Der Datensatz enthielt ungefähr 10 Mio. Suchanfragen. Der Kernpunkt der Arbeit lag darin, das Volumen von Suchanfragen, die im Verlauf eines Tages an eine Suchmaschine gerichtet werden, zu analysieren.

Das Anfragevolumen pro Stunde ändert sich im Verlauf eines Tages. Die wenigsten Anfragen wurden zwischen 5.00 und 6.00 Uhr morgens gestellt. Die 'Hauptverkehrszeit' lag bei dem untersuchten Datensatz zwischen 21.00 und 22.00 Uhr. Diese Angaben sind auf Nordamerika bezogen, wobei durch die verschiedenen Zeitzonen der USA diese Angaben nur als Richtwerte gesehen werden können.

Zudem wurden Veränderungen von nachgefragten Themengebieten im Ablauf eines Tages untersucht. Dabei wurden manuell Wortlisten erstellt, die insgesamt 13 Themengebiete abdeckten. Darunter waren unter anderem 'Entertainment', 'Games', 'Health', 'Shopping', 'USSites' und 'Porn' genannt. Waren Wörter dieser Listen in den Suchanfragen vorhanden, wurde die Suchanfrage dem jeweiligen Themengebiet untergeordnet. Durch diese Methode war es möglich, dass eine Suchanfrage zu mehreren Themengebieten gehörte. Von den betrachteten Suchanfragen konnten so 13% kategorisiert werden. Die meisten Suchanfragen wurden in das Themengebiet 'Entertainment' und 'Shopping' eingeordnet. Pornographische Inhalte folgten darauf. Ein weiterer Schwerpunkt von BEITZEL ET AL. (2004) lag darin, tagesabhängige Verläufe der Anzahl der Suchanfragen zu bestimmten Themen zu finden. Es stellte sich dabei heraus, das Themengebiete wie 'Porn' und 'Music' in Abhängigkeit der Tageszeit mehr oder weniger nachgefragt werden. Das Themengebiet 'Health' bleibt während dem gesamten Tagesverlauf relativ konstant.

2.1.13 Vergleich der Studien

WOLFRAM ET AL. (2001) und SPINK ET AL. (2002a) vergleichen die Kernergebnisse der Logfiles der Excite-Suchmaschine aus den Jahren 1997, 1999 und 2001. Überblicke über die jeweiligen Studien, die federführend von A. Spink durchgeführt wurden, sind bei SPINK/ XU (2000) und SPINK/ JANSEN (2004a) zu finden. Hier werden übersichtlich die jeweiligen Veröffentlichungen der Forschungsgruppe um A. Spink und die darin untersuchten Themen ausführlich behandelt. Bei JANSEN/ SPINK (2006) und SPINK/ JANSEN (2004a) sind Ergebnisse aus verschiedenen Studien angeführt.

Genaue Übersichten über die gesuchten Inhalte sind in WOLFRAM ET AL. (2001) und in SPINK ET AL. (2002a) gegeben. Welche Suchbegriffe als repräsentativ von einzelnen Themengebiete gesehen wurden, ist in JANSEN ET AL. (2000b) ausführlich beschrieben. In SPINK ET AL. (2002a) wird die Suche nach kommerziellen und in SPINK/ GUNAR (2001) nach sexuellen oder pornographischen Inhalten im Datensatz des Jahres 1999 der Excite-Suchmaschine verglichen. Darauf aufbauend wird geschlossen, dass ein genereller Themenwechsel in den Suchanfragen statt gefunden hat. Es sollen mittlerweile mehr Fragen zu kommerziellen Inhalten gestellt werden, als zu erotischen.

In Tabelle 2.1 sind die jeweiligen Stichprobengrößen und wichtigsten Ergebnisse aus den erfolgten Analysen der zuvor beschriebenen Studien noch einmal zusammenfassend dargestellt. Auf die Darstellung der AOL-Studie wurde aus Mangel an vergleichbaren Ergebnissen in diesem Rahmen verzichtet. Suchanfragen werden hier mit SA und Suchterme mit ST abgekürzt, Ø bezeichnet die Durchschnittsbildung. In Tabelle 2.1 wurden nicht alle Auswertungen aufgenommen, die in den Veröffentlichungen angesprochen sind, sondern nur diejenigen, die als Kernauswertungen oder Benchmarks zu sehen sind, um verschiedene Datensätze von

Studie	E1	E2	F	AV1	E3	W	B	A1	E4	A2	AV2
Zeitraum	03/97	09/97	07/98	08/98	12/99	03/00	05/00	02/01	04/01	05/02	09/02
Erhebungslänge (Tage)	1	1	31	43	1	66	16	1	1	1	1
Datenbasis	Logs	Logs	Logs	Logs	Logs	Ticker	Logs	Logs	Logs	Logs	Logs
Sessions	18.098	211.063	–	285.474.117	325.711	–	57.259	153.297	262.025	345.093	369.350
SA insgesamt	51.473	1.025.908	16.252.902	993.208.159	1.028.910	50.538.653	105.786	451.551	1.025.910	957.303	1.073.388
eindeutige SA	–	531.416	–	153.645.050	–	–	35.518	–	–	–	–
Häufigkeit SA (Ø)	–	1,9	–	6,5	–	–	3,0	–	–	–	–
ST insgesamt	113.793	2.216.986	–	–	1.500.500	165.763.490	173.128	1.350.619	1.538.120	2.225.141	3.132.106
eindeutige ST	21.682	140.279	–	–	–	–	23.707	180.998	–	340.711	297.528
Häufigkeit ST (Ø)	2,2	15,8	–	–	–	–	7,3	7,4	–	7,5	10,5
Länge SA (Ø)	2,2	2,2	1,7	2,4	2,4	3,3	1,6	2,4	2,6	2,3	2,9
Einelementige SA (%)	–	26,6%	–	25,8%	29,8%	22,5%	–	25,0%	29,6%	33,0%	20,4%
nicht wiederholte SA (%)	–	–	–	–	–	–	20,3	–	–	–	–
nicht wiederholte ST (%)	8,6%	6,8%	–	–	7,3%	–	6,3%	7,0%	7,4%	10,0%	5,6%
komplexe SA (%)	15,9%	9,3%	2,6%	20,4%	10,9%	35,6%	8,6%	4,3%	11,3%	4,6%	27,3%
Phrasensuche (%)	6,0%	5,1%	–	–	5,9%	10,4%	3,6%	0,0%	5,9%	0,0%	12,1%
natürliche SA (%)	–	–	–	–	1,0%	17,9%	–	–	0,28%	–	–
Suchbereich (%)	0,1%	9,7%	–	–	–	–	0,2%	–	–	–	–
Top SA	–	–	–	+	–	–	+	+	–	+	–
Top ST	–	+	–	–	+	–	+	+	+	+	+
Nur erste Ergebnisseite (%)	58,0%	66,3%	–	85,2%	69,9%	–	67,9%	54,1%	84,6%	76,3%	72,8%
Nur eine SA pro Sitzung	67,0%	48,5%	–	77,6%	60,4%	–	–	53,0%	55,4%	–	47,6%
SA pro Sitzung	2,8	2,3	–	2,0	1,9	–	–	2,9	2,3	2,8	2,9

Tabelle 2.1: Überblick über die Studien

Suchanfragen besser vergleichen zu können. Wie zu sehen ist, wurden die meisten Studien nur über einen sehr kurzen Zeitraum durchgeführt und basierten auf den Analyse von Logdateien. Die Anzahl von Sitzungen, Suchanfragen und Termen wird nahezu in allen Studien angegeben, soweit dies möglich ist. Eine Erhebung, wie sie ZIEN ET AL. (2000) durchführten (siehe Kapitel 2.1.6), bietet nicht die Möglichkeit, Suchsitzungen auszuwerten, da diese Information über den Nutzer verloren geht. Die Zahlen wurden unter anderem aus SPINK/ JANSEN (2004a) übernommen, in manchen Fällen stimmen diese nicht mit älteren Veröffentlichungen überein.

Bei der Länge der Suchanfragen ist kein klarer Trend erkennbar. Bei der Prozentzahl der einelementigen Suchanfragen ist ersichtlich, das ungefähr ein Viertel nur einen Suchterm enthalten. Der Anteil der komplexen Suche und Phrasensuche ist großen Schwankungen ausgesetzt. Ebenso schwanken die anderen Angaben, die Aspekte der Navigation betreffen, wie das Betrachten der Ergebnisseiten und Suchanfragen pro Sitzung. Insgesamt kann man bei der Gegenüberstellung der Ergebnisse weder klare Trends noch konstante Werte finden, die einen Status Quo des Suchverhalten liefern. Nur allgemeine Aussagen sind möglich, die im Folgenden wiedergegeben werden.

2.1.14   Zusammenfassung der Ergebnisse

Unabhängig von den Unterschieden in der Erhebungsweise und den Umfängen der vorgestellten Analysen, lassen sich folgende allgemeine Aussagen ableiten. Suchanfragen sind im Allgemeinen sehr kurz. Sie bestehen 'en gros' nur aus zwei Wörtern. Die Suchanfragen sind einfach aufgebaut, denn nur in wenigen Suchanfragen sind tatsächlich auch Operatoren oder Modifikatoren zu finden. Eindeutige Suchterme tauchen naturgemäß durchschnittlich häufiger auf als Suchanfragen. Suchmaschinennutzer schauen sich nur sehr wenige Ergebnisseiten an. Ob die gesuchten Themengebiete tatsächlich eine inhaltliche Veränderung erfahren, ist nicht sicher, da solche Analysen zu selten durchgeführt wurden. Es wurden hier auch nur sehr kleine Stichproben genommen, die dadurch Verzerrungen enthalten können.

Kritikpunkte an den aufgeführten Analysen sind die fehlende Beschreibung und Darstellung der Erhebung und tatsächlichen Auswertung. Oft werden falsche oder widersprüchliche Zahlen angegeben, die es schwierig machen, eine realitätsnahe Sicht auf die Daten zu bekommen. Es fehlt eine eindeutige Notation und vor allem eine eindeutige Begriffswelt, die in Zukunft den Vergleich verschiedener Analysen erleichtern würden. Zudem wurde nur in zwei Veröffentlichungen die Möglichkeit angesprochen, dass die Ergebnisse theoretisch durch Suchagenten verfälscht wurden. Da in den meisten Fällen die tatsächlichen Log-Dateien extrem lange Suchanfragen und solche, die automatisiert generiert wurden, enthielten, ist eine erneute Betrachtung der Datensätze nach Ausschluss dieser Verfälschungen interessant. Insgesamt sind die Erhebungszeiträume sehr kurz, wodurch auch Schwankungen erklärbar sind, da an unterschiedlichen Tagen auch ein unterschiedliches Suchverhalten gemessen wird. Die Abstände zwischen den Studien sind sehr groß. Es gibt keine Datensätze, die zeitgleich ausgewertet werden, um tatsächlich vergleichen zu können, ob es Unterschiede zwischen Suchmaschinen gibt. Durch die Kürze der Datensätze und die Unterschiede bei der Auswertung können die Studien nur bedingt miteinander verglichen werden.

2.2 Untersuchungen zum Suchverhalten

Als Untersuchungen zum Suchverhalten wurden Umfragen und Laborexperimente zusammengefasst, da Erhebungen des Suchverhaltens durch ein Experiment in den meisten Fällen eine Fragebogenkomponente enthielten. Ein Laborexperiment zur Untersuchung des Suchverhaltens im Web besteht üblicherweise aus einer Online- oder Offline Befragung der Suchenden, sowie aus der Formulierung einer Suchaufgabe und der Analyse der Webinhalte, der Navigation und der Selektion der Suchenden, vgl. MACHILL ET AL. (2003).

Während der Beobachtung der Navigation wird die Mimik und Reaktion der Suchenden per Videokamera aufgezeichnet, zusätzlich werden die Personen zu ihrem Vorgehen bei der Suche befragt oder angehalten, 'laut' zu denken. Zum Abschluss werden in vielen Fällen die Probanden noch einmal in einem Fragebogen zu verschiedenen Aspekten (Zufriedenheit mit der Suche, Funktionsweise der Suchmaschine etc.) befragt. Positiv bei einem solchen Experiment ist, dass verschiedene Hintergrundinformationen über den Probanden vorliegen, die komplexere Auswertungen ermöglichen, wie der Einfluss des Bildungsniveaus auf das Suchverhalten etc.

2.2.1 Excite-Umfrage

SPINK ET AL. (1998) führten vom 11. bis zum 15. April 1997 eine interaktive Online-Umfrage durch, die sich auf der Homepage der Excite-Suchmaschine befand. Während dieser Zeit besuchten ungefähr 3729 Personen die Webseite, wobei 480 an der Umfrage teilnahmen. Von diesen 480 ausgefüllten Fragebögen enthielten 316 verwertbare Daten. Es wurden alle Daten verwendet, die vorhanden waren. Die Ergebnisse werden in SPINK ET AL. (1998, 1999) beschrieben und interpretiert.

Der Fragebogen bestand aus 18 Fragen, wobei hier neben sozio-demographischen Merkmalen auch Fragen zur Nutzungsweise gestellt wurden. So wurde gefragt, wie oft die Excite-Suchmaschine bereits zuvor benutzt wurde, wonach gerade gesucht wurde, wie die korrespondierende Anfrage an die Suchmaschine theoretisch lauten würde, an welchem Punkt sich der Informationssuchende bei der momentanen Frage befindet (am Anfang, im Suchprozess, vollendete Informationssuche), wie oft dafür auf die Suchmaschine zugegriffen wurde und ob der Befragte dafür verschiedene Suchanfragen abgesetzt hat. Nicht immer wurden in den zugrundeliegenden 316 Fragebögen von allen Befragten alle Fragen beantwortet.

Das Alter der Personen, die geantwortet haben, lag zwischen 10 und über 60 Jahre. Die Mehrheit der Personen (63% von 301 Personen) war zwischen 20 und 50 Jahre alt. Die meisten Teilnehmer hatten einen Highschool- oder College-Abschluss. Die größten Gruppen der Befragten waren Studenten oder Berufstätige. Bei der Frage nach der gerade gesuchten Information wurde von 12% der 287 Personen angegeben, dass sie nach einer Person suchten, wobei die Hälfte einen Verwandten suchte. Weitere 12% suchten nach Themenbereichen, die mit Computern zusammenhingen und 10% nach Unternehmen. Themen wie Unterhaltung, Medizin und Politik wurden ebenfalls genannt, siehe hierzu auch SPINK ET AL. (1998).

Nahezu die Hälfte der Personen nutzen Excite täglich für Suchanfragen (42% von 292). 142 von 284 Personen gaben an, dass sie sich im laufenden Suchprozess befanden, während 39% von den 284 Personen angaben, dass sie sich am Anfang der Suche befanden. 23% von 104 Teilnehmern nutzen Excite als erste Suchmaschine bei der Informationsuche. Für die detaillierte Ergebnisse siehe SPINK ET

AL. (1999). Nahezu die Hälfte der Personen führte während der Umfrage eine suk-
zessive Suche durch, die Suche war also noch nicht abgeschlossen und wurde zu
einem späteren Zeitpunkt fortgeführt (vgl. SPINK ET AL. (2002d)). 54% von 257
Personen, die die Suche noch nicht abgeschlossen haben, gaben an, dass sie keine
Veränderung in den Termen während des Suchprozesses vorgenommen hatten.
Bei der Frage nach der theoretischen Suchanfrage gaben 210 Personen eine kon-
krete Antwort. Die durchschnittliche Anzahl von Termen lag bei 3,34 Wörtern.
Wenige der Antwortenden (9%) setzten Operatoren ein. Hier wurden aber nur
'+term', 'AND' und 'OR' benutzt, keiner der Probanden nutzte Anführungszei-
chen zur Phrasensuche.

Die Umfrage von SPINK ET AL. war ein erster Versuch, per Online-Fragebogen
das Suchverhalten von Suchmaschinennutzern zu ergründen, wobei sich bei dieser Erhebungsmethode zusätzlich die Möglichkeit bietet, sozio-demographische
Merkmale zu erheben und einzelne Personen zu unterscheiden. Bei den Analysen von Suchmaschinenlogs besteht ein großes Grundproblem darin, dass die
Nutzer anonym bleiben. So ist zwar eine objektivere Sicht auf die tatsächlichen
Suchanfragen gegeben, aber es können keine Unterschiede zwischen verschiedenen
Personengruppen wie Angestellten und Studenten oder Experten und Anfängern
herauskristallisiert werden. Bei dieser Umfrage spielten das Hintergrundwissen
oder die Nutzungsdauer von Suchmaschinen und Kenntnisse des Internet keine Rolle, es sollten eher die durchschnittlichen sozio-demographischen Merkmale
eines Excite-Nutzers im Zusammenhang mit den ausgewerteten Logs wiedergegeben werden.

2.2.2 Interaktionsmodell nach Navarro-Prieto et al.

Die Studie von NAVARRO-PRIETO ET AL. (1999) befasste sich mit der Kernfrage,
wie Menschen im Web suchen und wie sie mit einer solch komplexen Struktur
zurechtkommen. Die Zielsetzung war, durch eine empirische Untersuchung ein
Modell der Web-Suche zu formulieren. Dabei sollten auch die unterschiedlichen
Herangehensweisen von Neulingen im Web und bei der Web-Suche sowie solchen,
die in der Nutzung des Web fortgeschrittener sind, abgefragt werden. Dazu sollten die in den Such-Prozess eingehenden Variablen und deren Wichtigkeit für die
Suche bestimmt werden.

Bei der Studie wurden für diesen Zweck vier unterschiedliche Typen von Suchaufgaben gestellt, die unterschiedliche Szenarien nachstellten. Die vier Möglichkeiten resultierten durch ein 2 × 2-Design unterschiedlicher Dimensionen bei der Websuche (siehe Tabelle 2.2). Zum einen gab es zwei unterschiedliche Szenarios der Suchaufgabe: Es sollten ganz spezielle Informationen wie Fakten oder es sollten allgemeine Informationen gefunden werden, indem eine Untersuchung oder eine Recherche zu einem Thema angestrebt wird.

Vorbedingung der Suche	Auffinden von Fakten	Untersuchungen anstellen
Verteilte Struktur im Web	Algorithmus in Java Krankheitsdiagnosen ①	Informationen zum Literaturnobelpreis 1997 ②
Geordnete Struktur im Web	Wortdefinitionen ③	Jobsuche für Akademiker ④

Tabelle 2.2: Zwei Vorbedingungen mit vier Suchaufgaben

Zum anderen war es von Interesse, wie die Strukturierung der Informationen im Web selbst das Suchverhalten beeinflusst. Hier konnten ebenfalls zwei unterschiedliche Fälle identifiziert werden, erstens ist die Information sehr verteilt im Web zu finden. Es gibt nicht nur eine spezielle Seite, auf der die Information zu finden ist. Zweitens ist die Information geordnet und strukturiert im Netz auffindbar, wie Definitionen von verschiedenen Wörtern, die wiederum in einem Wörterbuch eingetragen sind. Alle Suchaufgaben wurden mit dem Netscape-Browser durchgeführt; die Probanden, denen die Aufgaben gestellt wurden, durften aber die Suchmaschine zur Durchführung ihrer Recherchen selber auswählen.

Es nahmen insgesamt 23 Studenten der 'School of Cognitive and Computer Science' der Universität von Sussex, Großbritannien, teil. Diese wurden gemäß ihrer Fachrichtung in zwei weitere Gruppen unterteilt, 10 waren Informatikstudenten und die restlichen 13 studierten Psychologie. Auf diese Weise sollten die unterschiedlichen Gruppen von Anfängern und fortgeschrittenen Web-Nutzern verglichen werden. Die Studie basierte auf Beobachtungen, mündlichen und schriftlichen Befragungen.

Während der 30 Minuten, in denen die Teilnehmer ihre Suchaufgabe 'lösten', machte sich der Experimentator Notizen. Danach wurden sie nach den genauen Schritten und Herangehensweisen ihrer Suche und Hauptproblemen befragt. Bis dahin wurde zusätzlich alles mit einer Videokamera dokumentiert. Im anschließenden Fragebogen sollten die Probanden noch Fragen zu ihrer Computererfahrung, zu der Vorgehensweise ihrer Suche, zu ihrem Wissen über das Suchen im Web im Allgemeinen und über die Suchaufgabe im Speziellen beantworten. Außerdem wurde nach ihrer Zufriedenheit mit ihrer Suche und nach den damit verbundenen Problemen gefragt.

Die Auswertung des Fragebogens ergab, dass die Informatikstudenten über mehr Web-Erfahrung als die Psychologie-Studenten verfügten. Ähnlich war der Sachverhalt bei dem Wissen über die Funktionsweise von Suchmaschinen: Die Informatikstudenten konnten recht gut beschreiben, wie diese funktionieren, während nur ein Psychologiestudent darüber Bescheid wusste. Keine der beiden Gruppen hatte aber eine klare Vorstellung darüber, wie Suchmaschinen Suchanfragen bearbeiten, um Ergebnislisten zu erstellen. Die meisten der Teilnehmer (17) waren mit der Suche und der Erfüllung der Suchaufgabe zufrieden. Bei der Befragung nach der Vorgehensweise ihrer Suche konnten sich nur zwei Teilnehmer an Details wie gewählte Suchmaschine und durchgeführte Suchanfragen erinnern. Meistens wurden die genauen Abläufe vergessen und in manchen Fällen sogar die Vorgehensweise derart verändert, dass die Suche in sehr logischen Schritten wiedergegeben wurde.

NAVARRO-PRIETO ET AL. (1999) folgern daraus, dass die Suche im Gedächtnis logischen Schritten folgt, auch wenn diese nicht angewendet werden. Die letzte Suchaufgabe und das damit verbundene Vorgehen war den meisten besser im Gedächtnis geblieben, was nicht verwunderlich ist.

Die Aufzeichnungen der Durchführung der Suchaufgaben der Probanden zeigten drei grundsätzliche Vorgehensweisen: Diese Suchstrategien hingen davon ab, wie das Wissensgebiet, in dem gesucht wurde, im Web strukturiert ist und wie die Suchaufgabe formuliert wurde. Erstens wurde die Top-down-Strategie identifiziert, bei der Suchende erst im weiten Umfeld suchen, um dann spezieller zu werden, bis schließlich das Gesuchte gefunden wird. Zweitens wurde bei der Suche umgekehrt vorgegangen, eine Bottom-up-Strategie wurde verfolgt, bei der die Suchenden sehr spezielle Suchwörter eingaben und diese in weiteren Schritten verallgemeinerten. Die dritte Strategie war eine Mischung aus den beiden

Strategien, hierbei wurde oft in mehreren Browser-Fenstern gleichzeitig gesucht. Bei der Gegenüberstellung von Anfängern und Fortgeschrittenen wurden unterschiedliche Herangehensweisen festgestellt. Bei den Fortgeschrittenen waren klare Strategien erkennbar. So wurde bei Suchaufgabe ① (siehe Tabelle 2.2) die Bottom-up-Strategie gewählt oder eine gemischte Strategie zu Beginn der Suche. Die Anfängergruppe hingegen startete mit Top-down und ging erst gegen Ende der Suche zu der Bottom-up-Suche über. Teilweise wurden bei dieser Gruppe auch 'wahllos' Suchanfragen eingegeben, ohne begründen zu können, warum genau diese Anfragen gestellt wurden. Ähnlich wurden von den Anfängern auch Suchaufgaben der Kategorie ② bearbeitet, indem eine allgemeine Suchanfrage wie 'Nobel Prize' eingegeben wurde, die tausende von Ergebnissen lieferte.

Die Fortgeschrittenen hingegen folgten dem Top-down-Ansatz und die Anfragen wurden vorab geplant. Eine strukturierte Vorgehensweise war erkennbar. Bei den Suchaufgaben, deren Wissensfelder im Web durchaus in Kategorien oder auf bestimmten Seiten zu finden sind (③ und ④), waren keine deutlichen Unterschiede zwischen den beiden Gruppen erkennbar. Beide Gruppen führten im Grunde die Top-down-Strategie durch. Bei der Wortaufgabe (③) wurde klar nach dem Top-down-Ansatz, nach einem Thesaurus oder Wörterbuch im Web gesucht. Bei der Suche nach den Jobs wurde ebenfalls der Top-down-Ansatz verfolgt.

Bei der Studie von NAVARRO-PRIETO ET AL. (1999) wird deutlich, dass das Suchverhalten der Probanden von deren Expertenlevel, von der Art der Suchaufgabe und der antizipierten Struktur im Web abhängt. Damit bestätigte sich für NAVARRO-PRIETO ET AL. (1999) die These, dass das Suchverhalten von mindestens drei Dimensionen beeinflusst wird. Experten gehen an ihre Suchaufgaben strukturierter und kognitiver heran. Sie überlegen vorher, wie die Aufgabe durchzuführen sei. Anfänger ließen sich nach dem Suchbeginn von äußeren Einflüssen, wie den zurückgelieferten Treffern oder interessanten Links, leiten. Es wurden Dimensionen der Websuche und der Interaktion mit Suchmaschinen aufgedeckt, welche noch verfeinert werden können, wie die Autoren schließen.

2.2.3 Modell der Informationssuche nach Choo et al.

Bei CHOO ET AL. (2000a) wurde ein Modell der Informationssuche entwickelt, das auf bereits bekannten Modellen des Navigations- und Suchverhaltens von Internetnutzern basiert. Es wurden hierzu zwei Dimensionen in Betracht gezogen. Die Art der Information, die gesucht wird und ein grundsätzliches Verhalten bei der Suche implizieren kann, und die Ablaufschritte bei einer online Recherche. Die Art der Information und die dabei grundsätzlich gezeigten Verhaltensweisen bilden die erste Dimension bei CHOO ET AL. (2000a) und werden im Folgenden durch Einbeziehung dazu vorhandener Literatur kurz angesprochen.

MARCHIONINI (1995) stellte fest, dass es drei grundsätzliche Typen des Browsing-Verhaltens[2] gibt, die nach der Art der gesuchten Informationen und der benutzten Suchstrategie des Suchenden eingeteilt werden können. Das 'Directed Browsing' ist stark fokussiert, es richtet sich nach einem bestimmten Ziel aus: Eine Datenbank wird nach Veröffentlichungen eines bestimmten Autors in einem bestimmten Jahr durchsucht. Das 'Semidirected Browsing' ist weniger zielgerichtet und systematisch, aber zweckmäßig. Die Suche wird durch ein allgemeines Schlagwort bestimmt und darauf basierende Ergebnisse werden durchgeschaut. Beim 'Undirected Browsing' existieren kein klar definiertes Ziel und wenig Einschränkungen, als Beispiel sei hier das Überfliegen einer Zeitschrift genannt.

WILSON (1997) teilte seine entdeckten Muster der Informationssuche in vier Kategorien ein. Eine Person, die mehreren Tätigkeiten nachgeht und Informationen zufällig aufnimmt, ist nur passiv aufmerksam[3]. Die passive Suche tritt in den Fällen ein, bei denen irgendetwas gesucht wird und der Suchende dabei auf etwas Interessantes stößt. Die aktive Suche ist zielgerichtet. Die anhaltende Suche basiert auf bereits durchgeführten Suchen und damit gemachten Erfahrungen, Werten etc., die aber durchaus erweitert oder vertieft werden sollen.

HAWKINS (1996) identifizierte hingegen nur die drei Ebenen 'Hunting', 'Grazing' und 'Browsing'[4]. Diese verschiedenen Einteilungen der Art der Informationssuche in bestimmte Stereotypen sind auf die Web-Suche übertragbar und im Grunde genommen die gleichen wie bei MARCHIONINI (1995).

Vor diesem Hintergrund basieren CHOO ET AL. (2000a) letztendlich ihre Arten der Informationssuche auf der Typisierung von AGUILAR (1967) und der unten

---

[2]browse, engl.: schmökern, grasen, durchstöbern
[3]Dieses ist als inaktive Suche zu sehen und beschreibt die erste Kategorie.
[4]engl.: Jagen, Grasen und Durchstöbern

stehenden Erweiterung von WEICK/ DAFT (1983), bei der es vier Formen der Informationssuche gibt:

1. **Undirected Viewing**: Allgemeine Interessengebiete werden in vielen verschiedenen Quellen gesucht. Eine genauere Spezifikation muss erst noch gefunden werden. Interessante Entdeckungen werden dabei zufällig gemacht. Diese Form wird auch als Browsing bezeichnet.

2. **Conditioned Viewing**: Interessante Themen werden wiederentdeckt. Es hat eine Vorauswahl von interessanten Themen stattgefunden, die wiederum in bestimmten Quellen gesucht werden. Das Wissen in den interessanten Themengebieten wird vertieft.

3. **Informal Search**: Eine Suche zielt auf ein bestimmtes Themengebiet ab, wobei einfache Fragen formuliert werden. Das Wissen über ein bestimmtes Gebiet soll innerhalb fester Grenzen vergrößert werden.

4. **Formal Search**: Es werden systematisch Informationen zu einer bestimmten Problemstellung gesucht. Es soll damit eine Entscheidung, eine Absicherung oder eine Strategie herbeigeführt werden. Hier wird die Suche durch ein konkretes Ziel geleitet.

CHOO ET AL. definieren damit die erste Dimension des Suchverhaltens als Art und Weise der Herangehensweise an die Informationssuche, welche vom Informationsbedürfnis abhängt (BATES (1989)).

Zur Beschreibung der zweiten Dimension der einzelnen Schritte bei Durchführung der Recherche können ebenfalls bereits länger bekannte Literaturquellen genannt werden. Das Web-Browser-basierte Navigationsverhalten von Internetnutzern wurde bspw. bei CATLEDGE/ PITKOW (1995) und SHNEIDERMAN ET AL. (1997) untersucht. Dort wurden die Interaktionen der Browser-Nutzer direkt in einem Log aufgezeichnet.

Bei CATLEDGE/ PITKOW (1995) wurden drei grundlegende Typen der Herangehensweise bei der Informationssuche charakterisiert:

1. Search Browsing: Die Suche ist gerichtet, da das Ziel bekannt ist.

2. General Purpose Browsing: Es werden Quellen (Webseiten) besucht, bei denen mit hoher Wahrscheinlichkeit interessante Informationen zu finden sind (z.B. Website einer Tageszeitung).

3. Serendipitous[5] Browsing: Dieses Navigationsverhalten ist rein zufällig und nicht zielgerichtet.

Bei TAUSCHER/ GREENBERG (1997a) und (1997b) wurde das Verhalten untersucht, mit dem Internetnutzer bereits bekannte Webseiten wiederholt aufsuchen und zu welchem Zweck sie das tun. Dabei wurden sieben Navigationsmuster definiert: 'first-time visits', 'revisits', 'page authoring' [6], 'use of web-based applications', 'hub-and-spoke visits' [7], 'guided tour' [8] und 'depth-first search'[9]. Eine Studie zum Wiederbesuch von Webseiten und zum Browsing-Verhalten wurde von 1997 bis 1999 von MONTGOMERY/ FALOUTSOS (2001) durchgeführt. Sie stellten fest, dass Internetnutzer häufig die gleichen Webseiten wieder besuchen. HUBERMAN ET AL. (1998), die den Begriff der 'Informationsjagd' im Web (Information Foraging Theory) kreiert haben, entdeckten mehrere strenge Regeln beim Navigationsverhalten von Internetnutzern. PIROLLI/ CARD (1999) begründeten darauf das mathematische 'Law of Surfing', welches sich an Modellen der Futtersuche bei Tieren orientiert. Mit diesem Modell wird geschätzt, wie tief ein Nutzer beim Besuch einer Website navigieren wird.

LAU/ HORVITZ (1999) erstellten ein Bayes'sches Netzwerk der Informationssuche und der Schritte von Internetnutzern im Web. ZUKERMAN ET AL. (1999) hingegen stellten Markovketten mit den Übergangswahrscheinlichkeiten von verschiedenen Suchpunkten bei der Informationssuche vor, um damit Modifizierungen von Suchanfragen vorherzusagen. KANTOR/ NORDLIE (1999) diskutiert den Ansatz eines Petri-Netzes zur Beschreibung der Interaktion mit Suchmaschinen. Ein Überblick über die hier aufgeführten Studien ist zum Teil bei KALBACH (2000), CHOO ET AL. (2000a) oder bei HÖLSCHER/ STRUBE (2000) zu finden. KIM/ ALLEN (2002) fanden heraus, dass die Zielsetzung zur Befriedigung eines Informationsbedürfnisses signifikante Unterschiede in der Vorgehensweise bei der Suche aufzeigt.

---

[5]serendipity, engl.: Die Gabe, zufällig glückliche und unerwartete Entdeckungen zu machen.

[6]Hier werden gespeicherte Webseites aktualisiert, um eventuelle Veränderungen festzustellen.

[7]Von einer zentralen Seite aus wird eine neue Seite aufgerufen.

[8]Der Navigationsstruktur der besuchten Seite wird gefolgt.

[9]Einem Linkpfad wird gefolgt.

Um die zweite Dimension des Suchverhaltens – die Ablaufschritte – zu bestimmen hielten sich CHOO ET AL. (2000a) an das Modell der Informationssuche von ELLIS (1989) und ELLIS ET AL. (1993), welches sechs generelle Vorgehensschritte bei der Informationssuche beschreibt: Starting, Chaining, Browsing, Differentiating, Monitoring und Extracting.

Das Starting beinhaltet das Aufspüren von Websites oder Webseiten, die interessante Informationen enthalten oder auf diese verweisen. Dabei können Suchmaschinen als Verteiler gesehen werden, die auf andere Seiten verweisen. Beim Chaining werden Links auf diesen Startpunkten zu den suchinhaltsrelevanten Seiten verfolgt. Das Browsing ist der Prozess des Sichtens von Übersichtsseiten, der Überschriften oder auch von Navigationsleisten. Beim Differentiating werden als interessant erachtete Seiten in die Liste der Bookmarks oder Favoriten aufgenommen oder auch ausgedruckt. Das Monitoring beinhaltet das Beobachten dieser interessanten Seiten, indem sie wieder besucht werden, um Neuerungen festzustellen, oder indem Newsletter abonniert werden, um über Neuigkeiten informiert zu werden. Beim letzten Schritt, dem Extracting wird eine systematische Suche auf einer lokalen Seite durchgeführt, um dort bestimmte gewünschte Informationen zu finden.

Bei MARCHIONINI (1995) werden acht Schritte genannt. Dabei wird 1. ein Informationsbedürfnis erkannt und angenommen, 2. das Problem verstanden und definiert, 3. ein Suchmedium ausgewählt, 4. eine Frage formuliert, 5. die Suche durchgeführt, 6. das Ergebnis untersucht, 7. die gewünschte Information extrahiert und 8. reflektiert, danach die Suche wiederholt oder beendet. Diese genannten Vorgehensschritte sind leicht auf eine Umgebung wie das Web zu übertragen, zielen aber eher auf bestimmte Problemstellungen ab, wie sie bei den Informationsbedürfnistypen Informal Search oder Formal Search gegeben sind. ELLIS (1989) hat seine Schritte allgemeiner definiert, so dass sie im Verlauf aller genannten Arten der Informationssuche vorkommen können.

CHOO ET AL. (2000a) transformieren deshalb die Schritte der Informationssuche nach ELLIS (1989) auf Schritte bei der Suche im Web, um unterschiedliche Vorgehensweisen bei verschiedenen Bedürfnisstrukturen herauszuarbeiten.

CHOO ET AL. bringen diese beiden Dimensionen zusammen. Auf der einen Seite ist die Beschaffenheit der Informationssuche und auf der anderen Seite die durchgeführten Schritte zur Bedürfnisbefriedigung zu nennen. Im nächsten Schritt wurden zwei Studien durchgeführt, die in CHOO ET AL. (2000a), (2000b) (34 Teilnehmer) und CHOO/ MARTON (2003) (24 Teilnehemer) ausführlich beschrieben werden. Die Teilnehmer wurden im ersten Schritt zu ihrer Vorgehensweise befragt. Darauf wurden sie während ihrer Internetaktivitäten über zwei Wochen bzw. zehn Tage lang beobachtet, indem die einzelnen Schritte in einem Log aufgezeichnet wurden. In CHOO ET AL. (2000a) wurden 61 Suchsitzungen identifiziert und in CHOO/ MARTON (2003) 80. Im Anschluss daran wurden die Probanden nochmals befragt, indem sie die Logs schrittweise nach Art der Suche beurteilen mussten. Die einzelnen erhobenen Suchsitzungen wurden so auf die unterschiedlichen Typen der Informationssuche aufgeteilt. Dann wurde untersucht, welche Schritte während der Informationssuche am häufigsten durchgeführt wurden.

Beim Undirected Viewing waren die häufigsten Schritte Starting und Browsing: Es wurden Newswebsites oder Sites von Tageszeitungen besucht, auf denen viele verschiedene Themengebiete abgedeckt werden. Es wird auf solchen Seiten gestartet, um anschließend interessanten Links zu folgen.

Beim Conditioned Viewing wurden bereits bekannte Webseiten aufgerufen, die in der Bookmarkliste zu finden waren, oder es wurden direkt die URLs eingegeben. Auf diesen bekannten Seiten wurde Links gefolgt, die zu Seiten verweisen, die interessante Informationen bereitstellen.

Die Informal Search beinhaltete meistens den Aufruf einer bestimmten Suchmaschine, wobei hier einfache Fragen, wie der Namen eines Unternehmens oder Produktbezeichnungen, eingegeben wurden. Das Extracting spielte ebenfalls eine Rolle, indem eine bekannte Seite aufgerufen und dort eine lokale Suche durchgeführt wurde, um entweder gewünschte Informationen zu finden oder nach Neuerungen (Monitoring) zu suchen.

Bei der Formal Search hatten die Teilnehmer eine Aufgabe innerhalb ihrer Berufswelt zu lösen oder sollten eine Entscheidung fällen. Dazu wurden mehrere Suchmaschinen besucht, um ganz spezielle Suchbegriffe einzugeben, die schnell die gewünschte Lösung herbeiführen sollten. Zusätzlich wurden oft Seiten kopiert, PDF-Dokumente heruntergeladen oder Seiten gespeichert. Insgesamt sollte in der Studie von CHOO ET AL. (2000a) belegt werden, dass bei der alltäglichen Suche vier unterschiedliche Suchtypen zum Tragen kommen. Jeder Typus unterscheidet sich durch die Art der Informationssuche und der damit verbundenen Suchstrategie bzw. Verwendung der Information. Dabei kommen bei den einzelnen Typen unterschiedliche Schritte während der Informationssuche vor, wodurch man wiederum den Typus ableiten kann.

2.2.4 Experten vs. Newbies nach Hölscher und Strube

HÖLSCHER (1999) und HÖLSCHER/ STRUBE (1999a, 1999b und 2000) führten in Deutschland zwei experimentelle Studien durch, um herauszufinden, ob die Erfahrung von Suchenden im Umgang mit dem Internet relevant für die Informationssuche im Web ist. Experten wurden mit Anfängern im Gebrauch des Internet verglichen, um Unterschiede bei der Vorgehensweise der Web-basierten Suche und im Gebrauch von Suchmaschinen festzustellen.

Technische Kompetenz bei Suchenden weist unterschiedliche Verhaltensweisen auf, das stellten SHNEIDERMAN ET AL. (1997), MARCHIONINI ET AL. (1993) oder HSIEH-YEE (1993 und 1998) fest, wobei diese Studien auf der Online-Suche in Bibliothek-Datenbanken basierten und nicht auf die Suche und Interaktion mit Suchmaschinen abzielten.

Auf die Unterschiede von Suchenden bzgl. ihrer Erfahrung im Web gingen bspw. NAVARRO-PRIETO ET AL. (1999) und WEBER/ GRONER (1999) ein. Für die experimentellen Tests konnten jedoch nur wenige Probanden akquiriert werden. Eine Studie von POLLOCK/ HOCKLEY (1997) zeigte die Probleme, die Web-Neulinge mit dem Umgang von Suchmaschinen haben, obwohl sie davor durchaus Erfahrungen mit Bibliothek-Datenbanken sammeln konnten.

HÖLSCHER/ STRUBE (1999a) führten zwei Experimente durch. Ein Experiment betrachtet nur Web-Experten und das andere, stellt Web-Experten Anfängern gegenüber, um Unterschiede im Verhalten zu finden. In der ersten Studie wurden Personen als Web-Experten betrachtet, die mindestens drei Jahre Erfahrungen im Umgang mit dem Web gesammelt haben und täglich das Internet als Informationsquelle an ihrem Arbeitsplatz nutzen. In der ersten Phase wurden diese Web-Experten in einem Interview über ihre Erfahrungen mit Suchmaschinen bzw. nach ihrer Nutzungweise von Suchmaschinen befragt und sollten die Wahl für einzelne Informationsquellen im Web und ihre Suchstrategie begründen. In der zweiten Phase mussten die 12 Probanden Fragestellungen mit Hilfe des Web lösen, wobei hier die Verhaltensweisen der einzelnen Versuchspersonen von einem Beobachter aufgezeichnet wurden. Durch die Interviews wurde ein konzeptionelle Übersicht gestaltet, die widerspiegelt, welche Punkte bei der Informationssuche generell benutzt werden. Es wurden hierzu bei der oft sehr individuellen Vorgehensweise der Experten die Gemeinsamkeiten herausgearbeitet.

HÖLSCHER/ STRUBE stellten so ein Grundmodell der Informationssuche auf. Bei der Beantwortung der Fragen wurden zwei Level definiert. Ein Level befasst sich mit den Grundschritten der Informationssuche wie Nutzung von Suchmaschinen, Aufrufen einer bekannten Webseite etc. und ein anderes mit der Interaktion mit Suchmaschinen, wie Reformulierung der Suchanfragen oder Formulierung einer neuen Anrage. In 67% der Fälle wurde eine Suchmaschine ausgewählt, um mit der Informationssuche zu beginnen. Der andere Teil der Probanden entschied sich dagegen, zuerst zu browsen. Nach der Interaktion mit einer Suchmaschine wurde von nahezu der Hälfte der 12 Web-Experten gefundene Webseiten untersucht. Die hohe Wahrscheinlichkeit des anhaltenden Browsens ist darauf zurückzuführen, dass weiterer Links auf den besuchten Seiten gefolgt wurden. Insgesamt wechseln die zwölf beobachteten Web-Experten zwischen Browsen und Suchen hin und her, wenn dies nötig ist, um nach der Betrachtung einer Seite eine weitere Suchanfrage zu stellen, um dann wieder gefundene Webseiten zu durchstöbern. Bezüglich der Interaktion mit den benutzten Suchmaschinen stellten HÖLSCHER/ STRUBE fest, dass Experten ein komplexes Verhalten aufzeigten, wenn keine relevanten Seiten gefunden wurden, indem sie die Fragen umformulierten, zu früheren Ergebnissen zurückkehrten oder die Suchmaschine wechselten. Insgesamt zeigten die Experten ein flexibles Verhalten, sich zwischen den einzelnen Schritten bei der Informationssuche zu bewegen, um ihre Suche zum Erfolg zu führen.

Beim zweiten Experiment wurde noch zusätzlich das Hintergrundwissen zu den Themengebieten der gestellten Aufgaben hinzugenommen, sowie Web-Experten Web-Anfängern gegenübergestellt, was die Erfahrung im Umgang mit dem Web betrifft. Daraus resultierte ein 2×2-Design: Web-Experten vs. Web-Anfängern bzw. Personen mit und ohne Hintergrundwissen. Jedes Feld war mit 6 Probanden besetzt. Die Analyse des Suchverhaltens bei der Lösung neuer Aufgaben legte auf die Erfolgsrate, die Zeitdauer und die Eigenschaften der Suchanfragen wert. Von fünf gestellten Aufgaben konnten die Experten mit Hintergrundwissen im

Mittel 3,2 lösen. Der Mittelwert über alle Gruppen lag bei zwei Aufgaben. Das Verhalten bei den Grundschritten der Informationssuche aller Gruppen zusammen war vergleichbar mit dem der Web-Experten aus dem ersten Experiment.

Ein Unterschied bei der Interaktion mit Suchmaschinen war, dass weniger relevante Seiten gefunden und die Suchanfragen häufiger wiederholt wurden. Die Experten mit Hintergrundwissen riefen zum Teil direkt Webseiten auf, die mit der gestellten Aufgabe in Zusammenhang standen, während die Anfänger ohne Hintergrundwissen sich zum Teil nur mit der Suchfunktion des Browsers zu helfen wussten. Bei der Ergebnisliste riefen die Web-Experten häufiger ein Dokument zur näheren Inspektion auf als die Web-Anfänger, während die Anfänger öfter den Vorgang der Anfrage an eine Suchmaschine wiederholten. Beim Browsingverhalten ergaben sich dahingehend Unterschiede, dass die Web-Experten mit Hintergrundwissen öfter weiterführenden Links folgten und mehr Inhalte auf den Seiten examinierten, um anschließend ihre Anfrage neu zu überdenken bzw. die Suchstrategie oder die Suchmaschine zu wechseln. Bei den Web-Anfängern zeigte sich, dass sie weniger flexibel mit auftretenden Schwierigkeiten umgehen konnten. Landeten diese auf einer Seite ohne weiterführende Links (Sackgasse), so nutzten sie meistens nur den 'Back'-Button, um weiter zu kommen. Experten mit Hintergrundwissen brauchten auch weniger Zeit, um die Ergebnisse einer Suchmaschine zu begutachten und den nächsten Schritt zu machen. Keine Unterschiede zeigten sich dagegen bei der Betrachtung von Web-Dokumenten aus dem Browsen heraus. Hier wurde von allen Gruppen nahezu die gleiche Zeit benötigt, um die besuchten Seiten zu betrachten und zu bewerten.

Bei der Analyse der durchgeführten Suchanfragen stellte sich heraus, dass die Experten weit mehr Operatoren wie 'AND' oder '+term' einsetzten. Am deutlichsten war der Unterschied bei dem Einsatz von Anführungszeichen für die Phrasensuche, die von allen Gruppen eingesetzt wurde. Die Experten mit Hintergrundwissen nutzen diese Möglichkeit fast doppelt so häufig als die Web-Anfänger ohne, was wahrscheinlich darauf zurückzuführen ist, dass diese Personen Kenntnisse von Fachausdrücken und zusammenhängenden Ausdrücken in dem betrachteten Wissensgebiet haben.

Die Studien von HÖLSCHER/ STRUBE (1999a) haben experimentellen Charakter. Die Probanden wurden bei ihrer Suche in einem Labor beobachtet, was bei den anderen Studien ebenso der Fall war, jedoch wurde aufgezeigt, dass sich durchaus Unterschiede beim Suchvorgang und den einzelnen Schritten bei der Web-Suche ergeben, wenn diese von Web-Experten oder Web-Anfängern durchgeführt wird, bzw. wenn der Proband sich auf dem Gebiet der gestellten Suchaufgabe auskennt oder kein Hintergrundwissen besitzt. Auf noch kleinere Studien, die in Deutschland durchgeführt wurden, wie bspw. bei WEBER/ GRONER (1999) soll hier nicht weiter eingegangen werden.

2.2.5 Suchmuster nach Körber

KÖRBER (2000) führte in seiner Magisterarbeit ebenfalls eine Untersuchung zum Suchmuster von erfahrenen und unerfahrenen Suchmaschinennutzern durch. KÖRBER wollte damit drei grundsätzliche Fragen beantworten:

1. Welche Merkmale zeigen erfahrene und unerfahrene Nutzer beim Formulieren einer Suchanfrage und bei der weiteren Verfeinerung?

2. Sind die Erfahrenen bei der Lösung der Rechercheaufgaben erfolgreicher als die Unerfahrenen?

3. Zeigen die jeweiligen Gruppen verschiedene Muster bei ihrem Suchverhalten?

Zur Beantwortung der Fragen wurden die Teilnehmer bei der Suche beobachtet, indem die einzelnen Schritte mitgeloggt wurden. Andere Merkmale wurden direkt durch einen Fragebogen erhoben. Auf Grund des experimentellen Charakters wurden nur wenige Versuchspersonen (20) erreicht. Als unabhängige Variablen erhob KÖRBER (2000) bspw. das Wissen über Suchmaschinen durch Fragen und die Erfahrung mit diesen, indem die Teilnehmer sich selbst der Gruppe der Erfahrenen oder Unerfahrenen zuteilten. Zusätzlich wurde im Fragebogen die Nutzungsfrequenz von Suchmaschinen der Versuchspersonen abgefragt. Geschlecht, Alter, Beruf und Web-Erfahrung wurden ebenfalls im Anfangsfragebogen erhoben. Die Sprache, in der gesucht wird, wurde auf Deutsch beschränkt, deswegen wurden auch nur Versuchspersonen beobachtet, deren Muttersprache deutsch ist. Die Suchaufgaben wurden vom Versuchsleiter vorgegeben, sowie der zu benutzende Suchdienst. Der zu verwendende Computer, das Betriebssystem und die technische Infrastruktur war durch den experimentellen Aufbau zwangsläufig festgelegt.

Das Fachwissen bzgl. des Themengebiets, innerhalb dessen die Suchaufgabe formuliert wurde, wurde nicht abgefragt, wie dies bei HÖLSCHER/ STRUBE (1999a) oder NAVARRO-PRIETO ET AL. (1999) der Fall war. Die Themengebiete wurden laut KÖRBER aber so allgemein gewählt, dass kein spezialisiertes Wissen Voraussetzung für die Lösung der Aufgaben war. Die erste Aufgabe befasste sich dahingehend mit einer Produktrecherche, während die andere Aufgabe eine Rezeptrecherche darstellte. Bei den abhängigen Variablen handelte es sich um die Performance (Erfolg der Recherche), Suchphrasen (Quantität und Qualität der Suchbegriffe, erweiterte Suchmethoden wie Boolesche Operatoren und Suchoptionen) und Suchmuster (gruppenspezifische Sequenzen bei der Interaktion mit Suchmaschinen).

Von allen Erfahrenen werden Suchmaschinen genutzt, bei den Unerfahrenen lag der Anteil der Suchmaschinennutzer bei 6 von 9 Personen. Bei den Erfahrenen Suchmaschinennutzern nutzten nahezu alle das Internet zu Hause, an der Universität und bei der Arbeit, während der Anteil bei den unerfahrenen Personen deutlich geringer war, von der Gruppe der Unerfahrenen nutzte keiner das Internet auch bei der Arbeit. Die Erfahrenen greifen auch auf ein breites Webangebot zu, das sich von Suchdiensten, Online-Zeitungen, Seiten mit Produktinformationen, wissenschaftliche Seiten, Online-Auktionen bis zu Download-Websites im Internet erstreckt.

Um die Selbstauskunft der Probanden zu überprüfen, welcher Gruppe sie angehören, wurden Wissensfragen gestellt. In der Gruppe der Experten wurden im Schnitt 12,78 von 20 Punkten erreicht, während die Unerfahrenen im Schnitt nur 2,78 Punkte erhielten. Demnach waren nicht nur Suchmaschinenexperten in der Gruppe der Erfahrenen vorhanden.

KÖRBER (2000) fand nach Auswertung der Suchanfragen und der Interaktions-Sequenzen mit der Suchmaschine folgende Antworten auf seine am Anfang gestellten Fragen: Da die eingegebenen Suchanfragen, die Suchwörter und die verwendeten Optionen eine große Rolle für den Erfolg einer Recherche spielen, wurden diese im Suchmaschinenlog gespeichert, um einen Eindruck vom Formulierungs-und Verfeinerungsprozess bei der Suche zu bekommen. Die Erfahrenen variierten Begriffe stärker und gingen flexibler mit ihnen um (siehe HÖLSCHER/ STRUBE (1999a)). Die Anzahl der unterschiedlich gestellten Fragen war größer als bei den Unerfahrenen, demnach verwendeten die Erfahrenen häufiger unterschiedliche Begriffe und längere Suchanfragen. Die Unterschiede waren bei der Rezeptrecherche nicht so deutlich, das Verhalten ist also auch von der zu lösenden Aufgabe abhängig (NAVARRO-PRIETO ET AL. (1999)).

Nur wenige der Suchenden nutzten die Möglichkeit ihre Suche durch Operatoren oder Modifikatoren einzuschränken, wobei die Erfahrenen mehr unterschiedliche Operatoren einsetzten wie die Unerfahrenen. Der '+term'-Operator wurde bspw. doppelt so häufig von den Erfahrenen eingesetzt als von den Unerfahrenen. Somit lassen sich Unterschiede in der Formulierungs- und Verfeinerungsphase ableiten. Gerade in der Verfeinerungsphase waren die Erfahrenen aktiver und wandelten häufiger ihre Suchanfragen ab.

Da die bei beiden gestellten Aufgaben, zum einen nur wenige und zum anderen Personen aus beiden Gruppen Erfolg hatten, konnte die zweite Forschungsfrage nicht belegt werden, dass Erfahrene erfolgreicher bei ihrer Suche sind. Sie konnten anscheinend ihr Wissen über die Suchmaschinen nicht zu ihren Gunsten nutzen. Während die Unerfahrenen ihre Unwissenheit zu kompensieren wussten.

Bei der Untersuchung des Logs auf spezifische Suchmuster beider Gruppen stellte sich heraus, dass die Erfahrenen nach einer Suchanfrage die Ergebnisliste untersuchen, um daraus einen empfohlenen Link auszuwählen, die betreffende Seite anzuschauen, um danach wieder zur Trefferliste zurückzukehren. Damit schließt sich der Interaktionskreis des Test-Operate-Test-Modell nach MILLER ET AL. (1970). Die Interaktionssequenzen der Unerfahrenen enthielten längere Browsing-Aktionen und Besuche von Verzeichnissen waren in den Suchprozess mit eingebunden. Durch die längeren Browsing-Sequenzen und die daraus resultierenden Erkenntnisse bei der Suche, schließt Körber, dass die Unerfahrenen wahrscheinlich das mangelnde Wissen über die Funktionsweise kompensieren konnten.

2.2.6 Bertelsmann Studie

Von der Bertelsmannstiftung wurde die groß angelegte Studie 'Wegweiser im Netz' betreut. Die ausführlichen Ergebnisse wurden in MACHILL ET AL. (2003) veröffentlicht. Bei der Studie werden neben der Marktsituation und der Qualität auch die Funktionen und Eigenschaften von Suchmaschinen und deren Status quo untersucht. Außerdem rückt der Nutzer in den Mittelpunkt der Betrachtung, indem zuerst in qualitativen Gruppendiskussionen Wissens-, Bedürfnis-, Nutzungs- und Bewertungsstrukturen identifiziert wurden, um die gewonnenen Erkenntnisse in einer repräsentativen Telefonumfrage anzuwenden. Zusätzlich wurde eine Laborstudie durchgeführt, in der das Suchverhalten ausgewählter Nutzer bei der Lösung von gestellten Suchaufgaben beobachtet wurde. Die Ergebnisse der beiden Nutzer-orientierten Studien werden im weiteren vorgestellt. Zuerst werden die Ergebnisse auf Makroebene (Suchmaschinennutzung, Internetnutzung, Demographie etc.) genannt, um dann auf die Ergebnisse auf der Mikroebene (Sucheingabe, Evaluation der Trefferlisten etc.) einzugehen.

Aus den Gruppendiskussionen wurde ein Fragenkatalog für eine bevölkerungsrepräsentative CATI-Studie[10] erstellt. Auf Grund der Untersuchung von möglichen Gruppenunterschieden wurde ein Stichprobenumfang von 1000 Personen gewählt, wobei die Grundgesamtheit alle Personen zwischen 14 und 65 Jahre umfasste.

Von den befragten Personen gaben 13% an, dass sie Suchmaschinen höchstens seit einem halben Jahr benutzen. Ein Zehntel betrug auch der Anteil der Personen, die erst kurze Zeit das Internet nutzen und sich mit dem WWW vetraut machen. Das zeigt, dass Internetnutzer schon zu einem sehr frühen Stadium der Internetnutzung Suchmaschinen einsetzen. Der Zusammenhang zwischen Internetnutzung und Verwendung von Suchmaschinen ist sehr hoch. Suchmaschinen gehören für Internetnutzer zum Standardrepertoire. So gaben die Befragten in einer Selbstauskunft über ihr persönlich eingeschätztes Wissensniveau bzgl. Internet und Suchmaschinen zu 60% an, sie seien im Umgang mit Suchmaschinen Fortgeschrittene. 53% bezeichneten sich als fortgeschritten bei der Internetnutzung. Als Suchmaschinenanfänger sahen sich 34% (Internet: 42%). Die dritte mögliche Kategorie der Experten wurden nur selten (5% bzw. 6%) angegeben, weswegen beide Gruppen als Fortgeschrittene zusammengefasst wurden.

Bei der Untersuchung von Unterschieden zwischen Gruppierungen nach Internetkompetenz, Alter, Beruf und Geschlecht kam heraus, dass die Suchmaschinennutzung für alle Gruppierungen als selbstverständlich angesehen wird. Suchmaschinennutzung ist ebenso unabhängig vom Bildungsniveau oder dem momentan ausgeübten Beruf der Befragten wie von der Internetkompetenz. Auch das Ge-

---

[10]computer-assisted telephone interview

schlecht der Personen hatte keinen Einfluss auf die Nutzung von Suchmaschinen.

Von den antwortenden Personen gaben 26% an, dass sie das Internet jeden Tag nutzen würden, 37% dahingegen nur an einem Tag in der Woche. Dabei suchten Befragte, die sich als Fortgeschrittene (inkl. Experten) eingestuft hatten, deutlich mehr als die Anfänger. Die Verfügbarkeit eines Rechners zu Hause hatte auch einen großen Einfluss auf die Häufigkeit der Suchmaschinennutzung, ebenso wie die Verfügbarkeit von Rechnern am Arbeitsplatz oder an der Universität. Es muss dabei bedacht werden, dass die Bereitstellung der kostenlosen Internetnutzung an Universitäten und am Arbeitsplatz die Nutzung von Diensten im Internet positiv beeinflusst.

Bei der Untersuchung der beruflichen und der privaten Nutzung stellte sich heraus, dass am Arbeitsplatz zu 60% auch berufliche Inhalte gesucht werden, zum Ausgleich wird bei der Recherche im privaten Umfeld zu 30% nach beruflichen Themen gesucht. Dabei wurde auch gezeigt, dass zwar über die Bildungsgruppen hinweg die Nutzung von Suchmaschinen weit verbreitet ist, aber auch mit ansteigendem Bildungsniveau mehr berufsorientierte Suchen durchführt werden.

Ähnlich wie bei HOTCHKISS (2003) und HOTCHKISS ET AL. (2004) zeigte sich, dass die Gemeinschaft der Suchmaschinennutzer 'ihrer' Suchmaschine gegenüber sehr loyal ist. Keiner der Probanden gab an, mehr als vier Suchmaschinen zu nutzen. Nur eine meist benutzte Suchmaschine gaben 77% der Befragtren an. Dahingegen gaben nur noch 39% eine zweitmeistgenutzte Suchmaschine an. Zwei Drittel dieser Nutzer lernte die Suchmaschine durch 'Freunde und Bekannte kennen', was auch durch fehlende Werbepräsenz von Suchmaschinen begründet ist.

Die am häufigsten genannte Suchmaschine war Google mit $68,6%$, danach folgte YAHOO! mit $10,2%$, weiter folgten Suchmaschinen wie Lycos, Fireball, etc. Bei der Betrachtung der Marktanteile von Suchmaschinen, ohne Betrachtung von Haupt- oder Nebensuchmaschinen, kam Google sogar auf $75,8%$, was den Marktanteilen in WEBHITS (2005) entspricht. Bei der näheren Betrachtung der Google-Nutzer zeigte sich, dass diese Nebensuchmaschinen in geringerem Umfang einsetzten und auch seltener.

Bei der Erhebung der Mikroebene wurden die Probanden nach ihrem individuellen Suchverhalten befragt. Hierunter fielen die benutzten Operatoren, die Evaluation der Trefferlisten, wichtige Inhalte bei der Bewertung der Ergebnislisten, die Modifikation von Suchanfragen oder die angewandte Suchstrategie. Ungefähr die Hälfte der befragten Personen, kannten die Möglichkeit, Boolsche Operatoren einzusetzen oder Anführungszeichen für die Phrasensuche zu verwenden. Nur 20% verwenden diese Möglichkeit öfter. Etwas bekannter (59%) ist die sogenannte Profisuche, bei der die eingeschränkte Suche von der Suchmaschine auf einer separaten Seite unterstützt wird. Doch auch diese Option wird von weit weniger Personen (14%) tatsächlich öfter genutzt. Nur 33% der Befragten ist bekannt, dass Suchmaschinen personalisiert werden können. Die Hilfefunktion ist für 49% ein Begriff.

Bei der Bewertung der Ergebnislisten von Suchmaschinen sind vor allem der Titel der Webseite und der kurze Beschreibungstext, der ebenfalls zu sehen ist, sehr wichtig, hier lag der Mittelwert bei 3,3 auf einer Skala von 1 (beachte ich gar nicht) bis 4 (beachte ich sehr stark).

Am unwichtigsten wurde mit 2,1 Punkten im Mittel die Dateigröße erachtet. Bei der Modifikation der Suchanfragen bei der fortgesetzten Suche wurden als wichtigste Strategien die folgenden bei Experten und Anfängern identifiziert (die zugrundeliegende Skala erstreckte sich von 1=nie bis 5=sehr oft): Die Suche wird mit anderen Suchbegriffen wiederholt (wobei hier der Mittelwert der Experten bei 4,2 lag und der der Anfänger bei 4). Die Suche wird wiederholt und weitere Suchbegriffe hinzugefügt (die Mittelwerte lagen hier bei 4,0 bzw. 3,7). Die Suche wird mit Operatoren durchgeführt (die Experten lagen hier im Schnitt bei 3,5 bzw. 3,0). Beide Gruppen sind jedoch auch oft dazu bereit, die Ergebnislisten genauer zu durchsuchen (beide Mittelwerte lagen bei 3,1).

Die Nutzer wurden auch befragt, was sie an ihrer Hauptsuchmaschine stört, wobei sie zwischen den Optionen '1=Ärgernis nicht vorhanden', '2=Ärgernis vorhanden, stört aber nicht' und '3=Ärgernis stört' wählen durften. Dabei empfanden 40% der Personen Treffer, die nichts mit der Suchanfrage zu tun haben, als störend und 36% sogenannte 'tote' Links, deren dazugehörige Webseite bspw. nicht mehr existiert. Es wurden zusätzlich Google-Nutzer mit anderen Suchmaschinen-Nutzern verglichen. Beide Gruppen fanden, dass Treffer auftauchen, die nichts mit der

Suchanfrage zu tun haben (Mittelwerte lagen bei 2,0 bzw. 2,1). Das war ebenfalls der Fall bei der Frage nach dem Störfaktor von 'toten' Links. Werbeeinblendungen (1,8 bzw. 2,3) und Sponsorenhinweise (1,6 bzw. 2,0) wurden jedoch von Google-Nutzern signifikant weniger störend empfunden als von Nicht-Google-Nutzern (vgl. SEO-CONSULTING (2004)).

In dieser Studie wurde auch die Zahlungsbereitschaft für einen perfekten und sauberen Suchdienst erhoben, wobei diese Bezeichnungen nicht weiter erklärt wurden. Von den Probanden gaben 43% (37%) an, nicht bereit zu sein für einen solchen Suchdienst zu bezahlen.

Bei der Frage, inwieweit Suchmaschinen vom Staat kontrolliert werden sollten, um bspw. illegale Ergebnisse zu unterbinden, waren 73% für die totale Selbstkontrolle der Suchmaschine. Nur wenn diese versagt, sollte der Staat eingreifen. Dagegen waren 84% für eine gemäßigte staatliche Kontrolle bspw. bei pornographischen oder illegalen Inhalten. Bei den hier angegebenen Prozentzahlen wurden bei einer Skala von '1=lehne völlig ab' bis '4=stimme voll zu' die Anteile der Personen, die eher oder voll zustimmten, zusammengefasst. Mehrfachnennungen waren möglich.

In einem Labortest wurde beobachtet wie Nutzer individuell mit Suchmaschinen umgehen und wie das Suchinteresse in die Sprache der Suchmaschinen 'übersetzt' wird. Dabei wurden das Suchvorgehen, die Modellierung der Suchanfragen, die Evaluierung der Ergebnisse und die Lösung der gestellten Suchaufgaben untersucht. In einem eigens dafür eingerichteten Labor wurden 150 Personen beobachtet. Die Suchaufgaben und die zu benutzende Suchmaschine wurden vorgegeben, siehe MACHILL ET AL. (2003). Zusätzlich wurden die Teilnehmer während ihrer Suche nach den einzelnen Schritten befragt und mussten auch Fragen zu ihrer Erfahrung mit dem Internet und Suchmaschinen beantworten, um darauf basierend Gruppeneinteilungen in Experten und Novizen vornehmen zu können.

Bei der Auswertung der Zusammensetzung der Suchanfragen stellte sich heraus, dass 21% nur einen Suchbegriff für ihre Suche eingaben. Mehrere Suchbegriffe ohne weitere Boolesche Operatoren wurden von mehr als der Hälfte der Probanden (59%) eingegeben. Nur in 9% der Suchanfragen wurden mehrere Suchbegriffe in Verbindung mit 'UND' eingegeben In 7% der Suchanfragen wurde eine Phra-

sensuche durchgeführt, um die Suchanfrage zu spezialisieren. Experten waren im
Mittel signifikant besser im Lösen der Aufgaben (32% bzw. 22%). Von den Tref-
ferlisten wurde von 81% der Probanden nur die erste Ergebnisseite aufgerufen,
während weitere 13% die zweite Seite aufriefen und 4% die dritte, vgl. HENZIN-
GER ET AL. (1999). Bei der Modifikation von Suchanfragen fügten 18% einen
Begriff, 3% zwei bis drei Begriffe hinzu. 16% entfernten nur einen Begriff und
3% entfernten zwei bis drei Begriffe. Das Spezialisieren oder Verallgemeinern von
Suchanfragen kommt somit gleich oft zum Einsatz.

Bei der Beobachtung, aus welchen Aktionen eine Suchsequenz zusammengesetzt
ist, kam heraus, dass die beobachteten Nutzer zu 42% hauptsächlich scrollen[11]
und zu 21% eine erneute Suchanfrage eingeben. Außerhalb der tatsächlichen Er-
gebenisliste werden in 11% der Fälle weitere Links (Adwords, Sponsorenlinks)
aufgerufen. Der erste Link wird von 23% der erhobenen Nutzer angeclickt. 52%
rufen zwischen zwei und fünf Links auf (16% zwischen sechs und zehn, 1% einen
Link jenseits der zehnten Position). Bei Google-Nutzern liegt der Anteil der aufgerufenen Links außerhalb der Ergebnisliste nur bei 3%.

Zusammenfassend wurden von MACHILL ET AL. (2003) folgende Kernergebnisse
formuliert: Google ist laut den Erhebungen momentan die dominanteste Suchmaschine und hält eine Monopolstellung auf dem Suchmaschinenmarkt inne.
Suchmaschinen gehören zum Internetalltag und werden dementsprechend selbstverständlich eingesetzt. Den Suchenden ist für die positive Bewertung einer Suchmaschine vor allem wichtig, dass die Suche von Erfolg gekrönt ist, die Ergebnisse
schnell angezeigt und übersichtlich präsentiert werden.

Die Suche wird von den Suchmaschinennutzern eher intuitiv durchgeführt, was
sich bspw. darin äußert, dass vorrangig die Trefferliste evaluiert wird und nicht die
von der Suchmaschine empfohlenen Webseiten. Suchmaschinenkompetenz oder
tatsächliches Wissen über die Funktionsweise von Suchmaschinen ist eher gering
einzuschätzen.

Als ein großer Mangel wird die Intransparenz, mit der die Ergebnislisten erstellt
und die Relevanz von Webseiten eingestuft werden, angemerkt. Ebenso werden die
'bezahlten' Links, die einen hohen Stellenwert bei der Finanzierung von Suchma-

---

[11]to scroll, engl.: blättern, rollen, den Fensterinhalt verschieben.

schinen haben, oft schlecht von den Nutzern erkannt. Den Nutzern ist zusätzlich kaum die Tatsache bewusst, dass sich Suchmaschinen mit diesen Links finanzieren. Das Spamming von Webseiten, um sich in den Ergebnislisten nach oben zu bringen nimmt zu, was die Suchmaschinennutzer als häufigsten Störfaktor wahrnehmen.

Bei den Ergebnissen von MACHILL ET AL. (2003) kam bei der prozentualen Nutzungshäufigkeit von Operatoren zwar eine hohe Zahl heraus, aber es handelt sich hierbei um ein Laborexperiment, die Probanden fühlten sich dementsprechend beobachtet, was sich in überlegten und wohl formulierten Suchanfragen geäußert haben kann. Bei MACHILL ET AL. (2003) wird zwar auf die Methodik des Experiments eingegangen, aber nicht darauf, ob unter Umständen die Personen eine kurze Einführung in den Gebrauch und die Funktionen von Suchmaschinen bekommen haben, wodurch bspw. die hohen Zahlen bei der Nutzung der Operatoren erklärbar wären.

2.2.7 Enquiro Umfrage

Enquiro ist eine Firma in den USA, die sich mit Suchmaschinenoptimierung und Online-Sichtbarkeit von Websites beschäftigt, siehe hierzu KENNEDY/ KENT (2001), NOBLES/ O'NEIL (2000) SCHMITZ (2002) und THUROW (2003) sowie DRÈZE/ ZUFRYDEN (2004) oder SCHMIDT-MÄNZ/ GAUL (2003 und 2004) zur Messung der Online-Sichtbarkeit. Nachdem die Firma 1999 gegründet wurde, hält sie nun einen Spitzenplatz im Suchmaschinenoptimierer-Markt inne. Im Jahr 2003 wurde in einem Forschungsprojekt von Enquiro und HOTCHKISS (2003) eine kleine Fokusgruppe von 24 Personen bei der Lösung von Aufgabenstellungen beobachtet und auch zu ihrer Person befragt, um einen tieferen Einblick in den Umgang mit Suchmaschinen zu bekommen. Trotz der niedrigen Anzahl von Probanden werden bei HOTCHKISS (2003) interessante Aspekte diskutiert. Beispielsweise wurde herausgefunden, dass Suchende das Ergebnisfenster einer Suchmaschine in einzelne Felder einteilen. Es wurden vier verschiedene Gruppen von typischen Online-Suchenden definiert. Eine Auswahl der Ergebnisse wird im Folgenden näher beschrieben.

Die befragte Gruppe war zu 58% männlich, nahezu die Hälfte (45, 8%) waren zwischen 20 und 29 Jahre alt und 66, 7% hatten einen College-Abschluss oder einen höheren akademischen Grad. Bei der Frage nach der Interneterfahrung gaben 54,3% an, dass sie sehr versiert im Umgang mit dem Internet sind. Ungefähr die Hälfte der Probanden hatte ein Jahreseinkommen, das über 30.000 $ lag.

Die favorisierte Suchmaschine war mit 70,8% Google, was nicht vergleichbar mit den Zahlen von SEARCHENGINEWATCH (2004a) ist, wo 46,3% genannt werden, aber durchaus den Marktanteilen in Deutschland bei WEBHITS (2005) entspricht.

Portale wie MSN oder AOL werden oft als Startseite bei den Probanden genutzt, um eine Browsing-Sitzung zu beginnen. Bei 16% der Antwortenden wurde Google als Startseite gewählt. Mehr als die Hälfte der Teilnehmer der Studie haben eine Suchmaschinenpräferenz (60%).

Des Weiteren wurde bei HOTCHKISS (2003) erhoben, was Suchende in den Ergebnisfenstern von Suchmaschinen bei ihrer Suche als relvant ansehen. Dazu ist zur Veranschaulichung in Abbildung 2.1 ein Ergebnisfenster von Google dargestellt[12].

Feld ① enthält die sogenannten Sponsored Links, die von Website-Betreibern exklusiv zu einem Suchterm gekauft werden (in diesem Fall 'erotik'). Ähnlich werden Terme 'gekauft', zu denen im Adword-Bereich ② textuelle Werbung erscheint. Auf Grund möglicher Änderungen und der Abhängigkeit der Beliebtheit bestimmter Terme soll hier nicht auf die Preise eingegangen werden, da diese auch von der Click-Through-Rate abhängig sind, siehe hierzu bspw. BAGER (2004). Die Felder ① und ② werden auch 'paid search advertisements', 'bezahlte Treffer' oder 'käufliche Ergebnisfelder' genannt. Im Feld ③ werden optionale Informationen von Google angeboten, wie Einträge im DMOZ-Verzeichnis, Ergebnisse von Froogle oder Google News (vgl. NOTESS (2004) und CALISHAIN/ DORNFEST (2003)). In der Zone ④ werden die organischen oder 'natürlichen' Suchergebnisse gezeigt, die auf Grund algorithmischer Berechnungen aufgelistet werden. Eine Beschreibung der sogenannten 'Ranking Algorithmen' sind bei BERRY/ BROWNE (1999), BRIN/ PAGE (1998), CALISHAIN ET AL. (2003), GLÖGGLER (2003), HENZINGER ET AL. (1999), KAMVAR ET AL. (2003), KLEINBERG (2005), LEWANDOWSKI (2005) und ZHONG ET AL. (2003) zu finden. Bei einer Bildschirmauflösung von 800×600

---

[12]Es wurde hier eine Kombination der Ergebnisfenster zu der Suche nach 'sex' und 'erotik' kombiniert, um alle Felder zu zeigen, da das Feld ① kaum mehr auftaucht. Die Erotikbranche ist zudem in den 'käuflichen' Ergebnisbereichen sehr aktiv, vgl. SCHMIDT-MÄNZ/ GAUL (2004).

Pixeln sind zwei bis drei Ergebnisse zu sehen, bei einer Auflösung von 1024×768 wie in Abbildung 2.1 vier bis fünf oder unter Umständen mehr, vgl. HOTCHKISS (2003). Der nicht sichtbare Bereich der organischen Ergebnisse (⑤) wird von dem Suchenden durch Scrollen innerhalb der Ergebnisseite erreicht. Bei anderen Suchmaschinen sind die Ergebnisfenster in ähnlicher Weise aufgeteilt, doch soll hier nur auf die Ergebnisse der Selektion bei der Betrachtung der abgebildeten Seite von Google-Nutzern eingegangen werden, da diese anteilig bei der Studie von HOTCHKISS (2003) am häufigsten vertreten waren.

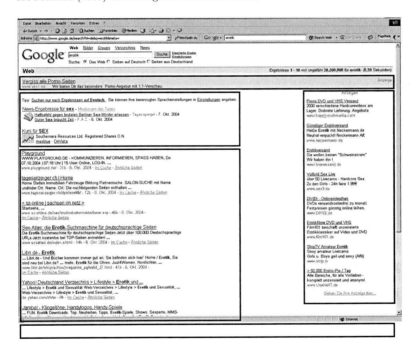

Abbildung 2.1: Felder bei einem Google-Ergebnisfenster

Bei der Beobachtung kam heraus, dass die organischen Ergebnislisten bevorzugt betrachtet werden: Alle Probanden betrachteten Feld ④. Die Probanden gaben zusätzlich an, dass sie nicht zur Suchmaschine zurückkehren würden, wenn eine dieser angegebenen Seiten ihr Informationsbedürfnis stillt. Das Feld ⑤ betrachten hingegen nur noch $87, 5\%$. Die Ergebnisse zu 'gekauften' Termen (Felder ① und ②) würden 79% überhaupt nicht betrachten und keine der Personen beachtete die optionalen oder erweiterten Ergebnisse von Google in Feld ③.

Bei HOTCHKISS (2003) wird daraus geschlossen, dass die Google-Nutzer mittlerweile auf das selektive Betrachten der Ergebnisseiten konditioniert sind, da Google diese auch sehr deutlich voneinander abgrenzt, vgl. MACHILL ET AL. (2003). Weiter wird geschlossen, dass Google auch durch diese benutzerfreundliche Gestaltung ihrer Webseiten so beliebt ist, aber andererseits den Suchenden förmlich dahingehend trainiert, die bezahlten Treffer zu ignorieren (für weitere Ergebnisse und Interpretationen siehe HOTCHKISS (2003)). Mittlerweile sind die Felder bei Google nicht mehr so deutlich voneinander abgegrenzt.

Bei HOTCHKISS (2003) wird zum ersten Mal eine Klassifikation der Suchenden anhand ihres Suchverhaltens eingeführt, wobei sozio-demographische Merkmale weggelassen wurden und nur das charakteristische Verhalten zusammengefasst wurde. Es wurden dabei vier charakteristische Gruppen anhand ihrer Muster bei der Vorgehensweise identifiziert:

- **Scan and Clickers** betrachten nur die Top-Ergebnisse, sind aber auch bereit, die bezahlten Ergebnisse zu betrachten, insbesondere wenn sie etwas kaufen wollen. Die genaueren Beschreibungen der angezeigten Webseiten werden nicht unbedingt untersucht. Wenn unter den ersten Ergebnissen keine relevanten Treffer sind, wird auch gescrollt, aber nie die zweite Seite besucht, sondern lieber die vorherige Suche verfeinert. Diese Gruppe ist sehr schnell in ihren Entscheidungen, auch in der Bewertung der Relevanz einer besuchten Seite der Ergebnisliste.

- **2 Step Scanners** schauen sich im ersten Schritt an, ob es unter den Top-Positionen hervorstechend interessante Webseiten gibt. Ist dies nicht der Fall, scrollen sie weiter nach unten. Auch wenn eine Seite aufgerufen wird, wird diese genauer untersucht. Im zweiten Schritt werden auch die wiedergegebenen Textauszüge und Titel der angezeigten Webseiten betrachtet. Bezahlte Treffer werden nicht angeschaut, bevor nicht die organischen Treffer durchgearbeitet wurden. Sehr selten wird die zweite Ergebnisseite betrachtet.

- **Deliberate Searchers** sind sehr 'gewissenhafte' Sucher und gehen durch alle Ergebnisse, bevor sie eine Entscheidung fällen. Dabei achtet diese Gruppe auch auf die Textauszüge, die Titel und Beschreibungen. Sie vermeidet die 'käuflichen' Ergebnisfelder und recherchiert online nach Produkten, die sie später offline kaufen möchte. Diese Gruppe betrachtet Ergebnisseiten länger und ruft auch noch die zweite Trefferseite auf.

- **1,2,3 Searchers** gehen schrittweise vor. Die organischen Ergebnisse werden nacheinander abgearbeitet, indem auch die Beschreibungen mit in den Entscheidungsprozess mit einbezogen werden. Erscheint eine angezeigte Webseite interessant, wird diese aufgerufen, bei der Rückkehr zur Suchmaschine wird der Suchprozess dort fortgesetzt, wo er abgebrochen wurde. Ein Fünftel dieser Gruppe ruft die zweite Ergebnisseite auf.

Trotz der niedrigen Anzahl von Probanden auf Grund des experimentellen Charakters konnten bei HOTCHKISS (2003) Charakteristika von Suchenden identifiziert und beschrieben werden. Interessant bei dieser Studie ist die praxisnahe Herangehensweise, mit der ein Suchmaschinenoptimierer versucht, Zielgruppen bei Suchenden zu differenzieren.

Basierend auf den Ergebnissen wurde im Februar 2004 eine weitere Umfrage durchgeführt, wobei hier allgemeinere Fragen gestellt wurden, da bei einer größeren Teilnehmerzahl Laborexperimente aufwendig durchzuführen sind. Die Ergebnisse wurden von HOTCHKISS ET AL. (2004) veröffentlicht. Zur Vollständigkeit werden hier kurz die Deskriptiva wiedergegeben.

Personen eines Maillisten-Anbieters und von der Enquiro-eigenen Mailingliste wurden zufällig ausgewählt und angeschrieben. Insgesamt nahmen 425 Personen an der Online Umfrage teil. Davon waren $52,41\%$ männlich und mehr als die Hälfte unter 39 Jahre alt. Die meisten Personen ($74,21\%$) nutzen das Internet seit mehr als fünf Jahren. Zwei Drittel der Personen finden nach ein oder zwei Suchanfragen, wonach sie gesucht haben.

Nur $3,99\%$ der Personen gaben an, dass sie oft die Suche aufgeben, weil sie nicht fanden, wonach sie suchten. Google war mit $71,68\%$ die häufigst genutzte Suchmaschine. Die Befragten nutzen nahezu immer die gleiche Suchmaschine. Ungefähr ein Viertel nutzt nie die erweiterten Suchfunktionen oder kennt diese noch nicht einmal. Nur 14, 83% nutzen auch Metasuchmaschinen, die restlichen Personen verwenden oder kennen solche Suchdienste nicht.

2.2.8   iProspect Umfrage

Um eine Vorstellung zu bekommen, wie Internetnutzer mit Suchmaschinen umgehen, wurde in den USA im April 2004 federführend eine Umfrage von IPROSPECT (2004) durchgeführt. Die Firma wurde 1996 gegründet und beschäftigt sich mit Suchmaschinen-Marketing. Es wurden Personen aus 13.555 Mitgliedern eines Panels zufällig ausgewählt und gebeten, an der Umfrage teilzunehmen. 100$ wurden an zehn Personen verlost, um eine Anregung für die Teilnahme an der Umfrage zu bieten. Insgesamt nahmen 1.649 Personen teil.

Die sozio-demographischen Merkmale der Probanden waren wie folgt verteilt: 49, 9% der Antwortenden waren männlich, das durchschnittliche Alter betrug 45 Jahre, 55, 9% hatten einen College-Abschluss, mehr als die Hälfte (57, 9%) waren verheiratet und hatten ein bestehendes Arbeitsverhältnis (69, 6%), das mittlere Einkommen betrug 40.000 bis 49.999 $.

Bei der Internetnutzung gaben 89, 7% an, dass sie einmal am Tag 'surfen', 77% führen dies zu Hause aus, 83, 1% hatten seit mehr als vier Jahren einen Internetanschluss und eine schnelle Verbindung ($> 56K$). Ungefähr 71% verbrachten wöchentlich zehn Stunden oder mehr im Internet. Nach der Definition von HÖLSCHER/ STRUBE (1999a) antwortete somit ein sehr hoher Anteil an Web-Experten.

Suchmaschinen werden sehr häufig von Internetnutzern besucht. 56, 3% gaben an, dass sie täglich eine Suchmaschine nutzen. Suchmaschinennutzer sind zudem sehr loyal. 56, 7% der Antwortenden bekundeten, dass sie normalerweise die gleiche Suchmaschine nutzen, wobei hier selten mehr als die ersten drei Trefferseiten angeschaut werden. 98, 7% der antwortenden Personen gaben an, dass sie eine neue Suche starten würden, wenn sie nicht auf den ersten drei Seiten befriedigende Ergebnisse finden.

Suchmaschinennutzer finden die 'organischen' Trefferlisten relevanter als andere Suchergebnisse, die auch angegeben werden (AdWords, SponsoredLinks, etc.), mehr als die Hälfte $(60, 5\%)$ würden diese 'organischen' Ergebnisse bevorzugen. Die YAHOO!-Nutzer lagen hier bei $60, 8\%$. Bei Google-Nutzern liegt dieser Anteil sogar bei $72, 3\%$. Bei den MSN Nutzern hingegen wurden die 'paid search advertisements' bevorzugt $(71, 2\%)$. Bei den AOL-Nutzern fiel die Antwort ausgewogen aus, d.h. es wird zu gleichen Teilen die eine oder andere Ergebnisart bevorzugt. Je länger das Internet benutzt wurde, desto mehr wurden die 'organischen' Ergebnisse bevorzugt.

2.2.9 Zusammenfassung der Ergebnisse

In Tabelle 2.3 sind die Studien nochmal aufgelistet, wobei die Anzahl der Probanden, der grobe Aufbau und die untersuchten Dimensionen der Suche angegeben sind. Insgesamt zeigen die Ergebnisse der Studien, dass durch die Erhebung von sozio-demographischen Merkmalen und die Beobachtung der Suchenden detailliertere Rückschlüsse auf das Suchverhalten gegeben werden können, als das bei den Analysen der Log-Dateien der Fall war. Problematisch bei der Beobachtung ist, dass meistens nur sehr wenige Personen teilgenommen haben, so dass in diesen Fällen die statistische Fundierung fehlt. Zudem werden der Aufwand und die Kosten bei einer bedeutend größeren Teilnehmerzahl sehr hoch, wodurch diese Methode ökonomisch nicht tragbar ist, vor allem, wenn die Erhebungen wiederholt werden sollen, um Veränderungen festzustellen.

Zusammenfassend gibt es zwei Richtungen in den Untersuchungen. In der einen wird versucht, Unterschiede auf Grund verschiedener Einflüsse festzustellen, in der anderen werden generelle Maße zum Online Suchverhalten erhoben, um die Sozio-Demographie der Nutzer zu beschreiben. Die Art und Weise, wie Suchende an eine Recherche generell herangehen, wurde in den verschiedenen Studien untersucht, indem die Interaktion mit Suchmaschinen in Betracht gezogen wurde. Die Vergleiche zwischen verschiedenen Gruppen (Kompetenzlevel, Geschlecht, Beruf) zeigte häufig einen Einfluss auf die Herangehensweise an die Suche. Die Zielrichtung der Suche und das Hintergrundwissen zu einem Themengebiet, in dem gesucht wird, hat ebenfalls Einfluss auf die Suche und deren Formulierung. Problematisch ist insgesamt, dass die untersuchten Gruppen sehr klein waren und vielleicht deswegen keine Gruppenunterschiede zum Vorschein kamen. Gerade bei der Gruppierung nach dem Geschlecht würde man Unterschiede bei der Herangehensweise vermuten. Zudem scheinen Google-Nutzer 'ihrer' Suchmaschine gegenüber loyaler eingestellt als gegenüber anderen Suchmaschinen. Hier ist auch die Anmerkung interessant, dass die suchenden Personen eine selektive Wahrnehmung bezüglich der Ergebnislisten besitzen und dass Google-Nutzer negativ konditioniert sind. Ein weiterer hilfreicher Gedanke ist, das Suchverhalten der Probanden in verschiedene Gruppen einzuteilen, indem die Art und Weise unterschieden wird, wie die Ergebnislisten evaluiert werden. Insgesamt sind die Untersuchungen vielseitiger einzuordnen als die Studien, in denen doch immer wieder die gleichen Maße erhoben wurden. Die hier vorgestellten Untersuchungen sind somit nicht vergleichbar.

Die Analysen von unterschiedlichen Gruppierungen gehen nach zwei Möglichkeiten der Einteilung von Gruppen vor und resultieren daraus in den verschiedenen Dimensionen. Zum einen werden sozio-demographische Gruppierungen gewählt, zum anderen die Struktur des Informationsbedürfnisses. Das Suchverhalten wird also nicht nur durch die Bildung, das Alter oder der Erfahrung des Suchmaschinennutzers determiniert, sondern auch dadurch, welche Informationen gesucht werden. So treten unterschiedliche Herangehensweisen auf, wenn nur nach allgemeinen Informationen gesucht wird oder nach speziellen Details. Zusätzlich sind die einzelnen Schritte dann noch von der Interneterfahrung abhängig.

Name	Aufbau	Probanden	Inhalt
Excite-Umfrage	Online Umfrage	316	Generelle Aspekte der Internetrecherche und Sozio-Demographie von Excite-Nutzern
Interaktionmodell, Navarro-Prieto et al.	Befragung, Experiment	23	3 Dimensionen der Websuche: Internet-Erfahrung, Art der Information und deren Strukturierung im Web
Modell der Informationssuche, Choo et al.	Befragung, Experiment	34/ 24	2 Dimensionen der Websuche: Art des Informationsbedürfnisses und einzelne Schritte bei der Suche
Expertenstudie, Hölscher und Strube	Befragung, Experiment	12/ 24	1 Dimension der Websuche: Internet-Erfahrung, besondere Expertenbetrachtung
Suchmuster, Körber	Befragung, Experiment	20	1 Dimension der Websuche: Experten nach Suchmaschinenwissen
Bertelsmann Studie	Telefonumfrage	1.000	Generelle Aspekte der Internetrecherche
	Experiment	150	Beobachtung bei der Lösung von Suchaufgaben
Enquiro Umfrage	Befragung, Experiment	24	Klassifikation des Suchverhalten bei Evaluation von Ergebnislisten- und seiten
iProspect Umfrage	Fragebogen	1.649	Generelle Aspekte der Internetrecherche und Sozio-Demographie von Suchenden

Tabelle 2.3: Überblick der Untersuchungen

Kapitel 3

Erhebung des Suchverhaltens

In Kapitel 2 wurde auf die verschiedenen Studien, Experimente und Logfile-Analysen, die im Bereich des Online Suchverhaltens im Web durchgeführt wurden, eingegangen. Auf Grund fehlender umfassender Studien und geringer Stichprobengrößen bei Laborexperimenten in diesem Bereich wurden Erkenntnisse und Ideen aus den zuvor beschriebenen Analysen als Grundlage verwandt, um einen Fragenkatalog zu erstellen, der Aussagen über das Online Suchverhalten im Web und die Nutzung von Suchmaschinen liefert.

Basierend auf diesem Fragenkatalog, der im Anhang C zu finden ist, wurde eine Umfrage konzipiert und durchgeführt, deren Aufbau und Ergebnisse im folgenden Kapitel dargelegt und diskutiert werden.

3.1 Maßgebliche Annahmen

Im Verlauf einer Literaturrecherche wurden Gesichtspunkte gesammelt, die auf den bisherigen Erkenntnissen des Forschungsgebiets basieren. Als interessierende Fragestellungen wurden dabei die folgenden identifiziert, die im nächsten Abschnitt vorgestellt werden.

1. Generelle Darstellung und Überblick über das Suchverhalten: Insgesamt boten die Erhebungen und Analysen interessante Erkenntnisse, auf denen aufbauend ein neues Konzept erarbeitet werden konnte. Da Laborexperimente nur in einem sehr kleinen Rahmen realisierbar sind, sollten die Forschungsresultate aus den verschiedenen Studien dahingehend aggregiert werden, dass es in einer eigenen Umfrage möglich ist, die wichtigsten Ergebnisse zu

vergleichen. Auf Grund der größeren eigenen Stichprobe sind diese Ergebnisse als repräsentativer einzustufen. Außerdem wurde bis jetzt noch keine vergleichbare Studie durchgeführt, die versucht, alle interessanten Fragestellungen in nur einer Umfrage zu erheben.

2. Erkenntnisse über das Suchverhalten: Aussagen und Erkenntnisse über das Suchverhalten sollen als Basis für weiterführende Forschungsansätze dienen. Des Weiteren ist interessant, inwieweit die Ergebnisse der eigenen Umfrage von bereits veröffentlichten Ergebnissen abweichen. Hiermit soll u.a. herausgefunden werden, wie Personen bei Selbstauskunft von ihrem realen Suchverhalten abweichen.

3. Unterschiede bei Personen mit einem anderen Wissenslevel: Personen, welche die Funktionsweise von Suchmaschinen kennen und denen grundsätzliche Unterschiede zwischen Metasuchern und generellen Suchmaschinen bekannt sind, werden komplexere Suchanfragen durchführen und auch sonst unterschiedliche Herangehensweisen im Suchverhalten ausweisen. Diese Verhaltensformen sollten durch die Antworten der Teilnehmer erkennbar sein.

4. Unterschiede zwischen Personen verschiedener Berufssparten: Personen, die in einem Beschäftigungsverhältnis stehen, suchen auf andere Weise als Studenten, da sie weniger Zeit zur freien Verfügung haben und mehr für den Berufsalltag recherchieren. In den bisherigen Studien wurden dahingehend keine Unterschiede festgestellt.

5. Unterschiede zwischen der Internetgeneration und anderen Gruppierungen: Personen, die der sogenannten Internetgeneration angehören, werden auf Grund einer anderen Heranführung an das Internet auch andere Verhaltensweisen bei der Suche zeigen als die übrigen Internetnutzer.

6. Unterschiede zwischen Männern und Frauen: Eine weitere Hypothese ist, dass Männer ebenfalls anders suchen als Frauen. Diese Hypothese wurde bei anderen Studien nicht bestätigt.

3.2   Fragebogenaufbau

Der Fragebogen wurde in fünf Html-Seiten untergliedert, um Ermüdungserscheinungen beim Ausfüllen einer einzigen langen Seite zu unterbinden. Dabei wurden am Anfang leichtere Fragen zum 'Aufwärmen' gestellt und die Komplexität der Fragen danach gesteigert. Erst am Schluss, nachdem für den Teilnehmer Sinn und Zweck der Umfrage ersichtlich waren, wurden die Fragen zu den soziodemographischen Merkmalen der teilnehmenden Person gestellt. Der Fragebogen ist komplett im Anhang C zu finden. Im Folgenden werden die jeweiligen Frageblöcke angegeben und dabei die Motivation, diese Themen anzusprechen, erörtert. Es wird anhand der Struktur des Fragebogens vorgegangen, dessen fünf Teile wie folgt lauteten:

1. Standardnutzung von Suchmaschinen: In diesem Block wurden die Nutzungshäufigkeit von Suchmaschinen im Allgemeinen sowie der meistgenutzte Suchdienst untersucht und Fragen zum Suchverhalten gestellt. Hierzu zählten die Anzahl und durchschnittliche Länge von Suchanfragen, die Menge der betrachteten Ergebnisseiten und ob ein angefangener Suchprozess auch zu einem späteren Zeitpunkt fortgesetzt wird. Zusätzlich wurde erhoben, ob die Probanden davon ausgehen, dass sie finden, was sie suchen und wie schnell sie von einer aufgerufenen Ergebnisseite zur Suchmaschine zurückkehren, wenn sie dort nicht fündig werden.

2. Nutzungsweise spezieller Suchfunktionen und Suchstrategien: In diesem Frageblock fiel die Erhebung der Komplexität von Suchanfragen wie die Nutzung von Operatoren. Des Weiteren wurde gefragt, ob die am häufigsten genutzte Suchmaschine den eigenen Bedürfnissen angepasst oder die Toolbar einer Suchmaschine heruntergeladen wurde. Die Frage nach der Verfolgung von bestimmten Suchstrategien wurde ebenfalls unter dieser Überschrift eingeordnet.

3. Einschätzung von Suchdiensten: Das Wissen über die Funktionsweise wurde von zwei Seiten her erhoben. Zum einen sollten sich die Antwortenden nach ihrem Wissen selbst einschätzen. Zum anderen wurde das Wissen über die Funktionsweise abgefragt, indem Aussagen über Metasucher und Suchmaschinen als richtig oder falsch eingestuft werden sollten. Zusätzlich wurde die Netzabdeckung von Suchmaschinen und der prozentuale Umfang von bearbeiteten Suchanfragen bei Google abgefragt, um festzustellen, ob den Probanden die Monopolstellung von Google bewusst ist. Ein weiterer wichtiger Punkt in diesem Block war die Frage nach den Störfaktoren bei Suchmaschinen und deren Suchoberflächen.

4. Navigation im Internet: Hier wurden die beliebtesten Einstiegspunkte in das Web erhoben, ebenso das Interesse an verschiedenen Werbeformen. Zusätzlich sollten verschiedene Möglichkeiten wie neue Webangebote oder -seiten gefunden werden und nach ihrer Relevanz für den Nutzer eingestuft werden.

5. Allgemeine Fragen: Bei diesem Frageblock wurden die demographischen Merkmale der Umfrageteilnehmer und technische Fakten wie die Art oder der Ort des Internetzugangs erhoben. Zusätzlich wurde noch nach dem Vertrauen in verschiedene Medien gefragt und ob eine Homepage betrieben und für Suchmaschinen optimiert wird.

Der Fragebogen umfasst eine Vielzahl verschiedener Aspekte, die das Suchverhalten von Umfrageteilnehmern spezifizieren. Durch die Abfrage des Wissens über die Funktionsweise von Suchmaschinen und der demographischen Merkmale ist die Möglichkeit gegeben, Gruppenunterschiede zu identifizieren.

3.3   Untersuchungsdesign

Bei Internet-spezifischen Fragestellungen, wozu auch das Online Suchverhalten gehört, empfiehlt THEOBALD (2000) einen online Fragebogen zu benutzen, um die Akzeptanz der Teilnehmer zu erhöhen. Zudem sind die Kosten der Erhebung gering, da die Grenzkosten eines zusätzlichen Probanden an der Umfrage gegen Null gehen. Ein weiterer Vorteil ist, dass die Daten bereits elektronisch vorliegen und so direkt weiterverarbeitet werden können (DECKER (2001)).

Für die Umfrage wurde das Tool NetEval (GAUL ET AL. (2004)) des Instituts für Entscheidungstheorie und Unternehmensforschung eingesetzt, das normalerweise zur Evaluation von Lehrveranstaltungen dient und zudem die Anforderungen erfüllte, die geplante Umfrage online durchzuführen. Des Weiteren wurden Konzepte gesammelt, wie Teilnehmer erreicht werden könnten, damit sie an der Umfrage teilnehmen. Auf Grund des Vorhabens, Vergleiche zwischen verschiedenen Gruppierungen durchzuführen, sollte eine hohe Teilnehmerzahl erreicht werden (MACHILL ET AL. (2003)). Deswegen wurde von der Methode abgesehen, nur eine bestimmte Nutzerschaft zu erreichen, wie bspw. die Besucher eines ausgesuchten online Shops.

Mitteilungen, die auf die Umfrage aufmerksam machen, sollten weit verbreitet werden (SCHWICKERT (1998)). Die Umfrage war öffentlich zugänglich, wodurch mit einer hohen Teilnehmerzahl gerechnet werden konnte (DÖRING (2003) und BANDILLA (1999)). Ein Problem bei einer solchen World-Wide-Web Befragung ist die nicht herbeiführbare Repräsentativität, wie dies bei FRITZ (2000), THEO-BALD (2000) und DECKER (2001) ausführlich diskutiert wird.

Ein Hauptproblem ist, dass nicht von 'dem' Internetnutzer ausgegangen werden kann (FRITZ (2000), DECKER (2001) und HAUPTMANN/ LANDER (2001)), es kann somit keine genaue Grundgesamtheit definiert werden, da diese weiterhin größtenteils unbekannt ist und sich zudem täglich ändert. Zudem gibt es kein zentrales Verzeichnis der gesamten Population der Internetnutzer und eine vollständige Erhebung aller Personen mit Zugang zum Internet ist nicht möglich. Personen können schließlich in öffentlichen Einrichtungen oder auch in Internet-Cafes Zugang zum Internet haben.

Ein weiteres Problem ist die Tatsache, dass mehrere Mitglieder eines Haushalts auf einen Rechner und damit theoretisch auch auf das Internet zugreifen können. Das Internet teilt sich zudem in verschiedene Dienste auf, die von verschiedenen Nutzertypologien (DÖRING (2003) und KÖHLER (2001)) genutzt werden. Eine Darstellung der Schichten der verschiedenen Typologien und deren genaue Zusammensetzung innerhalb einer theoretisch bekannten Internet-Population wird als unlösbares Problem angesehen. Eine Erhebung ist dann als repräsentativ anzusehen, wenn jedes Mitglied einer interessierenden Population die Chance hat, in der Stichprobe zu sein.

Bei WWW-Umfragen ist eine Stichprobenziehung und die Gewährleistung der eben genannten Bedingung nicht möglich (WERNER (1998)). Selbst bei einer Befragung, die per eMail an eine bestimmte Zielgruppe versendet wird oder die bei einem online Dienst nur für jeden n-ten Besucher zugänglich ist (n^{th}-intercept-Konzept, vgl. PFLEIDERER (2001)), kann auf Grund des dynamischen Wachstums der Grundgesamtheit und der hohen Fluktuation der potentiellen Teilnehmer nicht von Repräsentativität nicht ausgegangen werden (DECKER (2001), KÖHLER (2001) oder THEOBALD (2000)). Es können eMails an Dritte weitergeleitet werden oder die Startseite, auf der die Umfrage nur jedes fünfte Mal erscheint, kann so oft aufgerufen werden, bis die Umfrage erscheint. Zudem kann es auch passieren, dass Vielnutzer durch Zufall öfters die Umfrage zu sehen bekommen, während gelegentliche Nutzer nie von der Umfrage erfahren. Dies wird in der Literatur damit begründet, dass eine laufende online Umfrage erst einmal gefunden werden muss, dann aktiv vom potentiellen Probanden entschieden wird, an der Umfrage teilzunehmen und die Teilnahme zusätzlich Kosten wie online Gebühren verursacht (BANDILLA (1999) und HAUPTMANN (1999)). Probleme mit der Repräsentativität bzgl. einer Grundgesamtheit bestehen immer, da nicht kontrolliert werden kann, wer an der Umfrage teilnimmt. Mit der Entscheidung für die allgemeine Bekanntmachung der Umfrage in verschiedenen Medien, wie es bei THEOBALD (2000) empfohlen wird, kann auf einen möglichst großen Teilnehmerkreis zugegriffen, aber nicht von der Repräsentativität der Ergebnisse ausgegangen werden, wodurch keine allgemeine Aussagen für 'die' Internetnutzer oder online Suchenden getroffen werden dürfen.

Durch den Pull-Charakter des Internet (FROSCH-WILKE (2002)) entscheiden die Nutzer selbst, ob sie an einer Umfrage teilnehmen möchten, womit ein weiteres Problem von frei verfügbaren Umfragen im WWW ersichtlich wird, nämlich die Selbstselektion (siehe JANETZKO (1999), SCHWICKERT (1998), THEOBALD (2000) und WATT (1997)). Es wird dabei davon ausgegangen, dass die Teilnehmerschaft auf Grund der freiwilligen Teilnahme an der Umfrage eine höhere Internet-Affinität besitzt. Es ist also damit zu rechnen, dass gerade erfahrene Nutzer und Viel-Nutzer befragt werden, da diese versierter mit dem Medium umgehen (THEOBALD (2000)). Frauen sind in online Befragungen unterrepräsentiert und das Durchschnittsalter liegt niedriger als in offline Umfragen (HAUPTMANN/ LANDER (2001)). Es wird gerade der Teil der Bevölkerung angesprochen, der überhaupt Zugang zum Internet hat (FORTIN (1998)). Dies ist bei der Erhebung der Nutzungsweise von Suchmaschinen als nicht-negativ einzustufen.

Im Rahmen der Arbeit werden Hypothesen über das Suchverhalten und gruppenabhängige Unterschiede sowie die Kritik an Suchmaschinen untersucht. Verbesserungsvorschläge der Suchenden werden erhoben, aber keine Aussagen über die Grundgesamtheit der Suchmaschinennutzer gemacht. Die Umfrage hat einen explorativen Charakter. Aus diesen Gründen wird der Mangel an Repräsentativität zu Gunsten einer höheren Teilnehmerzahl in Kauf genommen. THEOBALD (2000) schlägt vor, verschiedene Rekrutierungsmethoden innerhalb eines nicht-zufallgesteuerten Auswahlverfahrens (öffentliche online Umfragen) zu verwenden, um einseitige Ergebnisse zu vermeiden. MATHIESEN (1995) empfiehlt alle Services des Internet zu nutzen, um eine Webseite bekannt zu machen, was auf eine online Umfrage insbesondere zutrifft. SCHMIDER (2003) schlägt ein Cross Marketing vor, um im Idealfall Seiten über alle Medien hinweg bekannt zu machen. Es wurde deswegen bei der eigenen Umfrage zum Suchverhalten auf verschiedene Medien und Möglichkeiten innerhalb des Internet zugegriffen. Bei STARSETZKI (2001) werden verschiedene Möglichkeiten genannt, wobei im Rahmen dieser Umfrage die Möglichkeiten der Newsgroups und Mailinglisten besonders zu erwähnen sind. DÖRING (2003) geht des Weiteren auf die öffentliche Bekanntmachung von Umfragen ein, bei der ein Link auf verschiedene Webseiten gesetzt wird, um auf die Umfrage hinzuweisen. Im Folgenden wird auf die verschiedenen Rekrutierungsmaßnahmen eingegangen.

Nach WERNER/ STEPHAN (1998) sind Werbeanzeigen oder weiterführende Links auf stark frequentierten Seiten empfehlenswert. Hierbei werden vor allem Suchmaschinen und online Zeitungen oder Zeitschriften genannt. Der Link auf die Startseite der Umfrage[1] wurde deshalb auf die Ergebnisseite der Metasuchmaschine Metager[2] direkt unter das Sucheingabefeld gesetzt. Zusätzlich wurden Pressemitteilungen im Newsticker[3] von Heise und in der Karlsruher online Zeitung[4] veröffentlicht, die den Sinn und Zweck der Umfrage beschrieben und den Link auf die Startseite enthielten. Weiterhin waren Links auf der Homepage der Stadt Karlsruhe[5] und im deutschen Suchmaschinenverzeichnis[6] zu finden.

Im Sinne des Direct Marketing (STRAUSS/ FROST (1999)) wurde ebenfalls eine Mitteilung innerhalb des AlumniKaTH-Newsletters[7] per eMail versendet und in einem postuellen Rundschreiben der Mittelbau der Universität Karlsuhe (TH) auf die Umfrage aufmerksam gemacht. Darüber hinaus wurde in den Printmedien in Artikeln über Suchmaschinen (BNN (2004), STERN (2004) und MERKUR (2004)) die Umfrage genannt und die URL zur Startseite angegeben. Durch die Aktualität des Themas wurde im Sinne des Viral Marketings (GOLDSMITH (2002))

---

[1] www.neteval.de/suche
[2] www.metager.de
[3] www.heise.de/newsticker
[4] www.ka-news.de
[5] www.karlsruhe.de
[6] www.searchcode.de
[7] Netzwerk der Absolventen der Universität Karlsruhe (TH)

davon ausgegangen, dass durch Mund-zu-Mund-Propaganda, weitere Teilnehmer durch die Befragten rekrutiert werden. Die Annahme von DÖRING (2003) wurde bestätigt, dass sich Teilnehmer gegenseitig rekrutieren, was bei der Umfrage zum Suchverhalten im positiven Sinne passierte. Die Anzahl der eingehenden Links auf die Startseite der Umfrage lag zeitweise bei 200 und ist nach dem Ablauf der Umfrage auf sieben[8] gesunken, wobei es sich hierbei um News Archive handelt. Es wurde auch ein Aufruf in einer MacUser Community[9] veröffentlicht, der die anderen User aufforderte, als MacUser an der Umfrage teilzunehmen.

Es wurde darauf geachtet, dass trotz des selbstselektiven Charakters nicht nur eine bestimmte und am Ende sehr typische Nutzerschaft befragt wurde, sondern dass die Personen verschiedenen Typologien angehören. Insgesamt wurde mit der Ansprache unterschiedliche Nutzergruppen erreicht. Es nahmen nicht nur erfahrene Internetnutzer sondern auch eine breite Basis an durchschnittlichen Nutzern teil, die u.a. auch durch die offline 'Kampagnen' angesprochen wurden. Die Selektionsproblematik (BANDILLA (1999)) wurde damit nicht gelöst, jedoch durchaus gemildert, wie dies von SCHILLEWAERT ET AL. (1998) vorgeschlagen wird, die in ihrer Untersuchung bei der Verwendung unterschiedlicher Methoden der Rekrutierung zwar Abweichungen bei der Soziodemographie und Internet-Nutzung vorfanden, doch über die verschiedenen Gruppen hinweg stabile Einstellungswerte erzielten.

Es wurden keine (monetären) Incentives zur weiteren Motivation der Probanden, an der Umfrage teilzunehmen, in Aussicht gestellt. Die Motivation sollte vor allem durch die Themenstellung (THEOBALD (2000)) erreicht werden. Bei BEREKOVEN ET AL. (1999) und HIPPLER (1988) sind mehrere Studien genannt, die einen höheren Aufmerksamkeitswert der Probanden bzgl. einer Thematik mit einer höheren Rücklaufquote in Zusammenhang bringen. Es wurde darauf spekuliert, dass Internetnutzer, die sich an bestimmten Eigenschaften von Suchmaschinen stören, an einer solchen Umfrage teilnehmen wollen, um ihre Meinung mitteilen zu können. zusätzlich konnten die Probanden am Ende der Umfrage ihre eMail-Adresse hinterlassen, um über Ergebnisse der Umfrage und deren Veröffentlichung zu erfahren (Motivation durch Untersuchungsergebnisse, siehe THEOBALD (2000)).

---

[8]Stand: 2. Dezember 2004
[9]`www.macuser.de`

3.4 Ergebnisse der Umfrage

Die Auswertung der Umfrage beinhaltet drei Hauptteile. Im ersten Teil werden die (Selbst)selektionsquoten oder Rücklaufquoten der Umfrage diskutiert und neue Quoten zur Beschreibung des Gestaltungserfolges und der Ermüdungserscheinungen der Probanden erarbeitet. Im zweiten Teil werden die Merkmalsausprägungen der Teilnehmerschaft besprochen, indem die deskripiven Statistiken vorgestellt werden. Im dritten Teil werden dann Unterschiede im Suchverhalten verschiedener Gruppierungen besprochen.

3.4.1 Selbstselektionsrate der Umfrage

Bei Umfragen, die in der vorgestellten Form durchgeführt werden, kann nicht von einer Rücklaufquote gesprochen werden, da hier der Internetnutzer durch einen mehrstufigen Selektionsprozess geht (BOŠNJAK (2002)). So muss der Internetnutzer die Umfrage erst zur Kenntnis nehmen, dann die Startseite aufrufen, um anschließend die Befragung zu beginnen und vollständig auszufüllen. BOŠNJAK (2002) definiert dazu verschiedene Beantwortungstypen, wie den 'Lurker', der den Fragebogen komplett durchgeht, aber keine Frage beantwortet. THEOBALD (2000) definiert verschiedene Selbstselektionsraten. Die klassische Rücklaufquote wird durch den Quotienten n_i/n_e berechnet (n_i entspricht der Anzahl der abgeschlossenen Interviews und n_e der Größe der Stichprobe). Da aber – wie oben besprochen – bei einer online durchgeführten Umfrage n_e schwierig bis überhaupt nicht berechenbar ist, schlägt THEOBALD (2000) stattdessen eine detailliertere Einteilung zur Berechnung unterschiedlicher Selbstselektionsraten vor:

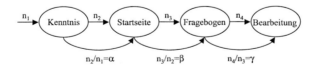

Abbildung 3.1: Selektionsraten bei online Umfragen

Die einzelnen Selektionsraten nach THEOBALD (2000) werden in Abbildung 3.1 veranschaulicht. Bei α wird dabei vom Werbeerfolg gesprochen, β stellt den Motivationserfolg dar und γ den Gestaltungserfolg. Und es sei:

- n_1: Anzahl Personen, die Kenntnis von der Umfrage erlangen.

- n_2: Anzahl Personen, die die Startseite aufrufen.

- n_3: Anzahl Personen, die den Fragebogen aufrufen.

- n_4: Anzahl Personen, die den Fragebogen abschicken.

Bis auf n_1 (TUTEN ET AL. (2002)) sind alle aufgeführten Größen berechenbar.

Bei online Umfragen können jedoch in den meisten Fällen noch detailliertere Informationen erhoben werden. Deshalb werden in diesem Zusammenhang weitere Raten definiert, um den Gestaltungserfolg der einzelnen Fragebogenseiten und die Ermüdungserscheinungen von Seite zu Seite quantifizieren zu können.

Diese Selektionsraten und die Parameter zum Gestaltungserfolg sind in Abbildung 3.2 veranschaulicht. Hierbei wird zusätzlich, um den Gestaltungserfolg genauer zu beschreiben, γ_i für jede Seite des Fragebogens ($i = 1 \ldots h$) betrachtet und ebenso β_i als Übergangsquote zwischen den einzelnen Fragebogenseiten bei sequentieller Abarbeitung. Es wird im Gegensatz zur Methodik von THEOBALD (2000) nicht nur eine feste Zahl für den Gestaltungserfolg benutzt, sondern dieser kontinuierlich mit dem Verlauf des Fragebogens und der Fragen betrachtet. Die Übergangsquote veranschaulicht dabei die Ermüdungserscheinungen der Probanden.

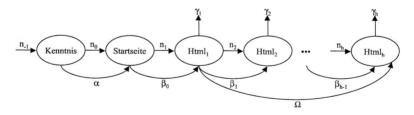

Abbildung 3.2: Selektionsraten/Gestaltungserfolg bei online Umfragen

Die einzelnen Quoten α, β_i, γ_i und Ω berechnen sich wie folgt:

- n_{-1}: Anzahl Personen, die Kenntnis von der Umfrage erlangen.

- n_0: Anzahl Personen, die die Startseite aufrufen.

- n_i: Anzahl Personen, die die i-te Seite des Fragebogens aufrufen.

- max_i: Maximale Anzahl Personen, die auf der i-ten Seite eine Frage beantworteten.

- min_i: Minimale Anzahl Personen, die auf der i-ten Seite eine Frage beantworteten.

- $\alpha = \frac{n_0}{n_{-1}}$: Quote der potentiellen Teilnehmer.

- $\beta_0 = \frac{n_1}{n_0}$: Teilnehmerquote.

- $\beta_i = \frac{MAX\{max_{i+1},...,max_h\}}{max_i}, \forall i < h$: Übergangsquote der Antwortenden von Seite i nach Seite $i + 1$.

- $\gamma_i = \frac{max_i - min_i}{max_i}$: Ausfallquote innerhalb einer Fragebogenseite und Kennzahl für den Gestaltungserfolg.

- $\Omega = \frac{max_h}{max_1}$: Gesamtteilnehmerquote oder -gestaltungserfolg.

Die β_i sollten aus logischen Gründen nicht größere Werte als 1 annehmen. Sollte dieser Fall jedoch eintreten, müssen ernsthafte Bedenken bzgl. der Fragebogengestaltung und der Motivation der Teilnehmer geäußert werden, wie mit folgendem Szenario veranschaulicht werden kann: Auf der letzten Seite wird z.B. zur Teilnahme an einer Verlosung mit hohen monetären Gewinnen aufgerufen. Personen, die davon Kenntnis erlangen, gehen komplett den Fragebogen durch, ohne eine Frage zu beantworten, um erst auf der letzten Seite ihre Kontaktdaten anzugeben. Die Probanden sind hier also nur am Gewinn interessiert und nicht an den Inhalten der Umfrage. Ergebnisse solcher Umfragen sind deshalb als nicht sehr aussagekräftig anzusehen.

Für die γ_i sind keine Erfahrungswerte bekannt, daher sollte nach eigenem Ermessen der Gestaltungserfolg bewertet werden. Interessant hierbei ist die Anordnung von max_i und min_i. Fällt die Anzahl der Antworten kontinuierlich bis zur letzten Frage, kann von einer Ermüdung der Teilnehmer ausgegangen werden. Eine Seite ist in diesem Fall wahrscheinlich zu lang konzipiert oder es fehlen aktivierende Argumentationsteile innerhalb der Seite (vgl. SCHWEIGER (2001)). Liegt das Minimum jedoch am Anfang oder zwischen anderen Fragen der betrachteten Html-Seite, kann daraus geschlossen werden, dass diese Frage nicht verstanden wurde oder aber die Probanden von der Fragestellung oder den erfragten Inhalten abgeschreckt wurden.

So wie die Daten vorliegen, können die oben dargestellten Parameter, ebenso die Selbstselektionsraten nach THEOBALD (2000) und die Beantwortungs-Typen nach BOŠNJAK (2002) berechnet werden. Bei der hier zugrunde liegenden Umfrage 'Suchmaschinen und Suchverhalten im Iternet' sind die absoluten Zahlen des Aufrufs der einzelnen Seiten nicht bekannt, weswegen nicht alle Raten berechnet werden konnten.

Die Zahl der potentiellen Teilnehmer (n_{-1}) kann durch die Tatsache, dass viele unterschiedliche Möglichkeiten der Bekanntmachung genutzt wurden, nicht berechnet oder geschätzt werden (TUTEN ET AL. (2002)). Insgesamt wurde die Startseite des Fragebogens, die gleichzeitig die erste Seite des Fragebogens war, ($n_0 = n_1$) 7222 Mal aufgerufen. Die Umfrage wurde innerhalb der Medien, in der sie genannt wurde, durch einen kurzen Text über den Inhalt und die wissenschaftlich angelegte Orientierung eingeführt, weswegen diese Notiz eher als Startseite der Umfrage zu sehen ist. Die Anzahl der Seitenaufrufe n_1 wurde deswegen als n_0 angesehen und n_1 mit max_1 gleich gesetzt, um die Teilnehmerquote zu berechnen. Die Teilnehmerquote β_0 beträgt damit $\frac{6773}{7222} = 93,8\%$. Die Übergangsquoten zwischen den weiteren Seiten sind der Tabelle 3.1 zu entnehmen, wo auch die max_i, min_i und γ_i angegeben sind. Des weiteren wurde noch ein min_i^* (γ_i^*) angegeben, welches auf dem zweitkleinsten Minimum von Antworten einer Frage auf der i-ten Seite basiert, wenn aus erklärlichen Gründen min_i sehr klein ausfiel.

i	max_i	min_i	min_i^*	β_i	γ_i	γ_i^*
1	6773	5251	6353	91,3%	22,5%	6,2%
2	6181	5250	5774	97%	15,1%	6,6%
3	5996	5652	5892	99,1%	5,7%	1,7%
4	5941	5899	–	99,7%	0,7%	–
5	5925	4539	5616			5,2%

Tabelle 3.1: Quoten der Umfrage

Bei der gesamten Umfrage wurden sehr hohe Übergangsquoten von mehr als 90% von Seite zu Seite erreicht. Von der ersten zur zweiten Seite liegt die minimale Übergangsquote $\beta_1 = 91,3\%$. Dies liegt wahrscheinlich zum einen daran, dass diese Seite mit zwanzig Fragen die längste der Umfrage war, zum anderen daran, dass sich gerade auf der ersten Seite mehr Leute dafür entschieden haben, die Umfrage abzubrechen, wenn sie feststellten, dass noch weitere Seiten folgten. Die Gesamtteilnehmerquote Ω lag bei 87,5% und die Abbruchquote bei nur 12,5%. Damit lässt sich schließen, dass der Fragebogen insgesamt gut konzipiert und nicht zu lang(weilig) war (vgl. GRÄF (2002)). Ausschlaggebend für die sehr niedrige Abbruchquote kann die Motivation und das Interesse der Teilnehmer an der Problematik der Suchmaschinennutzung angesehen werden. Altruistische Gründe für die Teilnahme werden in den Vordergrund gestellt (vgl. BOŠNJAK/ BATINIC (2002)), was teilweise an der mangelnden Präsenz solcher Studien liegt.

Bei den Antwortsausfallquoten innerhalb der Webseiten des Fragebogens wurden ebenfalls sehr gute Werte erzielt, was an den niedrigen Werten erkennbar ist. Es sind hierbei nur die γ_i^* als aussagekräftig anzusehen. Das $\gamma_1 = \frac{6773-5251}{6773} = 22,5\%$ fiel so hoch aus, da hier nach der zweithäufig genutzten Suchmaschine gefragt wurde. Da wenige Personen überhaupt eine zweite Suchmaschine benutzten, wurde diese Frage auch seltener beantwortet; der Wert wurde deswegen korrigiert. Bei γ_2 und γ_3 sind die höheren Werte erklärbar durch Fragen der Kategorie 'Sonstiges', die weniger oft beantwortet wurden.

Bei γ_5 wurde nur der korrigierte Wert angegeben, da das Minimum bei einer Frage lag, die nur von einem Teil der Teilnehmer beantwortet werden konnte. Auf der letzten Seite ist nahezu niemand abgesprungen, da die letzten Fragen nahe bei der maximalen Anzahl der Antworten lagen, obwohl in diesem Frageblock die soziodemographischen Merkmale abgefragt wurden. Die Minima liegen bei den einzelnen Seiten der Umfrage im mittleren Rang, was auf eine problematische Fragestellung schließen lässt. Manche Fragen wurden nicht verstanden oder konnten gar nicht beantwortet werden, wie dies der Fall bei der Frage nach der am zweithäufigsten genutzten Suchmaschine war. Trotzdem gab es keine Ausstiegsfragen, die einen Großteil der Teilnehmer veranlasst hätte, die Umfrage abzubrechen.

3.4.2 Beschreibende Ergebnisse der Teilnehmerschaft

Im Folgenden werden deskriptive Ergebnisse aufgeführt, um die Teilnehmer der Umfrage und deren Suchverhalten charakterisieren zu können. Die Ergebnisse werden hierbei in der Reihenfolge des Fragebogens wiedergegeben und entsprechend der Frageblöcke (Html-Seiten) gegliedert. Am Ende der Beschreibung des Ergebnisses einer Frage ist die Anzahl der Personen angegeben, die diese insgesamt beantwortet haben.

Die Anzahl der Teilnehmer und der Anteil der Personen, die den Fragebogen nahezu komplett ausfüllten, wurde ausführlich diskutiert. Die Umfrage ging am 30. Juli 2004 online und wurde am 31. Oktober 2004 beendet.

Die rein beschreibenden Ergebnisse werden ausführlich dargestellt, um später, im Hinblick auf die Analyse von Suchanfragen, Vergleiche zwischen den Ergebnissen der Teilnehmer einer Umfrage, die darin ihr Suchverhalten subjektiv beschreiben, und den Ergebnisse zu ziehen, welche durch eine eher objektive Beobachtung zustande kamen.

3.4.2.1 Standardnutzung von Suchmaschinen

Von den antwortenden Personen gaben 73% an, dass sie mehrmals täglich Suchmaschinen nutzen (19,4% täglich) [$N = 6622$]. Die genaue Verteilung ist Abbildung 3.3 zu entnehmen. Es wird deutlich, dass Suchmaschinen ein alltägliches Mittel sind, um online nach Informationen zu suchen. Dies wird auch durch die Ergebnisse in SPINK ET AL. (1998 und 1999) gestützt, die ebenfalls eine hohe tägliche Nutzung vorweisen. Am häufigsten wurde die Suchmaschine Google mit 91,3% der Angaben benutzt, darauf folgte Metager mit 4,3%, Yahoo! mit 1,1%, Vivisimo mit 0,6%, AlltheWeb mit 0,5% und Altavista mit 0,4% [$N = 6773$]. Metager war so stark vertreten, da auf der Startseite ein Link zur Umfrage gesetzt war. Der aktuelle Marktanteil von Google liegt bei 82,0% (WEBHITS (2005)). Zudem gaben 24% der Google-Nutzer keine weitere Suchmaschine und 11,7% explizit auch hier 'Google' oder die Aussage 'benutze nur Google' an. An diesen Zahlen ist das hohe Vertrauen und die Loyalität zu Google ablesbar. Google lag damit auch auf Platz 1 der zweithäufig genutzten Suchmaschine, gefolgt von Lycos [$N = 5251$]. Die Loyalität zu nur einer Suchmaschine konnte entsprechend HOTCHKISS ET AL. (2004), IPROSPECT (2004) und MACHILL ET AL. (2003) bestätigt werden.

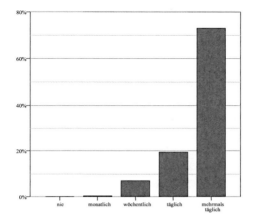

Abbildung 3.3: Nutzungshäufigkeiten von Suchmaschinen

Mehr als die Hälfte der Probanden (56,3%) antwortete auf die Frage nach der
Sprache, in der ihre Suchanfragen meistens formuliert werden, dieses ausschließlich in Deutsch zu tun. 13,7% gaben an, zuerst in Deutsch zu suchen und 23,5%
suchten nur in Englisch. Der Anteil an anderen genannten Sprachen ist so gering,
dass an dieser Stelle nicht darauf eingegangen wird [N = 6723]. Eine Suchanfrage besteht nach Selbstauskunft der Teilnehmer normalerweise aus zwei oder
drei Begriffen (81,8%) [N = 6686] und mehr als die Hälfte der Antwortenden
gab an, dass sie zwei oder drei Suchanfragen während einer Suchsitzung an eine
Suchmaschine stellen [N = 6687]. Mehr als die Hälfte der Personen untersucht
höchstens bis zu fünf Ergebnisseiten in den Trefferlisten [N = 6608].

	weiß nicht	1	2	3	4	5	mehr als 5
Anzahl Suchbegriffe	2,4	5,8	38,4	42,9	7,3	1,3	1,9
Anzahl Suchanfragen	4,5	17,3	26,8	26,5	9,6	4,3	11,0
Anzahl Ergebnisseiten	2,1	3,9	13,5	15,4	8,5	11,1	45,5

Tabelle 3.2: Standardnutzung (Angaben in %)

In Tabelle 3.2 sind die genauen Prozentzahlen aufgelistet. Bei dieser Frage wurde
die Antwortskategorie 'mehr als 5' mit dem Wet 8 repräsentiert. Basierend auf
früheren Analysen von Suchanfragen ist diese obere Grenze als realistisch anzuse-

hen. Die hier aufgeführten Ergebnisse entsprechen den Aussagen in IPROSPECT (2004). Auch bei den Excite-Studien (vgl. WOLFRAM ET AL. (2001) und SPINK ET AL. (2001)) werden ähnliche Zahlen angegeben.

Ein sehr großer Anteil der Umfrageteilnehmer sucht vorwiegend in Themenbereichen, in denen schon Hintergrundwissen vorhanden ist [$N = 6353$]. Die Hälfte der antwortenden Personen setzt ihre Informationssuche mit Hilfe einer Suchmaschine nicht zu einem späteren Zeitpunkt fort. Die Suche ist somit nicht sukzessiver Natur. Kommt kurzfristig ein Informationsbedürfnis auf, wird es sofort und nicht über einen längeren Zeitraum gelöst [$N = 6740$]. In der Tabelle 3.3 ist diese Frage mit 'Sukzessive Suche' umschrieben. Von den Antwortenden gaben 43% an, dass sie sehr häufig finden, was sie suchen (Zeile 'Sucherfolg' in Tabelle 3.3) [$N = 6723$]. 70.8% kehren sofort zur Suchmaschine zurück, wenn sie auf der betrachteten Seite nicht finden, was sie suchen (Zeile 'Rückkehr' in Tabelle 3.3) [$N = 6722$]. In diesem Frageblock konnten die Ergebnisse anderer Studien nicht bestätigt werden. Die Teilnehmer geben an, dass sie ihre Suche nicht zu einem späteren Zeitpunkt fortsetzen, was bei SPINK ET AL. (1999) der Fall war. Der hohe Anteil von Personen, die finden, was sie suchen, entspricht den Ergebnissen der Benutzerzufriedenheit des amerikanischen Kundenzufriedenheitsindex, bei dem Google mit einer sehr hohen Punktzahl abschließt (ALLEN/ DECIE (2004)).

	nie	selten	manchmal	häufig	sehr häufig
Sukzesive Suche	9,7	41,2	32,0	12,7	4,4
Sucherfolg	0,1	1,0	5,8	50,1	43,0
Rückkehr	0,4	1,4	4,1	23,3	70,8

Tabelle 3.3: Involvement der Suchenden (Angaben in %)

Die Tatsache, dass die Suchenden sofort wieder zur Suchmaschine zurückkehren, wenn sie auf einer aufgerufenen Webseite nicht das finden, was sie suchen, entspricht den Ergebnissen von MACHILL ET AL. (2003), die den Suchvorgang als intuitiv beschreiben, da die Suchenden vorrangig die Trefferlisten evaluieren und nicht die empfohlenen Seiten. Die Teilnehmer gaben an, dass sie selten ihre Suche zu einem späteren Zeitpunkt fortsetzen. Das bedeutet im Umkehrschluss, dass häufig das Gesuchte gefunden wird.

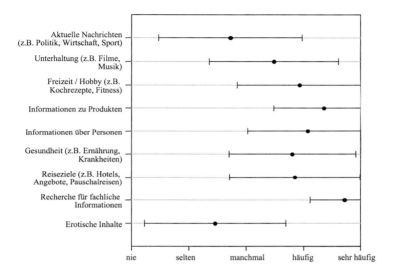

Abbildung 3.4: Gesuchte Themengebiete

Bei der Frage, welche Informationen mit Hilfe von Suchmaschinen gesucht werden, wurde am häufigsten 'Recherche für fachliche Informationen' angegeben (siehe Abbildung 3.4) $[N = 6720]$. Auf dieser Skala entspricht 'auf gar keinen Fall' -2 und 'auf jeden Fall' 2, womit die Mittelwerte berechnet wurden, zusätzlich wurde die Standardabweichung in beide Richtungen abgetragen. Die Suche nach 'Informationen zu Produkten' $[N = 6721]$ und nach 'Informationen zu Personen' $[N = 6714]$ wurden ebenfalls als wahrscheinlich eingestuft, in diesen Bereichen Suchmaschinen einzusetzen. Die Ergebnisse dieser Frage entsprechen den Aussagen in WOLFRAM ET AL. (2001) und SPINK ET AL. (2002a), die eine Verschiebung der Themengebiete bei Suchanfragen von erotischen zu kommerziellen Inhalten feststellten.

3.4.2.2 Nutzungsweise spezieller Suchfunktionen und Suchstrategien

Der größte Teil der Probanden (76,6%) hat 'seine' Suchmaschine nicht personalisiert oder an seine Bedürfnisse angepasst $[N = 6133]$. Dies bedeutet, dass in den meisten Fällen nur mit den jeweiligen Grundeinstellungen der Suchmaschine gearbeitet wird. Bei MACHILL ET AL. (2003) haben 14% schon einmal die 'erweiterte Suche oder Profisuche' genutzt und 7%, schon Sucheinstellungen geändert oder gespeichert. Es stellt sich die Frage, ob es sinnvoll ist, Suchmaschinen zu personalisieren. Scheinbar sind die möglichen Anpassungen nicht von der Person, sondern von der jeweiligen Suchanfrage abhängig. Dafür spricht die niedrige Akzeptanz von Personalisierungsmöglichkeiten.

Abbildung 3.5: Google-Toolbar

Die Frage, ob eine Suchsymbolleiste wie bspw. die Google-Toolbar (siehe Abbildung 3.5) heruntergeladen wurde, wurde von 28,2% der Personen mit 'ja' beantwortet [$N = 5774$]. Von [$N = 1704$] Personen gaben 69,8% explizit die Google-Toolbar an, während bei weiteren 15,3% diese Funktion schon im Browser integriert ist [$N = 6687$]. Der Browser Firefox von Mozilla bietet in der Navigationsleiste eine Auswahlliste, auf welcher Website eine Suchanfrage gestartet werden soll (Abbildung 3.6).

Abbildung 3.6: Navigationsleiste des Firefox Browser 1.0

Die vereinfachte Eingabe von Suchanfragen mit solchen Toolbars macht den Suchvorgang aus dem Browsen heraus schneller und wird gegenüber den gesonderten Einstellungen von einer breiteren Masse angenommen. Es folgten darauf Fragen, die sich mit der Komplexität der Suchanfragen und die Herangehensweise an eine Suche auseinandersetzten.

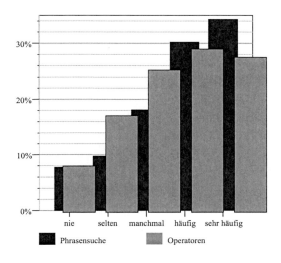

Abbildung 3.7: Komplexe Suche

Operatoren werden zu 25,7% sehr häufig genutzt (27% häufig), mehr als die Hälfte der Teilnehmer gibt damit an, ihre Suche komplex zu gestalten [N = 6181].
Noch häufiger wird angegeben, dass die Phrasensuche benutzt wird (64,4% (sehr)
häufig) [N = 6172]. In der Abbildung 3.7 demonstrieren die Balken im Vordergrund die prozentualen Häufigkeiten der Nutzung von Operatoren, wohingegen im
Hintergrund die prozentualen Häufigkeiten der Phrasensuche dargestellt ist. Die
Ergebnisse zeigen im Gegensatz zu den vorne beschriebenen Studien eine über-
durchschnittliche Häufigkeit der komplexen Suche. Es kann sein, dass durch die
Erklärung, was mit der komplexen Suche genau gemeint ist, sich mehr Personen
verpflichtet fühlten, diese Frage positiv zu beantworten, um als fortgeschrittene
Suchmaschinennutzer zu gelten. Eine weitere Möglichkeit ist, dass viele der Teilnehmer **tatsächlich** annehmen, ihre Suche komplex zu gestalten, indem sie ein
'und' zwischen die Suchterme setzen. Dies führt aber nicht zu einer komplexen
Suche, da die Operatoren falsch angewendet werden. Bei den anderen Studien
wurden dieser Anteil der Suchanfragen nicht als komplex angesehen. Bei MA-
CHILL ET AL. (2003) wird nur von der logischen UND- und ODER-Verknüpfung
gesprochen, was einen großen Interpretationsspielraum lässt, welche Eingabe als
korrekt gilt oder nicht.

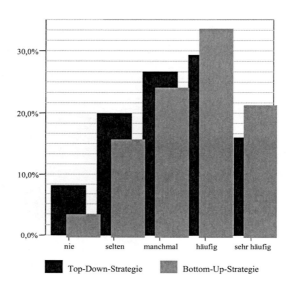

Abbildung 3.8: Schrittrichtung von Suchanfragen

Nach der Selbstauskunft der Teilnehmer wird häufiger die Bottom-Up-Strategie (55,8% (sehr) häufig [$N = 6149$]) als die Top-Down (45,4% (sehr) häufig) [$N = 6156$] genutzt (siehe Abbildung 3.8). Dabei wird bei der Top-Down-Suche mit allgemeinen Begriffen angefangen, die dann schrittweise eingeschränkt oder spezialisiert werden. Bei dem Bottom-Up-Ansatz hingegen wird mit sehr speziellen Suchbegriffen angefangen, um diese bei ausbleibenden oder unbefriedigenden Suchergebnissen zu verallgemeinern. Die befragten Personen verwenden aber durchaus eine Strategie, denn 65,1% der Probanden gab an, selten oder nie 'keine Strategie' anzuwenden [$N = 5796$]. Diese Aussage untermauert dementsprechend die Antworten auf die Fragen, ob erst mit allgemeinen oder speziellen Begriffen eine Suche gestartet wird. Die Reaktion der Teilnehmer auf eine erfolglose Suche, erbrachte wenig überraschende Ergebnisse. Die Beobachtungen der am Anfang beschriebenen Studien wurden bestätigt. Die Antworten waren mit der Tatsache konsistent, dass die Probanden angaben, nur eine Suchmaschine zu nutzen.

Bei einer erfolglosen Suchanfrage wird selten bis nie mit der gleichen [$N = 6145$] oder einer veränderten [$N = 6107$] Suchanfrage eine andere Suchmaschine angesprochen. Der häufigste Fall ist, dass Suchende ihre Suchanfrage in der gleichen Suchmaschine verändern, was auch Tabelle 3.4 zeigt [$N = 6175$]. Der Suchende resigniert nicht sofort bei erfolgloser Anfrage, 72,6% geben selten bis nie sofort die Suche auf. Die Suchenden stellen eine weitere Suchanfrage [$N = 6138$]. Die Ergebnisse sind ähnlich zu HOTCHKISS ET AL. (2004). Dort gaben 3,99% an, ihre Suche sofort aufzugeben, wenn sie nicht finden, was sie suchen. In der Studie IPROSPECT (2004) wird entsprechend erwähnt, dass nahezu alle Personen eine weitere Suchanfrage formulieren würden, wenn sie auf den ersten Ergebnisseiten nicht finden, was sie suchen.

	nie	selten	manchmal	häufig	sehr häufig
gleiche Suchmaschine, andere Anfrage	0,2	0,6	2,4	26,7	70,1
andere Suchmaschine, gleiche Anfrage	19,4	36,6	26,5	12,8	4,7
andere Suchmaschine, andere Anfrage	34,7	39,0	17,2	6,4	2,7
Aufgabe der Suche	23,1	49,4	22,8	3,9	0,8

Tabelle 3.4: Verhalten bei erfolgloser Suchanfrage (Angaben in %)

Bei Fragen bzgl. der Informationssuche werden die Prozentzahlen der Angaben für 'sehr häufig' und 'häufig' zusammengefasst. Von 34,1% der Teilnehmer wurde angegeben, dass sie kein spezielles Informationsbedürfnis besitzen ('undirected Viewing' oder 'ungerichtete Suche' in Tabelle 3.5) [$N = 6115$]. In diesem Fall verschaffen sich die Personen durch Stöbern in möglichen Interessensgebieten einen breiten Überblick oder es wird in online Tageszeitungen geschmökert. 59,4% hingegen durchsuchen bereits bekannte Quellen ('conditioned Viewing' oder 'gerichtete Suche' in Tabelle 3.5) [$N = 6104$]. Hierzu gehören auch solche Webseiten, die als Bookmarks oder Favoriten angelegt wurden. Eine aktive, aber unstrukturierte Suche wird 'selten' bis 'nie' (45,8%) durchgeführt ('informal Search' oder 'informelle Suche' in Tabelle 3.5) [$N = 6092$]. Hierbei wird bereits vorhandenes Wissen vertieft, indem eine allgemeine Suchanfrage formuliert wird[10]. Mehr als die Hälfte (61,7%) führt die strukturierte Suche ('formal Search' oder 'formelle Suche' in Tabelle 3.5) durch [$N = 6099$]. Bei dieser Form der Suche werden komplexere Suchanfragen formuliert, um ganz bestimmte Informationen zu finden[11].

---

[10] Es werden z.B. Tipps zur gesunden Ernährung oder italienische Kochrezepte gesucht.
[11] Das kann bspw. ein bestimmtes Kochrezept oder der Lebenslauf eines Malers sein.

	nie	selten	manchmal	häufig	sehr häufig
ungerichtete Suche	11,4	29,3	25,2	21,7	12,4
gerichtete Suche	4,4	12,3	23,6	37,3	22,4
informelle Suche	12,5	33,3	31,5	17,8	4,9
formelle Suche	4,4	12,3	21,2	35,5	26,6

Tabelle 3.5: Zielrichtung der Suche (Angaben in %)

Die Merkmalswerte werden auf eine Zahlenskala übertragen. Auf dieser entspricht -2 'nie' und 2 'sehr häufig'. Die dazugehörigen Mittelwerte der Ergebnisse und die Standardabweichung, welche in positiver und negativer Richtung abgetragen wurde, sind in Abbildung 3.9 zu sehen. Erkennbar ist, dass die gerichtete und die formelle Suche am häufigsten durchgeführt wird. Die befragten Personen stöbern im Allgemeinen nicht in online Quellen (was auch als surfen oder 'grazing' (HAWKINS (1996))) bezeichnet werden kann und sind demnach nicht mehr in der Ausprobierphase, sondern surfen effektiv.

WILSON (1997) beschreibt eine Suchmethodik als aktiv, bei deren Vorgehensweise früher gemachte Erfahrungen miteinfließen. Bookmarks oder Favoriten werden angelegt, um interessante Seiten problemlos wiederzufinden. Bei einem kurzfristigen Informationsbedürfnis werden jedoch Quellen wie Suchmaschinen besucht, um durch eine gezielte Suchanfrage die gewünschte Information oder Webseite zu finden. Die Probanden wissen demnach, wie sie zielgerichtet durch das Web navigieren, um die Informationsflut und das überdimensionale Angebot im Web zu bewältigen.

Die informelle Suche wird deswegen seltener als die anderen Formen benutzt, da hier ein Informationsbedürfnis bestehen muss, aber dieses durch allgemeine Suchanfragen befriedigt wird. Bei der gerichteten Suche können Informationen über Themen auftauchen, durch die ein gezieltes Informationsbedürfnis geweckt wird, welches wiederum durch die formelle Suche befriedigt wird. Die Ergebnisse entsprechen der Aussage bei MONTGOMERY/ FALOUTSOS (2001), dass Internetnutzer oft die gleichen Seiten wieder besuchen.

Bei CATLEDGE/ PITKOW (1995), CHOO ET AL. (2000a), MARCHIONINI ET AL. (1993), MONTGOMERY/ FALOUTSOS (2001) und WILSON (1997) wurden verschiedene Stufen der Informationssuche definiert. Alle aufgestellten Modelle haben gemeinsam, dass es eine Richtung der Suche gibt, wenn bekannte Quellen erneut aufgesucht werden. Weiter ist eine Suche als aktiv oder passiv zu bezeichnen. Die Suche, die der Befriedigung eines Informationsbedürfnis dient, welches entweder durch den Besuch einer bestimmten Seite oder durch die Eingabe einer genauen Suchanfrage befriedigt wird, wird als aktiv verstanden.

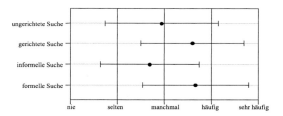

Abbildung 3.9: Mittelwerte: Zielrichtung der Suche

Aus den Ergebnissen der Umfrage ist ersichtlich, dass die Probanden die gerichtete, aktive Suche bevorzugen. Bereits als interessant eingestufte Themengebiete werden wiederholt besucht, wohingegen neue 'Jagdgefilde' durch eine anfangs gleich spezielle und strukturierte Suche erkundet werden und versucht wird, diese zu erfassen.

3.4.2.3 Einschätzung von Suchdiensten

Die Mehrzahl der Personen gab an, dass sie wissen, wie Suchmaschinen Suchanfragen bearbeiten (73,6%) [$N = 5990$], und dass sie auch die komplexe Suche effizient einsetzen können [$N = 5988$]. Die verneinende Frageform wurde gewählt, um eine Prüfung der vorherigen Fragen bzgl. der Komplexität herbeizuführen. Die Befragten gehen tatsächlich davon aus, dass sie Suchmaschinen aus ihrer Sicht effizient einsetzen können.

	trifft nicht zu				trifft zu
	-2	-1	0	1	2
Unwissenheit über die Bearbeitung	46,6	27,0	12,3	9,1	5,0
Kein effizienter Einsatz von Operatoren	65,4	18,8	7,7	4,7	3,4

Tabelle 3.6: Selbstauskunft Wissensstand (Angaben in %)

Bei der Frage nach den Störfaktoren bei Suchmaschinen gaben 16,3% an, dass sie
sehr häufig inhaltlich irrelevante Links angezeigt bekommen, die aber formal mit
der Suchanfrage in Verbindung stehen. Weitere 51,2% wählten bei dieser Frage
die Option 'häufig' [$N = 5996$].

	nie	selten	manchmal	häufig	sehr häufig
irrelevant, aber passend	0,2	6,2	26,1	51,2	16,3
irrelevant, aber unpassend	1,5	19,1	26,9	30,0	22,5
Link nicht mehr existent	1,7	37,9	45,5	12,8	2,0

Tabelle 3.7: Störfaktoren bei Suchmaschinen (Angaben in %)

Diese Situation tritt ein, wenn Suchterme als reine Schlagwortnennung auf einer
Seite auftauchen, aber das auf der Webseite behandelte Thema nichts mit der
Suchanfrage zu tun hat. Die extremste Form solcher Webseiten stellt eine Webseite dar, die nur aus einer Schlagwortliste besteht. In 22,5% der Fälle wurde
angegeben, sehr häufig Ergebnisse zu erhalten, die nichts mit der Suchanfrage zu
tun haben (30% häufig) [$N = 5987$].

Dies kann vorkommen, wenn nur im Hintergrund bzgl. eines Suchtermes optimiert wurde. Die Webseite wird dann zwar 'passend' zur Suche angezeigt, aber
der Nutzer sieht nicht den Bezug zu seiner Suchanfrage. Am seltensten wurde
von den Befragten die Möglichkeit beobachtet, dass Links angezeigt werden, die
aber nicht mehr existieren. Hier antworteten 2,0%, dass dieses sehr häufig (12,8%
häufig) passiert (Tabelle 3.7) [$N = 5991$].

Die Merkmalswerte 'nie' bis 'sehr häufig' wurden wieder in eine Zahlenskala transferiert, wobei die Mittelwerte der jeweiligen Fragen mit der in beide Richtungen
abgetragenen Standardabweichungen in der Abbildung 3.10 zu sehen sind. Die
hauptsächlichen Störfaktoren sind irrelevante Links, die aber durchaus mit der
Suchanfrage per se etwas zu tun haben. Auf den ersten Blick sieht also der Nutzer,
dass das gesuchte Wort auf der Seite auftaucht, aber beim näheren Hinschauen
wird nicht tatsächlich das gesuchte Thema auf der Seite behandelt.

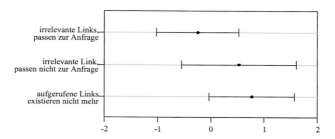

Abbildung 3.10: Mittelwerte: Störfaktoren bei Suchmaschinen

Die geringsten Störfaktoren stellen nicht mehr existierende Links dar. Suchmaschinen scheinen diesbezüglich für den Suchenden aktuell genug zu sein. Die hier aufgezeigten Ergebnisse entsprechen zum Teil denen bei MACHILL ET AL. (2002). Dort wurden ebenfalls Links, die nichts mit der Suchanfrage zu tun hatten, als störend empfunden. Entschieden mehr Personen empfanden die 'toten' Links als Störfaktor. Mit 'toten' Links werden die Links bezeichnet, die als Link existieren, aber ins Leere verweisen.

Zu der direkten Frage nach den Störfaktoren wurde noch eine Frage formuliert, auf welche die Teilnehmer völlig frei antworten konnten. Immerhin $[N = 2014]$ Personen nahmen diese Möglichkeit wahr und gaben ihren persönlichen Störfaktor an. Die häufigsten Kernaussagen einer Störung sind in Tabelle 3.8 angegeben. Die hier beschriebenen Mängel werden zum Teil auch bei der Studie von MACHILL ET AL. (2002) genannt.

Bei der freien Frage nach den Störfaktoren von Suchmaschinen wurde in den meisten Fällen angegeben, dass diejenigen Seiten in den Ergebnislisten stören, die nur für die Suchmaschinen optimiert wurden (siehe Tabelle 3.8). Diese explizite Beschreibung der Störfaktoren entspricht der Antwort auf die Frage, ob solche überhaupt vorliegen. Bemerkenswert ist, dass 7,1% der Personen angaben, dass sie sich durch eBay-Angebote gestört fühlen. Die fehlende Transparenz und die Zensur seitens der Suchmaschinen wurde insgesamt negativ bewertet.

Spam, optimierte Seiten, Dialer und Links, die nichts mit der Anfrage zu tun haben	26,4%
Werbeseiten	21,4%
eBay-Angebote	7,1%
Doppelt auftretende Ergebnisse in der Ergebnisliste	4,7%
Fehlende Transparenz des Zustandekommens der Rangreihenfolge	4,4%
Bezahlte Positionierung von Webseiten	4,2%
Zensur seitens der Suchmaschinen	3,4%

Tabelle 3.8: Störfaktoren (freie Frage)

Im Gegensatz zu der oben genannten Frage nach dem Hintergrundwissen der Teilnehmer über Suchmaschinen, die bei Selbstauskunft sehr positiv ausfiel, zeigte sich bei der tatsächliche Abfrage des Wissens ein anderes Bild. Von 60,1% der Personen wurde richtig beantwortet [$N = 5980$], dass bei Google keine Redaktion arbeitet, um Seiten in den Index aufzunehmen. 73% gaben an, dass sie nicht wissen, ob bei DMOZ eine Redaktion vorhanden ist [$N = 5960$].

Über Metasuchmaschinen wussten wiederum 66% Bescheid, nämlich, dass diese kein eigenes Verzeichnis pflegen [$N = 5944$]. 87,7% wussten, dass Meta-Suchmaschinen gleichzeitig in mehreren Verzeichnissen suchen [$N = 5972$]. 62% beantworteten die fünfte Frage richtig, dass Metasuchmaschinen keine Redaktion besitzen [$N = 5959$].

Insgesamt wurden jedoch nur von 16,4% der Probanden alle Fragen richtig beantwortet und von 27,8% vier der fünf Fragen. Es ist auszuschließen, dass bei der Beantwortung der Fragen einfach geraten wurde, da bei der Frage nach dem Verzeichnis DMOZ.com 73% ehrlich ihre Unwissenheit bekundeten (Abbildung 3.11).

Interessant ist hier, dass nach der persönlichen Einstufung ihres Könnens herauskommt, dass sich die Teilnehmer als Experten oder fortgeschrittene Internetnutzer beschreiben. Werden dementsprechend grobe Anhaltspunkte bzgl. des Wissens über Suchmaschinen abgefragt, kommt heraus, dass die Aussagen dem nicht entsprechen. Ein ähnliches Verhalten wurde auch bei KÖRBER (2000) beobachtet.

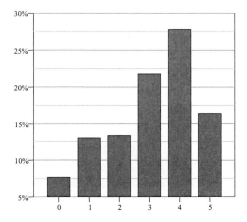

Abbildung 3.11: Anzahl richtiger Antworten

Ungefähr 39,3% der Befragten ist die Monopolstellung von Google bewusst, indem
sie angaben, dass mehr als 76% der anfallenden Suchanfragen von gerade dieser
Suchmaschine bearbeitet werden. Demgegenüber fänden es 87,7% nicht sinnvoll,
wenn es nur eine Suchmaschine gäbe.

3.4.2.4 Navigation im Internet

Bei der Frage nach den Orientierungshilfen im Internet, um neue Webseiten oder
Informationen zu finden, gaben 68,7% an (sehr) häufig Bookmarks anzulegen,
um geeignete Seiten wiederzufinden $[N = 5930]$ (Abbildung 3.12). Wird hiermit
das Ergebnis des Einsatzes der 'gerichteten Suche' verglichen, ist das Ergebnis
entsprechend. Bei der gerichteten Suche wird oft auf bereits bekannte Quellen
zurückgegriffen, was dadurch vereinfacht wird, dass Bookmarks von favorisierten
Seiten gespeichert werden. Eine Vorauswahl von interessanten Themen hat stattgefunden, die wiederum in bestimmten Quellen gesucht werden (CHOO ET AL.
(2000a)).

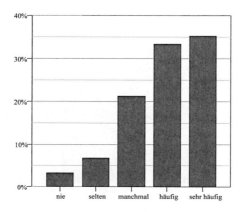

Abbildung 3.12: Nutzungshäufigkeit von Bookmarks/Favoriten

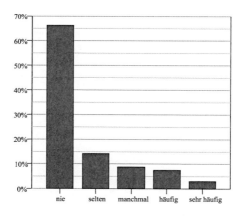

Abbildung 3.13: Nutzungshäufigkeit von Portalen

Dagegen gaben 66,2% an, nie Portale wie MSN oder T-Online zu nutzen, weitere 14,2% gaben an, dies nur selten zu tun [$N = 5927$] (Abbildung 3.13). Es

werden also zielgerichtet bestimmte Seiten gespeichert, die Interesse geweckt haben und auch für die Zukunft interessant erscheinen. Dagegen werden die sehr allgemein gehaltene Portale selten bis nie genutzt. Portale beschäftigen sich mit vielen unterschiedlichen Themengebieten und sind dementsprechend überladen.

	nie	selten	manchmal	häufig	sehr häufig
URLs	5,3	18,3	35,3	28,4	12,5
Links	1,0	7,6	30,0	47,2	14,2
Werbemails	60,7	30,2	7,6	1,3	0,2
online Nachrichten	6,2	18,0	36,9	30,1	8,8
Communities	29,2	24,7	21,4	18,0	6,5
Suchmaschinen	3,3	6,4	15,8	40,9	33,7
Verzeichnisse	20,4	38,7	27,6	10,3	3,1
Bekannte	2,8	23,9	46,2	22,2	4,9

Tabelle 3.9: Auffinden von Webseiten (Angaben in %)

Die beliebteste Methode, neue Webseiten zu finden, stellen Suchmaschinen dar [$N = 5931$], gefolgt von Links auf bekannten Webseiten [$N = 5927$]. Danach kommen die Optionen, die URL durch eine passende Eingabe in den Browser zu antizipieren [$N = 5940$] oder auf anderen Webseiten von weiteren interessanten Seiten zu erfahren [$N = 5929$]. Die genauen Prozentzahlen sind in Tabelle 3.9 aufgeschlüsselt. Das Ergebnis ist in Tabelle 3.9 gezeigt. Werbemails tragen selten bis nie dazu bei [$N = 5933$], dass neue Webinhalte gefunden werden. Ähnlich verhält es sich mit der Erreichbarkeit von potentiellen Besuchern über Communities [$N = 5926$] oder Verzeichnisse [$N = 5899$]. Am besten schneiden Suchmaschinen als Möglichkeit zum Aufspüren von neuen Seiten ab. Die Probanden waren bzgl. der Frage, ob sie von Bekannten von neuen Webseiten erfahren, sehr indifferent [$N = 5930$].

Zur genaueren Untersuchung der Akzeptanz verschiedener Werbeformen wurden nocheinmal die beiden Formen der textuellen und der grafischen Werbung gegenüber gestellt. Unter der textuellen Werbung wurden AdWords oder Sponsored Links eingeordnet, wohingegen unter grafische Werbung Werbe-Banner und Werbe-Pop-Ups fallen. Die Darstellung textueller Felder, wie sie bei Trefferlisten von Suchmaschinen auftauchen, wurde in Abbildung 2.1 dargestellt und ist bei SCHMITZ (2002) ausführlich erklärt. Die grafischen Werbemöglichkeiten werden bei FRITZ (2000) aufgezeigt. Die Ergebnisse sind in Abbildung 3.14 zu finden,

wobei die dunklen Balken im Hintergrund die Verteilung der Einstufungen auf
die Aussage 'Ich finde textuelle Werbung wie AdWords und Sponsored Links bei
Suchmaschinen interessant.' darstellen [$N = 5932$]. Im Vordergrund ist die Einstufung der Aussage 'Ich finde Werbe-Banner und Werbe-Pop-Ups interessant.'
gegenübergestellt [$N = 5941$]. Beide Werbeformen werden als uninteressant eingestuft, wobei textuelle Werbung, die passend zu den Suchanfragen gezeigt wird,
etwas besser abschneidet.

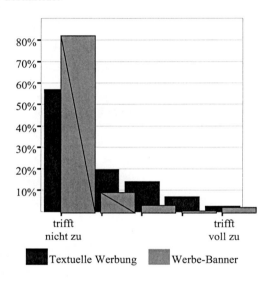

Abbildung 3.14: Akzeptanz von Werbeformen

In diesem Block gingen Fragen auch auf die Problematik von Monopolstellungen
von Suchmaschinen im Web ein. Im Jahr 2004 hatte Google eine Monopolstellung,
das war 22,2% der Personen nicht bewusst [$N = 5982$]. Auf die Frage, ob nur eine
Suchmaschine im Web als sinnvoll empfunden wird, antworteten 94% mit 'Nein'
[$N = 5589$].

3.4.2.5 Allgemeine Fragen

Auf der fünften und letzten Html-Seite wurden allgemeine Fragen gestellt, die neben den Angaben der benutzten Technik für den online Zugang oder Ort des Internetzugangs auch Fragen nach dem Alter, Geschlecht und Beruf enthielten. 90,7% haben vor dem Jahr 2000 mit der Internetnutzung begonnen [$N = 5616$]. Der Anteil der Anfänger betrug nach der Definition von HÖLSCHER (1999) (weniger als drei Jahre Internetnutzung) 3,2%. Die genaue Verteilung ist in Abbildung 3.15 dargestellt und gibt sehr gut den Internet-Boom bis zum Jahr 1999/2000 wieder. Damals wurde massiv für billige und schnelle Möglichkeiten des online Zugangs geworben.

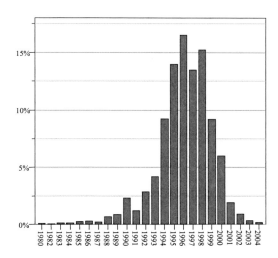

Abbildung 3.15: Jahr des Interneteinstiegs

88,7% nutzen mehrmals täglich das Internet, weitere 10,2% nutzen es einmal täglich [$N = 5912$]. Auf Grund dieser hohen prozentualen Häufigkeiten wurden die anderen Angaben vernachlässigt. Auch das Abrufen von eMails kann als Internetnutzung aufgegriffen werden. Eine Person, die mehrmals täglich eMails abruft, ist demnach entsprechend oft im Internet, ohne einen aktiven Browsing-Vorgang, wie das Durchstöbern von online Nachrichtenartikeln, anzustoßen.

Der Ort des Internetzugangs ist in Abbildung 3.16 dargestellt. Die dort genannten Abkürzungen sind in Klammern gleich hinter den genannten Ergebnissen aufgelistet. Die Nennung geschieht entsprechend der Reihenfolge in der Abbildung 3.16. Die Frage wurde von $[N = 5287]$ Personen beantwortet, worauf sich die Prozentangaben stützen.

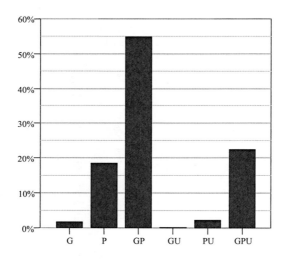

Abbildung 3.16: Umgebung des Internetzugangs

Nur geschäftlich (G) haben 1,8% der Personen einen Internetzugang. Nur privat (P) wird das Internet von 18,5% der Antwortenden genutzt. Der größte Anteil der Personen (54,8%) hat geschäftlich und privat Zugang zum Internet (GP). Ein weiterer großer Anteil von 22,4% kann das Internet zusätzlich noch unterwegs nutzen (GPU). Die Kombinationen nur geschäftlich und unterwegs (GU) oder nur privat und unterwegs (PU) oder nur unterwegs (U) sind hingegen gar nicht bis sehr wenig repräsentiert.

Der Anteil an hochtechnologisierten Nutzer lag mit einem Anteil von ca. 60% DSL-Nutzern ebenfalls sehr hoch. Über LAN gehen 24,9% in das Netz und mit ISDN immerhin noch 6,8%. Ein Analog-Modem nutzen nur noch 4,0% der $[N = 5934]$ Personen, die diese Frage beantworteten. An den Zahlen ist erkennbar, dass die sehr intensiv beworbenen DSL-Anschlüsse mit der damit oft verbundenen Flatrate ihre Abnehmerschaft gefunden hat.

Gerade die Hälfte der Probanden war jünger als 29 Jahre. Die Spannweite des Alters erstreckte sich von 11 bis 85 Jahren [$N = 5808$]. Damit gehörte die Hälfte der Probanden einer Altersgruppe an, die schon während der Ausbildung, des Studiums oder während der Schulzeit im Umgang mit einem Rechner und der Nutzung des Internet zur Recherche geschult wurden. Diese Altersgruppe wird deswegen im weiteren als Internetgeneration bezeichnet.

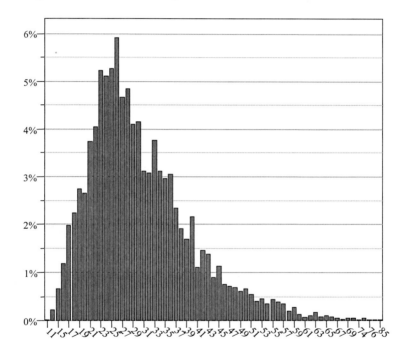

Abbildung 3.17: Altersverteilung

43,1% der Probanden waren Angestellte und 26,1% Studenten, um die zwei größten Gruppen zu nennen. Es folgte die Gruppe der Selbständigen mit 10,9% und die der Schüler mit 6,4%. Die restlichen Prozente entfielen auf die übrigen

Gruppen wie Auszubildende, Beamte, etc. [$N = 5912$]. Männer waren zu 89%
und Frauen zu 11% unter den antwortenden Personen vertreten [$N = 5856$]. Von
den Teilnehmern gaben 57% an, eine eigene Homepage zu haben [$N = 5917$],
von denen sich nach eigener Auskunft bereits 34,2% über Webseitenoptimierung
Gedanken gemacht haben.

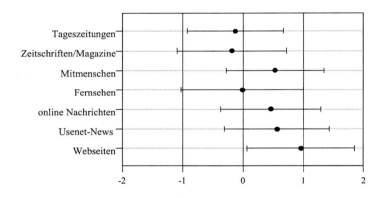

Abbildung 3.18: Vertrauensgrad in verschiedene Medien

Am Ende der Umfrage wurden die Teilnehmer nach ihrem Vertrauen in verschiedene Medien befragt. Die Ergebnisse der Mittelwerte nach Skalentransformation
sind in der Abbildung 3.18 dargestellt [$N \in [5727; 5925]$].

3.4.2.6   Zusammenfassung der Umfrageergebnisse

An der Umfrage nahmen mit dem Internet vertraute Nutzer teil (siehe THEO-
BALD (2000)). Die Nutzungshäufigkeit des Internet und von Suchmaschinen lag
deswegen sehr hoch. Es wurden also hauptsächlich erfahrenere Nutzer befragt.

Wie bei HAUPTMANN/ LANDER (2001) angesprochen, ist auch bei dieser online
Umfrage das Durchschnittsalter niedrig und der weibliche Teil der Bevölkerung
unterrepräsentiert. Für die Erhebung des Suchverhaltens bei Suchmaschinen ist
dies aber nicht als negativ einzustufen, da gerade Viel-Nutzer auf Problemati-
ken hinweisen können, die weniger versierten Nutzern nicht auffallen. Insgesamt

zeigte sich, dass auch nach der Selbsteinschätzung der Teilnehmer der Prozess der Suche ähnlich wiedergegeben wird, wie dies in den Studien in Kapitel 2, die auf Logfiles von Suchanfragen basieren, dargestellt wird. Es werden ähnlich wenig Suchbegriffe und Suchanfragen eingegeben und wenige Ergebnisse betrachtet. Auch die Nutzungsweise von Suchmaschinen entspricht der Vermutung, dass der Suchmaschinenmarkt tatsächlich nur von einer Suchmaschine dominiert wird und weitere Suchmaschinen selten bis nie eingesetzt werden.

Die Teilnehmer, obwohl sie offensichtlich zu den Vielnutzern gehören, sind also nicht sehr geneigt, für spezielle Suchanforderungen spezielle Suchmaschinen zu benutzen. Die Suche wird auch nicht zu einem späteren Zeitpunkt fortgesetzt. Wie auch bei den Erhebungen in Kapitel 2 der Arbeit dargestellt, wird besonders häufig nach Personen, Produkten und fachlichen Inhalten gesucht. Interessant ist, dass nach Selbstauskunft der Teilnehmer sehr häufig die komplexe Suche oder die Phrasensuche eingesetzt wird. Das steht im Widerspruch zu den bisherigen Ergebnissen, aber passt durchaus zu dem Muster, dass sich Nutzer eher als fortschrittlich einstufen.

Von den befragten Personen wird eher die Bottom-Up Suche durchgeführt, das steht im Einklang mit der Zielrichtung der Suche. Hier wird die gerichtete und die formelle Suche bevorzugt, somit sind entsprechende Quellen schon bekannt und Informationsbedürfnisse werden durch spezielle Suchanfragen gestillt.

Interessant ist, dass bei der offenen Frage nach den Störfaktoren bei Suchmaschinen nur durch Optimierung besser gestellte Webseiten als negativ angemerkt wurden. Als besonderes Beispiel wurde hier immer wieder eBay erwähnt, da bei allgemeineren Suchanfragen unter den ersten Ergebnissen immer wieder Angebote von dieser Auktionsplattform zu finden sind. Auch die doppelt auftretenden Links in der Ergebnisliste werden als störend empfunden.

Die Aussage, dass komplexe Suchanfragen formuliert werden, was auf Suchmaschinenexperten hinweist, wurde durch Wissensfragen über Suchmaschinen überprüft. Bemerkenswert ist, dass überdurchschnittlich der Gebrauch von Phrasensuchen und Operatoren angegeben wurde, aber diese Personen nicht im gleichen Maß über generelle Funktionsweisen von Suchmaschinen Bescheid wissen. Passend zu der zielgerichteten Suche wurde angegeben, dass (sehr) häufig Book-

marks angelegt oder favorisierte Seiten gespeichert werden. Portale werden demgegenüber nahezu nie besucht.

Als Antwort auf die Frage, wie die Personen auf neue Webangebote aufmerksam
werden, sind die Suchmaschinen als beliebteste Möglichkeit zu nennen, danach
das Verfolgen von Links und das Antizipieren von URLs. Weiterhin interessant
bei den Ergebnissen ist, dass textuelle Werbung wie AdWords oder Sponsored
Links und Banner-Werbung oder Pop-Ups bei den Nutzer nicht ankommen und
sehr stark abgelehnt werden.

3.4.3 Suchverhalten verschiedener Gruppierungen

In Kapitel 2 wurden verschiedene Forschungsergebnisse vorgestellt, in denen unterschiedliche Gruppierungen betrachtet wurden. Bei KÖRBER (2000) wurden
die Teilnehmer der Studie in Experten und Anfänger unterteilt, um anschließend festzustellen, ob deren Verhalten bei den Suchaufgaben signifikant voneinander abweicht. Die Teilnehmer haben sich einerseits selbst bewertet, zum anderen
wurden Fragen gestellt, die das Wissensniveau widerspiegelten. Bei HÖLSCHER
(1999) oder HÖLSCHER/ STRUBE (1999b) wurden ebenfalls die Gruppierungen
Anfänger und Experten gebildet. Hier wurde die Einteilung nach der Dauer der
Internetnutzung vorgenommen. Auf Basis der Literaturrecherche wurden weitere
Hypothesen für die eigene Umfrage formuliert. So ist eine Annahme, dass das
Suchverhalten nicht unbedingt durch die Länge der Internetnutzung beeinflusst
wird, sondern eher durch den Stand des Wissens und durch den Grad der Erfah-
rung des Umgangs mit dem Internet im täglichen Leben. Es wurden deswegen drei
grundlegende Gruppierungen durchgeführt, um die Annahme zu bestätigen. Mit
Hilfe dieser Gruppen werden indirekt auch Fragestellungen vorheriger Studien
überprüft. Auf die Einteilung und Erklärung der Gruppen wird in dem jeweiligen
Abschnitt eingegangen.

Zum Vergleich der Gruppen wurde die univariate Varianzanalyse (ANOVA - Analysis of Variance) durchgeführt. Bei den Gruppierungen, die nur aus zwei Gruppen
bestanden, wurde ein einseitiger t-Test angewendet. Bei der Durchführung von
Varianzanalysen bzw. t-Tests müssen zwei grundsätzliche Voraussetzungen gelten. Zum einen muss Homogenität der Varianzen vorliegen, zum anderen müssen
die Werte normalverteilt sein. Die Normalverteilung der Werte kann auf Grund

des zentralen Grenzwertsatzes angenommen werden (siehe z.B. BAMBERG/ BAUR (1989)). Zur Überprüfung der Varianzhomogenität wird der Levene-Test vorgeschlagen (SCHACH/ SCHÄFER (1978)). Ergibt dieser Test ein signifikantes Resultat ($p \leq 0,05$), muss die Homogenität der Varianz abgelehnt werden. Bei manchen Gruppierungen ergab der Test signifikante Ergebnisse. Um dennoch eine aussagekräftige Varianzanalyse durchführen zu können, wird in der Literatur vorgeschlagen, das Signifikanzniveau auf $\alpha = 0,01$ anzuheben (SCHACH/ SCHÄFER (1978)). Bei der Varianzanalyse wird die globale Nullhypothese getestet, ob zwischen den Mittelwerten unabhängiger Stichproben signifikante Unterschiede bestehen. Die Gegenhypothese tritt ein, wenn zwischen zwei der untersuchten Mittelwerte der Gruppen die Gleichheit der Mittelwerte nicht angenommen werden kann. Nach der Durchführung der Varianzanalyse wurden die Gruppierungen, die aus mehr als zwei Teilgruppen bestanden, noch einem Post-Hoc-Test unterzogen, um herauszufinden, welche Gruppenpaare sich jeweils signifikant unterschieden. Es wurde hierzu der Tamehane-T2 Test durchgeführt, der nicht von der Homogenität der Varianzen ausgeht und auf der t-Verteilung basiert (SCHACH/ SCHÄFER (1978)). In den Fällen, in denen nur zwei Gruppen gegenüber gestellt wurden, wurde dementsprechend kein Post-Hoc-Test durchgeführt.

Für die Durchführung wurden 45 der insgesamt 75 Merkmale ausgewählt. Fragen nach der ersten bzw. zweiten Suchmaschine oder der Sprache, in der Suchanfragen formuliert werden, wurden verständlicherweise ausgeschlossen. Bei den folgenden Grafiken sind signifikante Ergebnisse wie folgt gekennzeichnet: Bei Gruppierungen, die aus mehr als zwei Gruppen bestehen, wurden die Merkmale die wechselseitig zwischen allen Gruppen signifikante Unterschiede aufweisen mit '**' hervorgehoben ($\alpha = 0,01$). Wenn diese Unterschiede nicht zwischen allen Gruppenpaaren existierten, dann sind diese Merkmale mit nur einem '*' versehen. Bei den Vergleichen von zwei Gruppen bekamen Merkmale mit hoch signifikanten Unterschieden ($\alpha = 0,01$) '**' und die mit signifikanten nur ein '*' ($\alpha = 0,05$). Merkmale mit keinen signifikanten Unterschieden zwischen den Gruppen werden nicht weiter markiert.

3.4.3.1 Gruppierung nach Wissen über Suchmaschinen

Ein Aspekt, um Suchmaschinen effektiv einsetzen zu können, ist das Wissen über deren Funktionsweise. Daher wurden in den Fragebogen fünf 'Klausuraufgaben' aufgenommen, die das Basiswissen über die Funktionsweise von Suchmaschinen abfragen sollten. Die genauen Fragen sind im Anhang A.3 'Einschätzung von Suchdiensten' unter Punkt vier zu finden. Die Idee, solche Wissensfragen aufzunehmen, wurde von KÖRBER (2000) übernommen. Darauf basierend wurden unter anderem die Hypothesen formuliert, dass erfahrene Nutzer fortgeschrittenere Suchtechniken einsetzen oder auch mehr Suchworte verwenden. Mit Hilfe der formulierten Fragen sollte untersucht werden, ob ähnliche oder weiterreichende Unterschiede zwischen den Gruppierungen gefunden werden können, ohne dazu einen aufwendigen, kosten- und zeitintensiven Labortest durchzuführen.

Die Gruppen wurden nach der Anzahl der richtig beantworteten Fragen eingeteilt, wobei die Antwortkategorie 'ich weiß nicht' als falsch bewertet wurde. Die Gruppe der 'Unwissenden' (U) sind die Personen, die keine oder nur eine Frage richtig beantworteten, die Gruppe der 'Wissenden' (W) diejenigen mit zwei oder drei richtigen Antworten, während die 'Experten' (E) vier oder fünf Fragen richtig beantworteten. Die deskriptiven Statistiken der jeweiligen Gruppen werden nicht gesondert aufgelistet. Vielmehr wird an dieser Stelle auf signifikante Unterschiede zwischen den Gruppen eingegangen und Ergebnisse herausgegriffen, um diese Determinanten des Suchverhalten in den Vordergrund zu stellen.

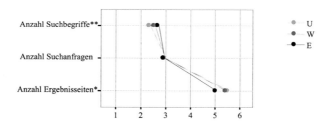

Abbildung 3.19: Gruppenunterschiede I: Standardnutzung

Wie in Abbildung 3.19 gut sichtbar ist, ist die durchschnittliche Anzahl der Suchbegriffe bei allen drei Gruppen signifikant unterschiedlich. Experten geben demnach mehr Suchbegriffe ein. Die Anzahl der eingegebenen Suchanfragen bei allen Gruppen unterscheidet sich nicht. Die Anzahl der Ergebnisseiten, die betrachtet werden, unterscheidet sich nur zwischen der Gruppe der Experten und den anderen beiden Gruppen. Das bedeutet, dass die Anzahl der Suchanfragen nicht von dem Wissensniveau abhängen. Alle drei Gruppen sind in ähnlicher Weise dazu bereit, mehrere Formulierungsprozesse in der Suchmaschine vorzunehmen. Die Gruppen der Experten schränken von Anfang an ihre Suche durch mehr Suchbegriffe ein. Die sukzessive Suche wird nur von den Unwissenden etwas häufiger durchgeführt, wobei dieser Unterschied nicht signifikant ist. Dahingegen ist die Häufigkeit der sofortigen Rückkehr zwischen allen Gruppen als signifikant einzustufen (Abbildung 3.20). Je höher also das Wissenslevel, desto schneller erfolgt die Bewertung, ob eine gefundene Seite als interessant einzustufen ist. Dies passt auch zu den Ergebnissen, dass die Anzahl der betrachteten Seiten übereinstimmt: Der Wissendere ist in seinen Abläufen schneller und kompromissloser.

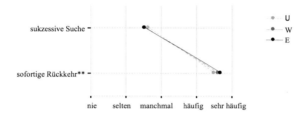

Abbildung 3.20: Gruppenunterschiede I: Involvement der Suchenden

Was hier nicht graphisch dargestellt wird, aber ebenfalls bei dem Vergleich der Gruppen herauskam, ist, dass Personen mit größerem Wissen über Suchmaschinen häufiger bereits ein Hintergrundwissen zu den Themengebieten, in denen sie suchen, verfügen. Dieser Unterschied war zwischen allen drei Gruppen signifikant.

Bei der Angabe, in welchen Themenbereichen am ehesten gesucht wird, war zwischen allen drei Gruppen nur die Suche nach Personen häufiger bei den zwei Gruppen mit mehr Suchmaschinenwissen. Bei allen anderen Themengebieten verhielten sich die Einstufungen der Häufigkeiten ähnlich, bis auf die Kategorien 'Aktuelle Nachrichten', 'Reiseziele' und 'Erotische Inhalte'. Diese wurden öfter von den unwissenderen Suchmaschinennutzern dahingehend eingestuft, dass für eine Suche in diesen Themenbereichen Suchmaschinen eingesetzt werden. Das kann damit zusammenhängen, dass wissendere Nutzer für solche Themenbereiche schon Seiten gespeichert haben, die einfach wieder besucht werden.

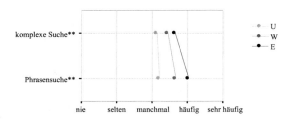

Abbildung 3.21: Gruppenunterschiede I: Komplexe Suche

Interessant bei der Frage nach der Häufigkeit der komplexen Suche oder der Phrasensuche ist, dass deutliche Unterschiede zwischen den Gruppen bestehen. Selbst nach der persönlichen Einstufung gibt es auch auf dem hohen Niveau der Teilnehmerschaft bzgl. ihrer Internet-Affinität Unterschiede. Die Abbildung 3.21 zeigt, dass je mehr Wissensfragen richtig beantwortet wurden, desto häufiger die komplexe Suche oder die Phrasensuche genutzt wurde..

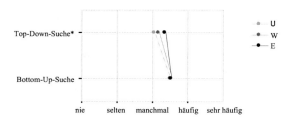

Abbildung 3.22: Gruppenunterschiede I: Schrittrichtung von Suchanfragen

Bei der Herangehensweise an den Aufbau von Suchanfragen traten nicht solche deutlichen Ergebnisse auf (Abbildung 3.22). Während sich die Häufigkeiten der Bottom-Up-Suche nicht unterscheiden, ist der Unterschied beim Einsatz der Top-Down-Suche signifikant, wenn auch nicht zwischen allen Gruppen. Die Aussage, keine Strategie beim Suchen zu verwenden, wurde von den Experten entschiedener zurückgewiesen, auch wenn der Gruppenunterschied zwischen den Unwissenden und den Experten beim Post-Hoc-Test hoch signifikant waren. Das Verhalten bei einer erfolglosen Suche und der unter Umständen damit verbundenen Modi-

fikation der Suchanfrage erwies sich als nicht unterschiedlich (Abbildung 3.23).
Erklärbar ist dieses Verhalten damit, dass die Experten ihre Suchanfrage im Vorhinein genauer konzipieren. Zudem scheint es ein allgemeines Problem zu sein,
das im Allgemeinen nur eine Suchmaschine genutzt wird.

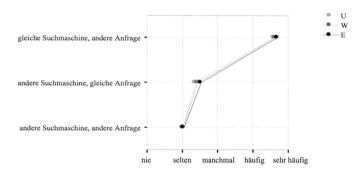

Abbildung 3.23: Gruppenunterschiede I: Verhalten bei erfolgloser Suchanfrage

Die Unwissenden geben ihre Suche aber signifikant häufiger auf als die anderen beiden Gruppen. Dies wird auch bei der Ausrichtung der Suche deutlich,
da die formelle Suche zwischen den jeweiligen Gruppen markante Unterschiede
zeigte (Abbildung 3.24). Die gerichtete Suche ergab nur zwischen der Gruppe
der Unwissenden und den letzten beiden Gruppen signifikante Unterschiede. Die
Unterschiede beim Einsatz von Bookmarks weisen genau das gleiche Muster auf.
Portale werden von unwissenderen Nutzern weniger abgelehnt als von den übrigen Gruppen, wobei der Unterschied zwischen allen drei Gruppen signifikant ist.
Experten suchen im Internet zielgerichteter nach Informationen. Zudem sammelt
ein Experte auf seinem Weg zwischen unterschiedlichen Suchen bereits Anhaltspunkte, die ihm das Auffinden bereits bekannter Quellen vereinfachen. Der Unwissende scheint zerstreuter und unstrukturierter in seiner Herangehensweise. Es
findet eher ein allgemeines Herumstöbern statt, als zielgerichtet eine bestimmte
Fährte aufzunehmen.

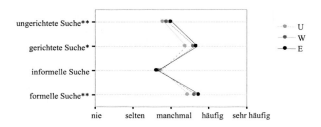

Abbildung 3.24: Gruppenunterschiede I: Zielrichtung der Suche

Die verschiedenen Werbeformen werden von allen Gruppen in einem ähnlichem Maß abgelehnt, wobei die Unwissenden im Gegensatz zu den Wissenden und den Experten die Werbe-Banner oder Werbe-Pop-Ups weniger stark ablehnen. Bei der textuellen Werbung wie AdWords und Sponsored-Links ist die Reihenfolge umgekehrt. Experten lehnen die Werbeform weniger stark ab, wenngleich die Unterschiede nicht als signifikant einzustufen sind.

Ein ähnliches Bild der strukturierteren Herangehensweise an das Auffinden von Informationen zeigt auch die Art und Weise, wie neue Angebote im Web gefunden werden (Abbildung 3.25). Das Muster, wie neue Angebote im Web aufgespürt werden, passt ebenfalls zu den dargestellten Verhaltensunterschieden zwischen den jeweiligen Wissensleveln. Die Möglichkeiten, die eher mit einer unstrukturierten und zufälligen Herangehensweise verbunden sind, wie eine URL zu erraten oder von Bekannten auf ein Angebot hingewiesen zu werden, zeigen keine signifikanten Unterschiede. Die anderen Möglichkeiten, die mit mehr Kenntnissen und einer strukturierten Herangehensweise verknüpft sind, zeigen signifikante Unterschiede (Abbildung 3.25).

Werbemails, als eine weitere Werbeform, werden von allen Gruppen abgelehnt, wobei Unwissende diese weniger vehement ablehnen. Das Auffinden von Neuem in Verzeichnissen erwies sich nur zwischen den ersten beiden und der letzten Gruppen als signifikant. Das hängt damit zusammen, dass diese letzte Gruppe durch die Auswahl (vier oder fünf Fragen richtig) den Vorteil besaß, überhaupt Kenntnis von Verzeichnissen zu haben. Damit wird aber auch eine häufigere Nutzungsweise impliziert. Experten nutzen die Möglichkeiten, Links zu verfolgen, in online Nachrichten, Communities oder durch Suchmaschinen auf neue Angebote oder Webseiten aufmerksam zu werden, wesentlich intensiver. Ähnlich wie bei den Bookmarks können hier Seiten besucht werden, auf denen Neuerungen vermutet werden, es muss also nicht unbedingt immer eine neue Suche gestartet werden. Experten setzen insgesamt das Medium Internet effizienter ein, indem bestimmte Wegmarkierungen zur Orientierung gesetzt werden und bei Bedarf bei anderen Problemstellungen als Anhaltspunkte dienen.

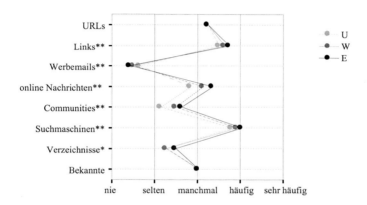

Abbildung 3.25: Gruppenunterschiede I: Auffinden von Webseiten

Auch das Jahr der Anschaffung hat einen signifikanten Einfluss. Wie die Abbildung 3.26 zeigt, wurden prozentual gesehen früher Internetanschlüsse von den Wissenden und den Experten eingerichtet.

Nach dem Jahr 1997, mit dem ansteigenden Internet-Boom und massiver Werbung für Internetanschlüsse, zogen die Unwissenden als Imitatoren nach. Das zeigt sich deutlich ab dem Jahr 1991.

Ab 1998 war der Anteil der Unwissenden höher. Der größte Teil der Experten hatte schon vor dem Jahr 1997 einen Zugang zum Internet. Sie fallen damit nach der Definition von HÖLSCHER (1999) in die Kategorie der Experten (mindestens drei Jahre Interneterfahrung). Insgesamt sind die Gruppen der Wissenden im Schnitt signifikant jünger, während das Durchschnittsalter der Experten bei 29,65 Jahren (Standardabweichung $s = 8,38$) liegt, sind die Wissenden im Schnitt 30,27 Jahre alt (Standardabweichung $s = 9,90$) und die Unwissenden 32,63 Jahre alt (Standardabweichung $s = 12,03$). Die sehr jungen und älteren Personen repräsentieren die Unwissenden, während die Experten gerade von den 25- bis 30-jährigen vertreten wurden.

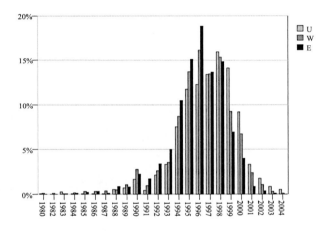

Abbildung 3.26: Gruppenunterschiede I: Jahr des Interneteinstiegs

Bei der Betrachtung der Nutzungshäufigkeit von Suchmaschinen und Internet ergaben sich auch signifikante Unterschiede, welche in Abbildung 3.27 zu sehen sind. Beide Nutzungshäufigkeiten spannen sich wie ein Fächer über die drei Gruppen.

Zu dieser Struktur passt die Aussage, dass von den jeweiligen Gruppen auch dementsprechend häufiger Webseiten oder Angebote über Suchmaschinen gefunden werden. Unter den wissenderen Gruppen waren anteilig auch mehr Männer vertreten.

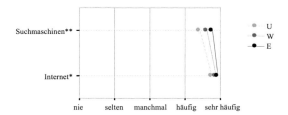

Abbildung 3.27: Gruppenunterschiede I: Nutzungshäufigkeiten

Die inhaltliche Hypothese hat sich bestätigt, dass Suchmaschinennutzer, die mehr über generelle Aspekte von Suchmaschinen wissen, komplexer und zielgerichteter ihre Suche durchführen. Experten geben mehr Suchbegriffe ein, betrachten weniger Ergebnisse und eine komplexe Suche oder Phrasensuche wird häufiger durchgeführt.

Interessant ist, dass die gerichteten und formellen Komponenten auch öfter eingesetzt werden, aber dass die Experten auch die Möglichkeiten haben, sich auch auf einer allgemeineren Ebene zielgerichtet zu bewegen. Das ist dadurch möglich, dass mehr in online Nachrichtenartikeln gestöbert wird und Bookmarks angelegt werden, wodurch neue interessante Themen entdeckt werden oder bereits interessante Themen wieder aufgefunden werden können.

Bemerkenswert ist, dass auf dem hohen Niveau der Nutzerschaft noch signifikante Unterschiede erkennbar sind. Trotz der Selbsteinschätzung und der damit verbundenen Verzerrung des Bildes, sind unterschiedliche Verhaltensweisen bei der Suche offensichtlich. Es werden z.B. in unterschiedlichem Ausmaß Operatoren und Phrasen genutzt.

3.4.3.2 Gruppierung nach Beschäftigung - Angestellte vs. Studenten

Ähnlich der Gruppierung bzgl. des Wissens über Suchmaschinen wurden die zwei größten Beschäftigungsgruppen gegenübergestellt. Auf der einen Seite wurden die Studenten (S) betrachtet, die teilweise viel Zeit zum Ausprobieren von Internetangeboten haben und durch Rechenzentren oder Wohnheime hochtechnologische Internetzugänge zur Verfügung haben. Zusätzlich sind Studenten unterschied-

lichster Studiengänge dazu angehalten, ihre Recherchen ebenfalls online durchzuführen. Zum Teil wird diese sogar ausschließlich auf online Quellen beschränkt.

Auf der anderen Seite wurden die Angestellten (A) betrachtet, die im Rahmen
ihrer beruflichen Tätigkeit durchaus das Internet nutzen. Zwischen diesen beiden
Gruppen sollen ebenfalls nur die interessantesten Aspekte herausgegriffen werden.

Bei der Standardnutzung von Suchmaschinen (Abbildung 3.28) zeigte sich, dass
nur die Anzahl der Suchbegriffe unterschiedlich ist, da Studenten im Schnitt mehr
Begriffe eingeben, gleichzeitig betrachten sie weniger Ergebnisse und stellen weniger Suchanfragen. Dies kann bedeuten, dass diese Personen, sehr spezielle Anfragen stellen, die auf Anhieb zum Erfolg führen. Unter Umständen wird ein bestimmter Literaturhinweis gesucht oder nach Dokumenten, die für das Studium
behilflich sein können.

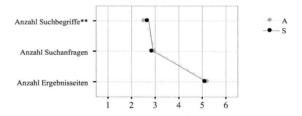

Abbildung 3.28: Gruppenunterschiede II: Standardnutzung

Ein länger andauernder Suchprozess ist bei beiden Gruppen gleich selten vertreten. Studenten kehren häufiger sofort zur Suchmaschine zurück, wenn auf der
betrachteten Seite nicht die passenden Inhalte entdeckt werden (Abbildung 3.29).
Das Vorhandensein von Hintergrundwissen hat bei der Suche keinen signifikanten
Einfluss.

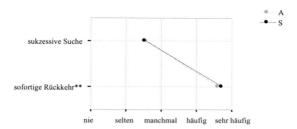

Abbildung 3.29: Gruppenunterschiede II: Involvement der Suchenden

Passend zur Aussage von oben, dass Studenten eher sehr spezielle Informationen suchen, ist die Tatsache, dass sie häufiger Phrasensuchen einsetzen.

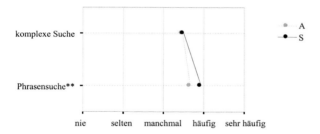

Abbildung 3.30: Gruppenunterschiede II: Komplexe Suche

In dieses Bild fügen sich die gesuchten Themengebiete gut ein. Es gibt hier kaum Unterschiede, bis auf die Tatsache, dass für Nachrichten und Unterhaltungsthemen die Suchmaschine öfter von den Studierenden bemüht wird, während dies für Reise- und Gesundheitsthemen bei den Angestellten der Fall ist. Hieran ist deutlich eine Verschiebung der allgemeinen Interessen erkennbar. Studierende haben eher ein allgemeines Bedürfnis, auf dem Laufenden zu bleiben, während Angestellte speziellere Informationen wie Reiseziele suchen und sich um ihre Gesundheit kümmern. Die Gruppe der Angestellten war älter. Ihr Alter lag im Schnitt bei

33,69 Jahren, das der Studierenden bei 24,14 Jahren, sie waren somit im Mittel zehn Jahre jünger. Bei einer erfolglosen Suchanfrage sind Studierende eher bereit, eine andere Suchanfrage in der gleichen Suchmaschine vorzunehmen, während sie dazu signifikant weniger eine andere Suchmaschine aufsuchen würden (Abbildung 3.31).

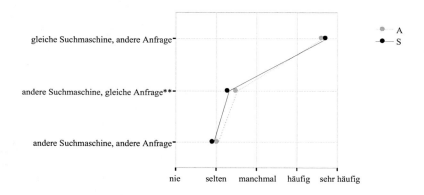

Abbildung 3.31: Gruppenunterschiede II: Verhalten bei erfolgloser Suchanfrage

Bei der Frage, wie zielgerichtet die Suche ist, kam heraus, dass es bei der Häufigkeit der informellen und formellen Suche keine signifikanten Unterschiede gibt. Dahingegen wird die ungerichtete und die gerichtete Suche überdurchschnittlich häufiger von der studierenden Teilnehmerschaft durchgeführt. Dafür spricht, dass bestimmte Seiten schon bekannt sind, aber Themen wie Nachrichten und Unterhaltung, die für diese Gruppe interessant sind, ebenfalls durchstöbert werden. Studenten haben ein ungerichteteres Bedürfnis nach Information als dies bei Angestellten der Fall ist.

Obwohl Studenten ein größeres Interesse an allgemeinen Themen haben, lehnen sie Portale signifikant häufiger ab. Studierende wissen, wo sie gewünschte Informationen finden und sind nicht auf sehr allgemein gehaltene Portale angewiesen. Die textuellen und graphischen Werbeformen werden von beiden Gruppen abgelehnt, wobei der Unterschied zwischen den Gruppen unwesentlich ist. Bei den Studierenden lagen jedoch beide Mittelwerte unter denen der Angestellten. Die

Abneigung gegenüber verschiedenen Werbeformen wird auch in der Abbildung 3.32 deutlich.

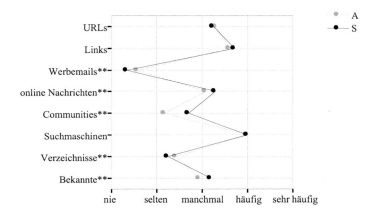

Abbildung 3.32: Gruppenunterschiede II: Auffinden von Webseiten

Studierende werden signifikant weniger häufig in Werbemails auf Angebote im Web aufmerksam. Durch das generelle Informationsbedürfnis dienen aber online Nachrichtenartikel häufiger dazu, neue Webseiten zu finden. Das kommunikative Netzwerk durch Communities und Bekannte liefert häufiger neue Webadressen. In Verzeichnissen werden Studenten ebenfalls öfter auf neue Angebote aufmerksam. Zusätzlich wissen Studierende mehr über Suchmaschinen als Angestellte. Die Angestellten beantworteten im Schnitt 2,94 Fragen richtig, die teilnehmenden Studenten hingegen 3,2. Interessant ist, dass die Studierenden bei den Wissensfragen besser abschnitten, aber im Schnitt später einen Internetanschluss hatten (siehe Abbildung 3.33). Kein signifikanter Unterschied konnte bei der Häufigkeit der Nutzung von Suchmaschinen und dem Internet festgestellt werden. Die Zeit, die Studierende während ihrer Freizeit und während des Studiums im Netz verbringen, entspricht in ähnlicher Weise der Nutzungshäufigkeit von Angestellten, die im Berufsalltag ebenfalls Internetzugang haben. Unter den Studierenden waren signifikant mehr Frauen unter den Befragten. Bei dieser Gruppierung wurden ebenfalls Unterschiede in der Herangehensweise an die Suche und deren komple-

xen Aufbau deutlich. Es wird effizient durch Wegmarkierungen wie Bookmarks
gearbeitet. Dem Alter entsprechend, das bei den Studenten zwangsläufig niedriger als bei den Angestellten ist, werden aber auch generelle Themen beobachtet
und ein allgemeineres Informationsbedürfnis befriedigt.

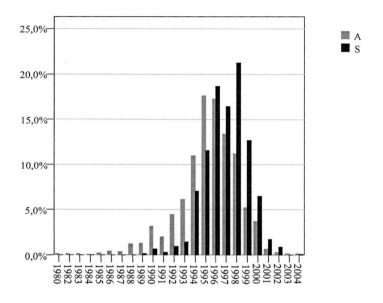

Abbildung 3.33: Gruppenunterschiede II: Jahr des Interneteinstiegs

3.4.3.3 Gruppierung nach Alter

Eine viel weiter gefasste und generellere Einteilung ist die Möglichkeit, das Alter
der Teilnehmer zu betrachten. Die Teilnehmer wurden in zwei Gruppen eingeteilt.
Eine Gruppe wird als 'Internetgeneration' (IG) bezeichnet, während die andere
komplementär Nicht-Internetgeneration (NIG) genannt wird. Als Internetgeneration gelten alle Personen unter 29 Jahren. Damit wird die Hypothese verbunden,
dass diese Personen entweder während ihrer Ausbildung oder während ihres Studiums schrittweise an die online Recherche herangeführt wurden oder aber schon

während der Schulzeit Erfahrungen in einem jungen und interessierten Lebensabschnitt gesammelt haben bzw. weiterhin sammeln.

Die 'ältere' Generation hat im Gegensatz keine langwierigen Erfahrungen mit dem Internet oder Suchmaschinen. Diese ist jedoch an andere Vorstellungen und technische Innovationen geknüpft. Im Alter findet das Internet unter pragmatischeren Umständen seinen Einsatz im täglichen Leben. Deswegen ist zu erwarten, dass sich einzelne Aspekte des Suchverhaltens unterscheiden, da die Heranführung an das Internet unterschiedlich war.

Bei der Standardnutzung von Suchmaschinen zeigt sich ein ähnliches Bild wie bei der Gruppierung nach dem Wissenslevel. Die Internetgeneration gibt signifikant mehr Begriffe ein und betrachtet weniger Ergebnisse, wobei die Anzahl der Suchanfragen keine signifikanten Unterschiede aufweist (Abbildung 3.34). Auch hier ist wieder erkennbar, dass Gruppen, die mehr Begriffe bei der Suche eingeben, insgesamt weniger Suchanfragen stellen müssen. Dies rührt wahrscheinlich daher, dass diese längeren Anfragen bereits spezieller formuliert sind und deswegen zu passenderen Ergebnissen führen.

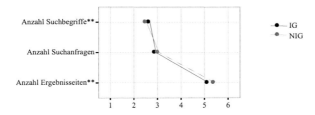

Abbildung 3.34: Gruppenunterschiede III: Standardnutzung

Die Internetgeneration hat seltener das Bedürfnis, eine Suche an einem späteren Zeitpunkt fortzusetzen, und kehrt häufiger sofort von einer Ergebnisseite zur Suchmaschine zurück, wenn sie nicht findet, was sie sucht (Abbildung 3.35). Die Personengruppe ist also weniger dazu bereit, Zeit in die Recherche zu investieren. Das Hintergrundwissen bei der Suche war bei beiden Gruppen gleich häufig vorhanden.

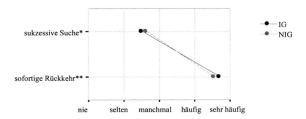

Abbildung 3.35: Gruppenunterschiede III: Involvement der Suchenden

Die jüngere Teilnehmerschaft (IG) sucht eher generelle Themen wie Nachrichten, Unterhaltung, Hobby oder Freizeit, während von den älteren Probanden Themen wie Reiseziele, Gesundheit oder Informationen zu Produkten stärker nachgefragt werden. Ähnlich wie bei der Einteilung nach Berufsgruppen wird deutlich, dass sich die Suchinteressen mit dem Alter verschieben.

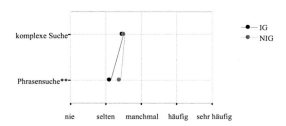

Abbildung 3.36: Gruppenunterschiede III: Komplexe Suche

Die Phrasensuche wird dafür wieder von der jüngeren Generation häufiger eingesetzt (Abbildung 3.36) während der generelle Aufbau von Suchanfragen (Bottom-Up vs. Top-Down) keinen signifikanten Unterschied aufwies (Abbildung 3.37). Die Internetgeneration scheint durch gezielte Anfragen und deren Formulierung eine kompromisslosere Verhaltensweise zu Tage zu legen. Die Internetgeneration lehnt es deutlicher ab, keine Strategie zu verwenden.

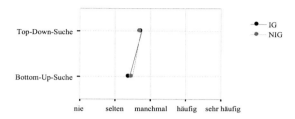

Abbildung 3.37: Gruppenunterschiede III: Schrittrichtung der Suche

Nach einer erfolglosen Suchanfrage zeigt die Internetgeneration, dass sie zwar häufiger dazu bereit ist, in der gleichen Suchmaschine eine Suchanfrage umzuformulieren, aber dazu seltener eine andere Suchmaschine dazu benutzen würde (Abbildung 3.38) als die andere Gruppe. In der gleichen Suchmaschine eine andere Suchanfrage zu starten, kommt bei beiden Gruppen selten vor. Hieraus ist zu sehen, dass die Internetgeneration mit nur einer Suchmaschine arbeitet, der sie auch nach erfolgloser Suche treuer ist.

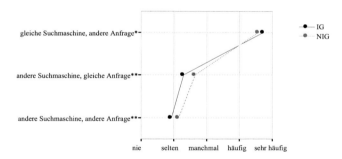

Abbildung 3.38: Gruppenunterschiede III: Verhalten bei erfolgloser Suchanfrage

Bei Betrachtung der Zielrichtung der Suchanfrage stellte sich heraus, dass die Internetgeneration häufiger die ungerichtete als die gerichtete Suche durchführt (Abbildung 3.39). Dazu passt einerseits das Muster des Informationsbedürfnis nach generellen Themen (Nachrichten, Freizeit), aber auch die Tatsache, dass die

Internetgeneration signifikant häufiger Bookmarks anlegt, um bereits bekannte Quellen zu durchstöbern. Portale werden von der Internetgeneration stärker abgelehnt, sie kennt die Quellen, wo Informationen bestimmter und unbestimmter Art zu finden sind.

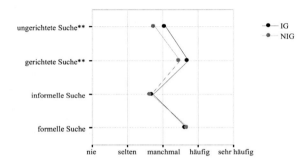

Abbildung 3.39: Gruppenunterschiede III: Zielrichtung der Suche

Es wird keine Zeit verschwendet, indem nur unstrukturiert gesucht wird, sondern es werden passende Seiten gezielt besucht. Nachrichtenseiten dienen dazu, sich einen breiten Überblick zu verschaffen, ohne Besucher durch eine Überangebot an Information zu erschlagen, wie es häufig bei den Portalen der Fall ist.

Bei der Frage nach den Quellen, in denen neue Webangebote gefunden werden, wird dieser Umstand erneut deutlich (Abbildung 3.40). In Werbemails und Verzeichnissen findet eher die ältere Generation neue Angebote. Die junge Generation findet dafür häufiger durch das Verfolgen von Links, in online Nachrichtenartikeln, in Communities oder durch Bekannte interessante Angebote. Persönliche Netzwerke wie die Mund-zu-Mund-Propaganda werden verstärkt genutzt und sind beim Auffinden von neuen Webseiten behilflich. Gerade bei den Communities ist eine große Klufft sichtbar. An einem solchen Punkt wird der Unterschied zwischen Alt und Jung deutlich, da Communities bei der älteren Generation noch nicht den Stellenwert haben, wie das bei der jungen Generation der Fall ist.

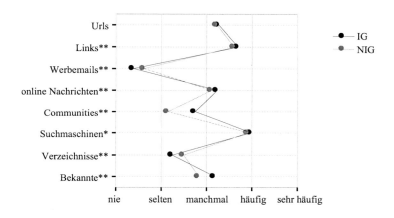

Abbildung 3.40: Gruppenunterschiede III: Auffinden von Webseiten

Der Unterschied bei der Nutzungshäufigkeit von Suchmaschinen und Internet war wiederum signifikant. Die Internetgeneration ist häufiger im Internet und gibt auch an, Suchmaschinen häufiger zu nutzen.

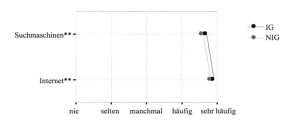

Abbildung 3.41: Gruppenunterschiede III: Nutzungshäufigkeiten

Die Internetgeneration ging im Schnitt erst zwei Jahre nach der älteren Generation 'ins Netz'. Die NIGs waren bereits 1995 online, während die IGs erst 1997 während des Internet-Booms nachzogen. Trotz der kürzeren Nutzungszeit des Internet wurden im Schnitt von der Internetgeneration 3,08 Fragen korrekt beantwortet, während die andere Gruppe 2,88 Fragen richtig beantwortete.

Verschiedene Generationen weisen auch ein unterschiedliches Suchverhalten auf. Zudem ist die Suche oft durch den Einsatz der Phrasensuche zielgerichteter und kompromissloser in der Entscheidung, ob sofort zur Suchmaschine zurückgekehrt werden soll. Frauen und Männer waren in beiden Gruppen ähnlich häufig vertreten.

3.4.3.4   Gruppierung nach Geschlecht

Eine weitere interessante Frage ist, inwieweit das Geschlecht der suchenden Person ein unterschiedliches Suchverhalten zu Tage treten lässt. Zwischen den Geschlechtern sind unterschiedliche Interessenslagen zu erwarten. Entsprechende Hypothesen können mit einer Analyse des Suchverhaltens geschlechterspezifischer Gruppen bestätigt oder abgelehnt werden. Signifikante Ergebnisse werden im Folgenden überwiegend in verbaler Form angesprochen. Männer nutzen das Internet häufiger und entsprechend häufiger Suchmaschinen. Männer geben im Schnitt mehr Begriffe ein, wobei die Anzahl der Suchanfragen und der betrachteten Ergebnisse keine großen Unterschiede zeigte.

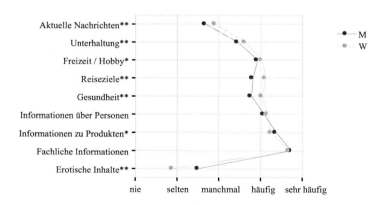

Abbildung 3.42: Gruppenunterschiede IV: Gesuchte Themengebiete

Frauen führen etwas häufiger eine sukzessive Suche durch. Wird auf einer aufgerufenen Ergebnisseite nicht das gefunden, was gesucht wird, kehren Männer häufiger als Frauen sofort zur Suchmaschine zurück.

Männer besitzen häufiger ein Hintergrundwissen zu den Themengebieten, in denen sie suchen. Nur die erotischen Themeninhalte sind für die männlichen Probanden viel interessanter, während der weibliche Teil mehr nach Nachrichten, Unterhaltung, Reisezielen und Gesundheitsthemen suchen würde (Abbildung 3.42). Die anderen Themengebiete zeigten keinen signifikanten Unterschied. Die Suchanfragen von Männern sind deutlich häufiger komplex gestaltet oder als Phrase formuliert. Frauen geben zu dem zu, dass sie häufiger keine Strategie verfolgen. Die Suche der männlichen Teilnehmer ist häufiger aktiv. Das passt zu dem generellen Bedürfniss, dass im allgemeinen Nachrichten für diese Gruppe interessant sind, aber auch spezielle Suchanfragen durch Phrasen formuliert werden oder bereits bekannte Seiten besucht werden. Portale werden dafür von dem weiblichen Teil weniger abgelehnt.

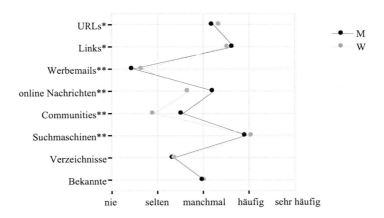

Abbildung 3.43: Gruppenunterschiede IV: Auffinden von Webseiten

Bei den Werbeformen werden die Pop-Ups von den Frauen weniger abgelehnt. Dementsprechend finden auch Werbemails als Möglichkeit, auf neue Angebote aufmerksam zu werden, größere Akzeptanz (Abbildung 3.43). Durch Nachrichten und Communities finden dagegen eher Männer neue Webseiten. Frauen benutzen dafür häufiger Suchmaschinen. Durch Bekannte von Angeboten zu erfahren zeigte keinen Einfluss, obwohl das anzunehmen gewesen wäre. Die teilnehmenden Frauen waren im Schnitt zwei Jahre älter als die männlichen Probanden und beantworteten im Schnitt 2,02 Fragen richtig, während die Männer 3,11 Fragen richtig beantworteten.

3.5   Zusammenfassung der Ergebnisse

Bei der online Umfrage stellen sich die Teilnehmer, besser dar, indem sie angeben, dass sehr oft Operatoren und Phrasensuchen genutzt werden. Die Suchenden sind im Allgemeinen ihrer Suchmaschine treu und führen hier vor allem die formelle Suche nach speziellen Informationen durch. Ein ungezieltes Herumstöbern in diversen online Quellen findet seltener statt. Zum Auffinden neuer Webeiten spielen vor allem Suchmaschinen die wichtigste Rolle und das Weiterverfolgen von Links. Interessanter Weise ist das Vertrauen in Webseiten sehr hoch.

Bei der Betrachtung der verschiedenen Gruppierungen kam heraus, dass Experten nach Internetnutzung und Wissen zwar auch AdWords ablehnen, aber dies deutlich weniger als Anfänger. Dafür werden Pop-Ups überdurchschnittlich abgelehnt. Experten nutzen das Internet häufiger, verwenden aber mehr Wörter pro Suchanfrage und kehren auch überdurchschnittlich häufiger direkt zur Suchmaschine zurück, wenn sie auf einer Seite nicht das Gewünschte finden. Experten haben häufiger Hintergrundwissen zu den Inhalten, die sie suchen und gestalten dementsprechend ihre Suchanfragen komplexer. Dahingegen werden aber Portale weniger genutzt. Ein ähnliches Verhalten zeigt die Gruppe der Studierenden gegenüber der Gruppe der Angestellten. Bei der Gruppe der Studierenden spielen aber Communities, online Nachrichten und Bekannte die wichtigere Rolle, um neue Seiten zu finden.

Werbemails werden von Experten überdurchschnittlich stark ignoriert, dafür nutzen sie signifikant häufiger online Nachrichtenartikel und Links auf anderen Webseiten, um auf neue Angebote aufmerksam zu werden. Der Experte geht demnach zielgerichteter, interessierter, aber dadurch auch schneller und kompromissloser vor. Zur Ansprache eines erfahrenen Internetnutzers eignen sich eher qualifizierte Verweise und Nennungen in Fachblättern. Werbemails sollten nur in berechtigten Ausnahmefällen, wenn dies explizit durch den Internetnutzer gewünscht wurde, eingesetzt werden. Studierende sind ebenfalls rigoroser in ihrer Bewertung von gefundenen Webseiten, sie nutzten mehr Suchbegriffe, darunter auch verstärkt Phrasen und kehren sofort zur Suchmaschine zurück, wenn sie nicht fündig werden.

Die Internetgeneration gibt ebenfalls mehr Suchbegriffe ein und kehrt sofort zur Suchmaschine zurück, wenn die Suche erfolglos war. Die Nutzung von Phrasen und Operatoren ist bei der älteren Generation gleich vertreten. Die ältere Generation würde bei erfolgloser Suchanfrage auch eher die Suchmaschine wechseln, um erneut eine Suchanfrage zu stellen. Die Internetgeneration findet neue Webseiten öfter durch Communities und Bekannte. Hier wird deutlich, dass die jüngeren Umfrageteilnehmer das Internet vielfältiger nutzen. Sie geben schließlich auch an, dass sie (un-)gerichtete Suchen öfter durchführen würden als der ältere Part. Hierunter fallen auch das Durchstöbern von online Nachrichten.

Durch die verschiedenen Gruppierungen wurde zudem deutlich, dass zum Teil markante Unterschiede zwischen den einzelnen Gruppen existieren, auch wenn dieses bei kleineren Studien nicht bestätigt wurde. Demnach ist es durchaus möglich mit einer Umfrage und gezielten Fragen, die verschiedenen Verhaltensweisen, die bei anderen Forschungsergebnissen angesprochen wurden, herauszuarbeiten. Insgesamt zeigt die Umfrage auch, dass Suchmaschinen und Webseiten Verbesserungspotentiale aufweisen, die am Besucher ausgerichtet sein müssen. So stören vor allem alte Links, die nicht mehr existieren, und solche, die auf Ebay verweisen. Die mangelnde Transparenz der Funktionsweise von Suchmaschinen wurde ebenfalls negativ angemerkt. Die Umfrage wurde von den Teilnehmern positiv aufgenommen. Die Ergebnisse bestätigen einige Vermutungen und geben zudem Website-Betreibern neue Erkenntnisse bzgl. der Ansprache verschiedener Nutzertypen. Optimierungsmaßnahmen bei Webseiten sollten demnach nicht nur an den Suchmaschinen ausgerichtet sein, sondern auch im Web den potentiellen und vor allem reellen Besucher nicht vergessen.

Kapitel 4

Analyse von Suchanfragen

Zusätzlich zu der durchgeführten Umfrage, deren Fragebogen Erkenntnisse aus bekannten Studien aufgriff, wurden Untersuchungen an Datensätzen aus eigenen Erhebungen wiederholt und weiterentwickelt. Dafür wurden zum einen die Live Ticker der Suchmaschinen Fireball, Lycos und Metaspinner über den Zeitraum von einem Jahr beobachtet und zum anderen wurde von Metager täglich die Top-4000 Suchanfragen gespeichert. Bei allen Livesuchen ist es möglich, manuell oder automatisiert mit Hilfe eines Programmes die Aktualisierung der Listen der aktuell gesuchten Suchanfragen auszulösen. Dieser Umstand wurde dafür genutzt, in sehr kurzen Zeitintervallen die Livesuchen (z.B. 0,38 Sekunden bei Fireball) abzufragen und die so erhobenen Daten in Listen zu speichern, wodurch systematisch über den Zeitraum eines Jahres eine Suchanfragen-Datenbank aufgebaut wurde.

So wurden ungefähr 99% aller Suchanfragen der entsprechenden Suchmaschinen erhoben. Die Datenvollständigkeit wurde gemessen, indem 100.000 fingierte und eindeutig identifizierbare Suchanfragen an die jeweiligen Suchmaschinen gesendet wurden. Diese Suchanfragen wurden in den durch die Livesuchen erzeugten Listen gefiltert nachdem redundante Suchanfragen[1] aus den Datensätzen entfernt wurden. Es wurden auf diese Weise zwischen 98.068 (Fireball) und 99.968 (Metaspinner) Suchanfragen wiedergefunden. Anschließend wurden diese Suchanfragen wieder aus den Listen entfernt, um die weiteren Auswertungen nicht zu beeinflussen.

---

[1]Mit dem Preprocessing und dem Entfernen redundanter Daten beschäftigte sich Martina Koch, deren Diplomarbeit im Rahmen dieser Schrift betreut wurde.

In diesem Kapitel wird eine Notation für die Auswertung von Suchanfragen eingeführt, um eine formale Beschreibung aus Suchanfragen bestehender Datensätze zu ermöglichen. Mit Hilfe der vier erhobenen Datensätze von Suchanfragen werden die vorgestellten Auswertungen nachvollzogen. Durch den Umfang der Daten, die Beobachtung von unterschiedlichen Suchmaschinen und der Formalisierung, wird eine Vergleichbarkeit herbeigeführt, die in den in Kapitel 2 vorgestellten Erhebungen fehlte. Zudem werden Unterschiede und Ähnlichkeiten zwischen generellen Suchmaschinen und Metasuchern herausgearbeitet, was bis jetzt noch nicht Gegenstand einer Untersuchung war. Ergebnisse aus der Umfrage werden ebenfalls gegenübergestellt, sofern dies möglich ist.

Im Anschluss werden die Erkenntnisse über das Suchverhalten dazu genutzt, Möglichkeiten darzustellen, wie Terme nach zeitlichen und inhaltlichen Aspekten der Nutzungsweise klassifiziert bzw. geclustert werden können, um daraus Handlungsempfehlungen für die Weiterentwicklung von Suchmaschinen und für Betreiber von Websites abzuleiten. Die Klassifizierung der Suchterme dient dazu, dass sie anschließend zeitlich ähnlichen Clustern zugeordnet werden können.

4.1 Formale Beschreibung von Suchanfragen

Alle beobachteten Suchanfragen gehen in eine Datenbank ein. Jede neue Suchanfrage und jeder neue Suchterm erweitert die bestehende Datenbank. Jede Suchanfrage erhält einen eindeutigen Zeitstempel ZSt_r (Datum, Uhrzeit), wodurch die Suchanfragen in eine chronologische Reihenfolge gebracht werden können. Im Allgemeinen sind die Ankunftszeitpunkte der Suchanfragen nicht getaktet, das bedeutet, dass bspw. innerhalb einer Sekunde über hundert solcher Suchanfragen eingehen können und in einer anderen keine einzige.

Bevor die erhobenen Suchanfragen in einer Datenbank gespeichert werden, werden sie bezüglich verwendeter Operatoren untersucht. Die Anzahl der jeweils verwendeten Operatoren wird als Vektor $\vec{O} = (op_1, \ldots, op_o, \ldots, op_O)$ gespeichert, wobei jede Dimension genau einen möglichen Operator vertritt und op_o die Anzahl des Vorkommens während des kompletten Erhebungszeitraums. Es werden nur korrekt verwendete Operatoren wie AND, OR oder " " berücksichtigt. Sind diese Wörter klein geschrieben oder auf deutsch formuliert, werden sie nicht als

Operatoren angesehen, da sie von Suchmaschinen in diesem Fall als 'normaler' Term behandelt werden. Ähnlich verhält sich der Sachverhalt bei der Phrasensuche. Fehlt das erste oder letzte Anführungszeichen (z.b. "Karl der Große), wird diese Wortkombination als mehrere einzelne Terme aufgefasst und nicht als Phrase betrachtet. Richtig verbundene Wörter, wie "Karl der Große" werden als ein einziger Term gesehen. Suchmaschinen geben bei einer Phrasensuche nur Ergebnisseiten zurück, die exakt diese Wortkombination oder Phrase enthalten, wobei die Groß- und Kleinschreibung nicht berücksichtigt wird.

Des Weiteren wird bei manchen Suchmaschinen bei jeder Suchanfrage die Information mitgeliefert, ob ein spezieller Suchbereich angegeben wurde. Mit dem Suchbereich kann eine Suchanfrage dahingehend eingegrenzt werden, dass z.B. nur Bilder gesucht werden oder nur Seiten im Web, die in einer bestimmten Sprache (deutsch, englisch) formuliert sind.

Die Anzahl der Suchanfragen, die durch ein solches Feature beschränkt sind, werden im Vektor $\vec{F} = (sf_1, \ldots, sf_l, \ldots, sf_L)$ gespeichert, wobei jede Dimension genau ein mögliches Suchfeature bezeichnet und sf_l die Anzahl des Vorkommens insgesamt.

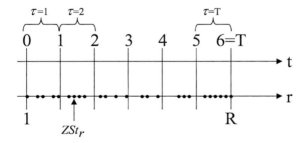

Abbildung 4.1: Zuordnung von Suchanfragen zu Zeitintervallen τ

Da es sich hier um beobachtete Daten handelt und nicht um Logfiles, fehlt eine Identifikation von Suchenden oder Suchsessions über eine IP-Adresse oder Cookies. Die folgenden Formeln basieren deswegen auf der zeitlichen Reihenfolge der Suchanfragen und gehen nicht auf Aspekte der Suchsessions von Suchenden ein, wie bei JANSEN/ SPINK (2003) oder SPINK ET AL. (2002b) dargestellt. So bereinigt, wird jede Suchanfrage SQ als die Folge von gesuchten Termen $term_{ZSt_r}^z$

mit dem Zeitstempel ZSt_r und $z \in \mathbb{N}$ eindeutig durch

$$SQ_{\text{ZSt}_r} = (\text{term}^1_{\text{ZSt}_r}, \ \text{term}^2_{\text{ZSt}_r}, \ldots, \text{term}^z_{\text{ZSt}_r})$$

beschrieben. Jeder gesuchte Term $\text{term}^z_{\text{ZSt}_r}$ wird durch einen eindeutigen term_n repräsentiert, der bereits auftrat. Ist dieser Term in der Menge der eindeutigen Terme (Wörterbuch oder Vokabular) nicht vorhanden, so wird er hinzugefügt. Eine Suchanfrage SQ_{ZSt_r} setzt sich immer aus den Elementen dieses Vokabulars zusammen. Bei der Betrachtung der bereits aufgetretenen Suchanfragen ohne Berücksichtigung von Wiederholungen, wird von einer eindeutigen Suchanfrage SQ_m gesprochen. Der Observationszeitraum endet mit SQ_{ZSt_R}, der letzten eingegangenen Suchanfrage, bevor ein Observationszeitraum als beendet angesehen oder ein 'Zwischenstopp' eingelegt wird (siehe Abbildung 4.1). Es gibt zu diesem Zeitpunkt M_{ZST_R} eindeutige Suchanfragen und N_{ZST_R} eindeutige Terme.

Nachdem die Operatoren und die speziellen Suchbereiche gesondert gespeichert wurden, wird nach jeder eingegangenen Suchanfrage SQ_{ZSt_r} mit der Häufigkeit s_m, mit der die m-te eindeutige Suchanfrage im Datensatz auftauchte, der Vektor

$$^*\vec{S}_{\text{ZSt}_r} = (s_1, \ldots, s_m, \ldots, s_{M_{\text{ZSt}_r}})$$

(S oder s für 'Suchanfrage') aufgebaut. Auf gleiche Weise kann nach jeder Suchanfrage der Vektor

$$^*\vec{V}_{\text{ZSt}_r} = (v_1, \ldots, v_n, \ldots, v_{N_{\text{ZSt}_r}})$$

erzeugt werden, wobei die einzelnen Dimensionen N_{ZSt_r} für die eindeutigen Terme stehen und die Werte v_n für die Häufigkeit, mit der die jeweiligen Terme im Datensatz auftauchten. Im Folgenden steht V oder v für Vokabular, der Menge der eindeutigen Terme, aus dem die Suchanfragen insgesamt zusammengesetzt wurden. Diese einzelnen Vektoren werden nicht für jede neue Suchanfrage berechnet und gespeichert, da die Speicherressourcen beschränkt sind und mit der ständig anwachsenden Datenmenge die Rechenzeiten exponentiell zunehmen. Vielmehr werden die Suchanfragen in Stunden-, Tages-, Wochen- oder Monats-Intervalle zusammengefasst, um auf den so aggregierten Datensätzen Auswertungen durchzuführen. Damit werden die Zeitstempel ZSt_r, mit $r = 1, \ldots R$, des Observationszeitraumes $[1; R]$ in einen Zeitraum $[0; T]$ überführt, wobei die jeweiligen Zeitstempel Intervallen $\tau \in \mathbb{N}$ (Stunden, Tage, Wochen, Monate) zugeordnet werden, die $[0; T]$ in gleichlange Zeitabschnitte zerlegen (siehe Abbildung 4.1).

Am Ende eines jeden Zeitintervalls τ zum Zeitpunkt $t \in \mathbb{N}$ gibt es somit M_t eindeutige Suchanfragen oder N_t eindeutige Terme.

t	r	SQ_{ZSt_r}	${}^{*}\vec{S}_{\mathrm{ZSt}_r}$	${}^{*}\vec{V}_{\mathrm{ZSt}_r}$	${}^{*}\vec{S}^{[t]}$	${}^{*}\vec{V}^{[t]}$
1	1	$(\text{term}_1, \text{term}_2, \text{term}_3)$	(1)	$(1,1,1)$	$-$	$-$
	2	$(\text{term}_2, \text{term}_1, \text{term}_3)$	$(1,1)$	$(2,2,2)$	$-$	$-$
	3	$(\text{term}_1, \text{term}_3)$	$(1,1,1)$	$(3,2,3)$	$-$	$-$
	4	$(\text{term}_4, \text{term}_5)$	$(1,1,1,1)$	$(3,2,3,1,1)$	$-$	$-$
	5	$(\text{term}_1, \text{term}_3)$	$(1,1,2,1)$	$(4,2,4,1,1)$	${}^{*}\vec{S}^{[1]}$	${}^{*}\vec{V}^{[1]}$
2	6	(term_6)	$(1,1,2,1,1)$	$(4,2,4,1,1,1)$	$-$	$-$
	7	$(\text{term}_1, \text{term}_2, \text{term}_3)$	$(2,1,2,1,1)$	$(5,3,5,1,1,1)$	${}^{*}\vec{S}^{[2]}$	${}^{*}\vec{V}^{[2]}$
3	8	(term_7)	$(2,1,2,1,1,1)$	$(4,2,4,1,1,1,1)$	$-$	$-$
	9	$(\text{term}_4, \text{term}_5)$	$(2,1,2,2,1,1)$	$(4,2,4,2,2,1,1)$	$-$	$-$
	10	(term_6)	$(2,1,2,2,2,1)$	$(4,2,4,2,2,2,1)$	$-$	$-$
	11	(term_1)	$(2,1,2,2,2,1,1)$	$(5,2,4,2,2,2,1)$	$-$	$-$
	12	$(\text{term}_1, \text{term}_3)$	$(2,1,3,2,2,1,1)$	$(6,2,5,2,2,2,1)$	$-$	$-$
	13	$(\text{term}_2, \text{term}_1, \text{term}_3)$	$(2,2,3,2,2,1,1)$	$(7,3,6,2,2,2,1)$	${}^{*}\vec{S}^{[3]}$	${}^{*}\vec{V}^{[3]}$
4	14	(term_6)	$(2,2,3,2,3,1,1)$	$(7,3,6,2,2,3,1)$	${}^{*}\vec{S}^{[4]}$	${}^{*}\vec{V}^{[4]}$
$\vdots$	$\vdots$	$\vdots$	$\vdots$	$\vdots$	$\vdots$	$\vdots$

Tabelle 4.1: Beispiel für eingegangene Suchanfragen

Jede Dimension des Vektors ${}^{*}\vec{S}^{[t]}$ beschreibt eine eindeutige Suchanfrage, die bis zum Zeitpunkt t in den Datensatz einging und $s_m^{[t]}$ beschreibt die Anzahl, mit der diese eindeutigen Suchanfragen im erhobenen Datensatz auftauchten. Das Gleiche ist auf die Suchterme übertragbar. Jede Dimension des Vektors ${}^{*}\vec{V}^{[t]}$ steht für einen eindeutigen Term, der bis zum Zeitpunkt t einging und $v_n^{[t]}$ gibt die Häufigkeit eines eindeutigen Termes term_n im Datensatz zu diesem Zeitpunkt an. Damit können die Vektoren

$$ {}^{*}\vec{S}^{[t]} = (s_1^{[t]}, \ldots, s_m^{[t]}, \ldots, s_{M_t}^{[t]}) $$

und

$$ {}^{*}\vec{V}^{[t]} = (v_1^{[t]}, \ldots, v_n^{[t]}, \ldots, v_{N_t}^{[t]}) $$

mit den Angaben von oben beschrieben werden. Taucht eine neue eindeutige Suchanfrage oder ein neuer eindeutiger Term im Datensatz auf, wird der jeweilige Vektor um eine Dimension erweitert. Die Längen der Vektoren verändern sich normalerweise für fortlaufende r oder t, was an dieser Stelle durch '*' vor der Bezeichnung des Vektors verdeutlicht werden soll. Das oben beschriebene Vorgehen ist als Beispiel in Tabelle 4.1 dargestellt.

Im Beispiel werden 14 Suchanfragen betrachtet und die Intervalle werden mit $t = 1/10$ Sek. sehr kurz gewählt. Hier ist $M_2 = M_{ZSt_7} = 5$ und $N_2 = N_{ZSt_7} = 6$. Bis $r = 7$ oder $t = 2$ wurden genau fünf eindeutige Suchanfragen und sechs eindeutige Suchterme beobachtet. Für den Zeitpunkt $t = 3$ oder $r = 13$ gilt z.B. $M_3 = M_{ZSt_{13}} = 7$ und $N_3 = N_{ZSt_{13}} = 7$. An diesem Beispiel ist auch erkennbar, dass die Anzahl der eingehenden Suchanfragen innerhalb eines Zeitintervalls τ unterschiedlich sein kann.

Die unterschiedliche Anzahl der Dimensionen kann bei der Angabe der einzelnen Vektoren problematisch sein. Für manche Berechnungen ist es erforderlich, dass diese Anzahl auf die maximale Anzahl der Dimensionen zum Zeitpunkt $R = T$ angeglichen wird. Dafür wird jeder erstellte Vektor $*\vec{S}^{[t]}$ oder $*\vec{V}^{[t]}$, für den $M_t < M_T$ oder $N_t < N_T$ gilt, in einen Vektor

$$\vec{S}^{[t]} = (s_1^{[t]}, \ldots, s_{M_t}^{[t]}, \ldots, s_m^{[t]}, \ldots, s_{M_T}^{[t]})$$

überführt, wobei $s_m^{[t]} = 0$, für $M_t < m \leq M_T$. Analog wird dies für die Vektoren der Suchterme

$$\vec{V}^{[t]} = (v_1^{[t]}, \ldots, v_{N_t}^{[t]}, \ldots, v_n^{[t]}, \ldots, v_{N_T}^{[t]})$$

durchgeführt, mit $v_n^{[t]} = 0$, für $N_t < n \leq N_T$. Für die jeweiligen Zeitintervalle τ gilt

$$\vec{S}(\tau) = \vec{S}^{[t]} - \vec{S}^{[t-1]} = (s_{1\tau}, \ldots, s_{m\tau}, \ldots, s_{M_T\tau})$$

und

$$\vec{V}(\tau) = \vec{V}^{[t]} - \vec{V}^{[t-1]} = (v_{1\tau}, \ldots, v_{n\tau}, \ldots, v_{N_T\tau})$$

Für das Beispiel in Tabelle 4.1 ergibt sich so für $\vec{S}(3) = \vec{S}^{[3]} - \vec{S}^{[2]} = (0, 1, 1, 1, 1, 1, 1)$ und $\vec{V}(3) = \vec{V}^{[3]} - \vec{V}^{[2]} = (2, 0, 1, 1, 1, 1, 1)$ (siehe auch Abbildung 4.1). Auf diese Weise können jederzeit Veränderungen, die innerhalb eines Zeitintervalls auftraten, ermittelt werden.

Mit diesen normalisierten Vektoren können zusätzlich die Vektoren $\vec{S}^{(t)}$ oder $\vec{V}^{(t)}$ **bis** zu einem Zeitpunkt $t \in [T_u, T_o]$ mit

$$\vec{S}^{(t)} = \vec{S}^{[t]} - \vec{S}^{[T_u]} = (s_1^{(t)}, \ldots, s_{M_t}^{(t)}, \ldots, s_m^{(t)}, \ldots, s_{M_T}^{(t)})$$

und

$$\vec{V}^{(t)} = \vec{V}^{[t]} - \vec{V}^{[T_u]} = (v_1^{(t)}, \ldots, v_{N_t}^{(t)}, \ldots, v_n^{(t)}, \ldots, v_{N_T}^{(t)})$$

angegeben werden.
Weiter werden die Vektoren für den zeitlichen Verlauf einer Suchanfrage bzw. eines Termes mit

$$\vec{S}_m = (s_{m1}, \ldots, s_{m\tau}, \ldots, s_{mT})$$

und

$$\vec{V}_n = (v_{n1}, \ldots, v_{n\tau}, \ldots, v_{nT})$$

definiert. Auf Basis dieser Definitionen werden im Folgenden qualitativ beschriebene Ergebnisse aus den bekannten Studien formalisiert und für die hier erhobenen Datensätzen berechnet.

4.2 Datenbasis

Seit August 2004 wurden drei Suchticker beobachtet, von Metager wurden die Top-4000 Suchanfragen ab dem 11.11.2004 zur Verfügung gestellt. In Tabelle 4.2 sind die genauen Beobachtungszeiträume dargestellt.

Suchmaschine	$T_u = 0$	T_o	Zeitraum	Anzahl Tage (T_o)
Fireball (FB)	18.08.2004	20.09.2005	ca. 13 Monate	399
Lycos (LY)	14.08.2004	20.09.2005	ca. 13 Monate	403
Metager (MG)	11.11.2004	20.09.2005	ca. 10 Monate	314
Metaspinner (MS)	28.09.2004	20.09.2005	ca. 12 Monate	358

Tabelle 4.2: Observationszeiträume der einzelnen Suchmaschinen

Die Anzahl der Dimensionen $M_t = |\{m | s_m^{(t)} \neq 0\}|$ zum Zeitpunkt t wird als die Nettomenge der eindeutigen Suchanfragen bezeichnet, entsprechend ist $N_t = |\{n | v_n^{(t)} \neq 0\}|$ die Nettomenge der Suchterme zum Zeitpunkt $t \in [T_u, T_o]$ auf

Basis aller Suchanfragen. Die Bruttomengen der Suchanfragen werden durch die l_p-Norm ($||\mathbf{x}||_p = (\sum_{i=1}^{n} |x_i|^p)^{1/p}$) für $p = 1$ beschrieben und sind somit durch

$$\Gamma_S^{(t)} = ||\vec{S}^{(t)}||_1 = \sum_{\{m|s_m^{(t)} \neq 0\}} s_m^{(t)}$$

und für die Suchterme durch

$$\Gamma_V^{(t)} = ||\vec{V}^{(t)}||_1 = \sum_{\{n|v_n^{(t)} \neq 0\}} v_n^{(t)}$$

definiert. Das durchschnittliche Auftreten einer Suchanfrage oder eines Suchterms innerhalb eines Zeitraumes $[T_u, T_o]$ wird mit

$$\bar{s}^{([T_u;T_o])} = \frac{\Gamma_S^{(T_o)}}{|\{m|s_m^{(T_o)} \neq 0\}|} \quad \text{und} \quad \bar{v}^{([T_u;T_o])} = \frac{\Gamma_V^{(T_o)}}{|\{n|v_n^{(T_o)} \neq 0\}|}$$

berechnet.

In Tabelle 4.3 sind die Brutto- und Nettomengen der erhobenen Suchanfragen und Terme der jeweiligen Datensätzen zum Zeitpunkt T, dem Ende der Erhebungsperiode, dargestellt. Zusätzlich wurde das durchschnittliche Auftreten einer Suchanfrage ($\bar{s}^{([T_u;T_o])}$) oder eines Termes ($\bar{v}^{([T_u;T_o])}$) angegeben.

Search Engine	$\Gamma_S^{(T_o)}$	M_{T_o}	$\bar{s}^{([T_u;T_o])}$	$\Gamma_V^{(T_o)}$	N_{T_o}	$\bar{v}^{([T_u;T_o])}$
Fireball	132.833.007	17.992.069	7,4	241.833.877	6.296.833	38,4
Lycos	189.930.859	29.322.366	6,5	344.242.099	11.232.710	30,6
Metager	4.407.566	678.655	6,5	7.333.343	430.338	17,0
Metaspinner	4.089.731	1.287.417	3,2	7.853.501	627.507	12,52

Tabelle 4.3: Umfang der erhobenen Datensätze

An den Zahlen ist ablesbar, dass die Metasuchmaschinen weniger stark frequentiert werden als die generellen Suchmaschinen Lycos oder Fireball. Zusätzlich ist erkennbar, dass Terme im Durchschnitt viel häufiger auftreten als Suchanfragen. Bei Fireball tauchten Terme im Schnitt gut fünfmal, bei Lycos rund viermal häufiger als Suchanfragen auf.

Bei den Metasuchern ist dieses Verhältnis kleiner und liegt bei knapp zweimal

(Metager) und dreimal (Metaspinner) häufigerem Auftauchen der Terme. Dies lässt darauf schließen, dass in Metasuchmaschinen speziellere Anfragen gestellt werden. Die durchschnittliche Häufigkeit, mit der ein Term in einer Suchanfrage wiederholt auftritt, ist damit bedeutend höher als die, eine Suchanfrage in der gleichen Form wiederzufinden.

4.3 Die Deskriptiva der Suchanfragen

In diesem Abschnitt werden grundlegende, beschreibende Ergebnisse der verschiedenen Datensätze angegeben, nachdem der Berechnungsweg formalisiert wurde. Es wird dabei auf etwaige Unterschiede zwischen Metasuchern und generellen Suchmaschinen hingewiesen. Bei den Auswertungen wurden Ideen und Möglichkeiten aus den in Kapitel 2 vorgestellten Arbeiten aufgegriffen bzw. vertieft und die Ergebnisse der vier Datensätze werden miteinander verglichen.

4.3.1 Durchschnittliche Länge von Suchanfragen

Die durchschnittliche Länge einer Suchanfrage $|\overline{SQ}|$ am Ende eines Erhebungszeitraums ist durch

$$|\overline{SQ}|([T_u; T_o]) = \frac{\sum\limits_{ZSt_r \in [T_u; T_o]} |SQ_{\mathrm{ZSt}_r}|}{|\{SQ_{ZSt_r}|ZSt_r \in [T_u; T_o]\}|}$$

definiert. Die durchschnittliche Länge von Suchanfragen in allen vier Suchmaschinen war ähnlich lang. So lag die durchschnittliche Länge bei den verschiedenen Suchmaschinen zwischen 1,6 (Metager), 1,7 (Lycos) und 1,8 (Fireball und Metaspinner) Termen pro Suchanfrage, wenn die Bruttomenge der Suchanfragen betrachtet wird.

Es ist offensichtlich, dass bei der durchschnittlichen Länge keine Unterschiede zwischen Metasuchern und generellen Suchmaschinen feststellbar sind. Im Vergleich zu anderen Studien sind deutschsprachige Suchanfragen kürzer, eine These, die auch SPINK/ XU (2000) aufstellten. Das liegt daran, dass im Deutschen bei mehreren aneinandergereihten Substantiven Wortzusammensetzungen und nicht wie im Englischen Wortgruppen gebildet werden (christmas tree – Weihnachtsbaum).

Die Berechnung der durchschnittlichen Länge der Suchanfragen auf Basis der eindeutigen Terme und Suchanfragen, erfolgt durch

$$|\overline{SQ}|^{\text{eind.}}([T_u; T_o]) = \frac{\displaystyle\sum_{\substack{\{m|s_m^{(T_o)} \neq 0\} \\ t \in [T_u; T_o]}} |SQ_m|}{M_{T_O}}.$$

Hier ergeben sich Werte von 1,4 (Metager), 2,0 (Metaspinner), 2,5 (Lycos) und 2,7 (Fireball). Die durchschnittliche Länge eindeutiger Suchanfragen weicht von der aller Suchanfragen ab. Auf Basis der eindeutigen kommt nicht die Anzahl des absoluten Vorkommens zum Tragen, weswegen die Suchanfragen im Schnitt länger werden. Die weiteren Ergebnisse werden das verdeutlichen. Bei Metager liegt der Sachverhalt anders, da nur die Top-4000 Terme betrachtet werden. Die meisten der seltenen Suchanfragen werden nicht betrachtet, dadurch ergibt sich eine etwas kürzere durchschnittliche Länge auf Basis der eindeutigen Suchanfragen.

In der eigenen Umfrage gaben die Teilnehmer im Durchschnitt eine größere Länge ($|\overline{SQ}|$) an. Dort lag die Länge im Mittel zwischen zwei und drei Suchworten. Die Teilnehmer überschätzen demnach die tatsächliche Länge ihrer Suchanfragen.

4.3.2 Das Auftreten von Suchanfragen und Termen

Aus der Verteilung des wiederholten Auftretens von Suchanfragen (S) und Termen (V) lässt sich ableiten, dass im Durchschnitt Suchanfragen sehr kurz und die durchschnittliche Länge basierend auf den Nettomengen größer ist, als die auf den Bruttomengen basierende. Ebenso ist erkennbar wie demgegenüber das Auftreten der Terme verteilt ist. Hierfür wird zum Zeitpunkt T_o für die Suchanfragen $m = 1, \ldots, M_{T_o}$ und für die Menge der angenommenen Häufigkeiten $i, i' \in \{s_m^{(T_o)}\} \forall m$ die Matrix $\mathcal{H}^S([T_u; T_o])$ mit den Elementen

$$h_{mi}^S([T_u; T_o]) = \begin{cases} 1, & s_m^{(T_o)} = i \\ 0, & sonst \end{cases}$$

berechnet. Es können so die absolute Häufigkeit $h_i^S([T_u; T_o])$, die relative Häufigkeit $p_i^S([T_u; T_o])$ von Suchanfragen und die relative Häufigkeit der eindeutigen Suchanfragen, die genau i-mal auftauchten, $p_i^{\text{S,eind.}}([T_u; T_o])$ mit

$$h_i^S([T_u; T_o]) = \sum_{\{m|s_m^{(T_o)} \neq 0\}} h_{mi}^S([T_u; T_o]),$$

$$p_i^S([T_u; T_o]) = \frac{\sum\limits_{\{m|s_m^{(T_o)} \neq 0\}} i * h_{mi}^S([T_u; T_o])}{|\{SQ_{ZSt_r}|ZSt_r \in [T_u; T_o]\}|} * 100\%$$

oder

$$p_i^{S,\text{eind.}}([T_u; T_o]) = \frac{\sum\limits_{\{m|s_m^{(T_o)} \neq 0\}} h_{mi}^S([T_u; T_o])}{|\{m|s_m^{(T_o)} \neq 0\}|} * 100\%$$

berechnet werden. Die Werte sind in Tabelle 4.4 für $i = 1, 2, 3, 4, 5$ und $i > 5$ angegeben. Wobei für $h_i^S([T_u; T_o])$, mit $i > i'$,

$$h_{>i'}^S([T_u; T_o]) = |\{SQ_{ZSt_r}|ZSt_r \in [T_u; T_o]\}| - \sum\limits_{\{m|s_m^{(T_o)} \neq 0\}} \sum\limits_{i=1}^{i'} h_{mi}^S([T_u; T_o])$$

gilt. Die Werte $p_{>i'}^S([T_u; T_o])$ und $p_{>i'}^{S,\text{eind.}}([T_u; T_o])$ gestalten sich analog.

Suchmaschine		Suchanfragen, die genau ... mal vorkamen					
		1	2	3	4	5	> 5
FB:	$h_i^S([0; T])$	10.480.377	3.024.799	1.330.798	738.817	461.185	1.956.093
	$p_i^S([0; T])$	7,89	4,55	3,01	2,22	1,74	80,59
	$p_i^{S,\text{eind.}}([0; T])$	58,25	16,81	7,40	4,11	2,56	10,87
L:	$h_i^S([0; T])$	17.618.682	4.727.513	2.022.780	1.124.878	773.026	3.055.487
	$p_i^S([0; T])$	9,28	4,98	3,20	2,37	2,04	78,15
	$p_i^{S,\text{eind.}}([0; T])$	60,09	16,12	6,89	3,84	2,64	10,42
MG:	$h_i^S([0; T])$	6.580	370.674	168.791	49.597	19.716	63.297
	$p_i^S([0; T])$	0,15	16,82	11,49	4,50	2,24	64,80
	$p_i^{S,\text{eind.}}$	0,97	54,62	24,87	7,31	2,91	9,33
MS:	$h_i^S([0; T])$	732.429	224.171	107.354	65.866	42.021	115.576
	$p_i^S([0; T])$	17,91	10,96	7,87	6,44	5,14	51,67
	$p_i^{S,\text{eind.}}([0; T])$	56,89	17,41	8,34	5,12	3,26	8,98

Tabelle 4.4: Häufigkeit von Suchanfragen

Die Werte in Tabelle 4.4 zeigen, dass sehr viele Suchanfragen nur ein einziges Mal gestellt wurden. Wird hierbei nur die Nettomenge der Suchanfragen in Betracht gezogen, treten mehr als die Hälfte der disjunkten Suchanfragen nur einmal auf. Bei Metager treten nur 0,15% der Suchanfragen einmal auf, da die meisten einmaligen Suchanfragen durch die Beschränkung auf die 4000 häufigsten Suchanfragen eines Tages wegfielen.

Analog wird für die Angaben der Häufigkeiten von Termen (V) zum Zeitpunkt

T_o die Matrix $\mathcal{H}^V([T_u; T_o])$, für die Terme $n = 1, \ldots, N_{T_o}$ und j, $j' \in \{v_n^{(T_o)}\} \forall n$ mit den Elementen

$$h_{nj}^V([T_u; T_o]) = \begin{cases} 1, & v_n^{(T_o)} = j \\ 0, & sonst \end{cases}$$

berechnet. Es können ebenfalls die absolute Häufigkeit ($h_j^V([T_u; T_o])$), die relative Häufigkeit ($p_j^V([T_u; T_o])$) von Termen und die relative Häufigkeit zu den eindeutigen Termen ($p_j^{V,\text{eind.}}([T_u; T_o])$), die genau j-mal auftauchten, mit

$$h_j^V([T_u; T_o]) = \sum_{\{n|v_n^{(T_o)} \neq 0\}} h_{nj}^V([T_u; T_o]),$$

$$p_j^V([T_u; T_o]) = \frac{\sum\limits_{\{n|v_n^{(T_o)} \neq 0\}} j * h_{nj}^V([T_u; T_o])}{|\{SQ_{ZSt_r} | ZSt_r \in [T_u; T_o]\}|} * 100\%$$

oder

$$p_j^{V,\text{eind.}}([T_u; T_o]) = \frac{\sum\limits_{\{n|v_n^{(T_o)} \neq 0\}} h_{nj}^V([T_u; T_o])}{|\{n|v_n^{(T_o)} \neq 0\}|} * 100\%$$

angegeben werden. Die Werte sind in Tabelle 4.5 für $j = 1, 2, 3, 4, 5$ und > 5 aufgelistet. Hier gilt für $h_j^V([T_u; T_o])$, mit $j > j'$

$$h_{>j'}^V([T_u; T_o]) = |\{SQ_{ZSt_r} | ZSt_r \in [T_u; T_o]\}| - \sum_{\{n|v_n^{(T_o)} \neq 0\}} \sum_{j=1}^{j'} h_{nj}^V([T_u; T_o]).$$

Die relativen Häufigkeiten $p_{>j'}^V([T_u; T_o])$ und $p_{>j'}^{V,\text{eind.}}([T_u; T_o])$ ergeben sich durch einsetzen.

Suchmaschine	Suchterme, die genau ... mal vorkamen					
	1	2	3	4	5	> 5
FB: $h_j^V([0;T])$	3.093.723	1.077.359	490.277	297.831	197.102	1.140.541
$p_j^V([0;T])$	1,28	0,90	0,61	0,50	0,41	96,32
$p_j^{V,\text{eind.}}([0;T])$	49,13	17,11	7,79	4,73	3,13	18,11
L: $h_j^V([0;T])$	6.053.824	1.756.677	790.300	462.476	352.419	1.817.014
$p_j^V([0;T])$	1,76	1,02	0,69	0,54	0,51	95,48
$p_j^{V,\text{eind.}}([0;T])$	53,89	15,64	7,04	4,12	3,14	16,18
MG: $h_j^V([0;T])$	2.832	177.288	86.404	39.731	20.823	103.260
$p_j^V([0;T])$	0,04	4,84	3,53	2,17	1,42	88,00
$p_j^{V,\text{eind.}}([0;T])$	0,66	41,20	20,08	9,23	4,84	24,00
MS: $h_j^V([0;T])$	270.024	100.731	55.424	37.453	26.580	137.295
$p_j^V([0;T])$	3,44	2,57	2,12	1,91	1,7	88,28
$p_j^{V,\text{eind.}}([0;T])$	43,03	16,05	8,83	5,97	4,24	21,88

Tabelle 4.5: Häufigkeit Suchterme

Bei der Betrachtung der Terme in Tabelle 4.5 liegt der Fall ähnlich, dass der prozentuale Anteil der Suchanfragen oder Terme, die nur einmal vorkommen, sehr hoch ist. Hier kamen weniger als die Hälfte der eindeutigen Terme nur einmal vor. Die Werte von Metager fallen deswegen aus der Reihe, da die meisten – nur selten auftretenden Werte – durch die exklusive Betrachtung der Top-4000 Terme nicht repräsentiert werden. Insgesamt verändern sich jedoch die Verteilungen von Suchanfragen gegenüber denen der Terme deutlich. An den Verteilungen ist sehr gut zu sehen, wie die Werte $\bar{s}^{([T_u;T_o])}$, $|\overline{SQ}|([T_u;T_o])$ und $|\overline{SQ}|^{\text{eind.}}([T_u;T_o])$ zustande kommen.

4.3.3 Das Heap'sche Gesetz für Suchanfragen und Terme

Der Zusammenhang des Wachstums der Nettomengen von Suchanfragen und Suchtermen im Verlauf der Zeit $t \in [T_u;T_o]$ gegenüber dem der Bruttomengen, kann in Anlehnung an BAEZA-YATES/ RIBEIRO-NETO (1999) durch folgende Funktionalitäten formuliert werden:

$$M_t = a_1 * ||\vec{S}^{(t)}||_1^{b_1} + \epsilon_t^S = a_1 * \Gamma_S^{(t)^{b_1}} + \epsilon_t^S$$

ist der funktionale Zusammenhang für das Wachstum der Suchanfragen und

$$N_t = a_2 * ||\vec{V}^{(t)}||_1^{b_2} + \epsilon_t^V = a_2 * \Gamma_V^{(t)^{b_2}} + \epsilon_t^V,$$

für das Wachstum der Terme, mit $a_1, a_2 \in \mathbb{R}^+$; $b_1, b_2 \in [0; 1]$ und ϵ_t^S und $\epsilon_t^V \in \mathbb{R}$ Störgrößen (*Heap's Law*). Durch Logarithmieren ergibt sich

$$\log_{10} M_t = \underbrace{\log_{10} a_1}_{\alpha_1} + \underbrace{b_1}_{\beta_1} * \log_{10} \Gamma_S^{(t)} + \eta_t^S, \text{mit } \alpha_1 \in \mathbb{R}^+, \beta_1 \in [0; 1]$$

und

$$\log_{10} N_t = \underbrace{\log_{10} a_2}_{\alpha_2} + \underbrace{b_2}_{\beta_2} * \log_{10} \Gamma_V^{(t)} + \eta_t^V, \text{mit } \alpha_2 \in \mathbb{R}^+, \beta_2 \in [0; 1],$$

wobei $\eta_t^S, \eta_t^V \in \mathbb{R}$ wieder Störgrößen darstellen. Durch lineare Regression – auch Methode der kleinsten Quadrate genannt – können so die Parameter α_1, α_2, β_1 und β_2 geschätzt werden. Die Regressionsgeraden werden durch

$$\hat{Y}_1 = \hat{\alpha}_1 + \hat{\beta}_1 * \log_{10}(\Gamma_S^{(t)}), \text{mit } \hat{\alpha}_1 \in \mathbb{R}^+, \hat{\beta}_1 \in [0; 1]$$

und

$$\hat{Y}_2 = \hat{\alpha}_2 + \hat{\beta}_2 * \log_{10}(\Gamma_V^{(t)}), \text{mit } \hat{\alpha}_2 \in \mathbb{R}^+, \hat{\beta}_2 \in [0; 1]$$

beschrieben (siehe die Geraden in Abbildung 4.2). Die Parameter des jeweiligen Wachstums der Anzahl Dimensionen mit der Anzahl der eingehenden Suchanfragen oder Terme sind in Tabelle 4.6 angegeben.

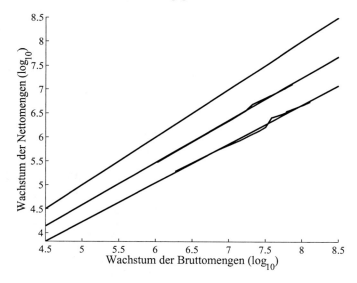

Abbildung 4.2: Wachstum der Suchanfragen, und Terme bei Lycos

Suchmaschine	$\hat{\alpha}_1$	$\hat{\beta}_1$	$\hat{\alpha}_2$	$\hat{\beta}_2$
Fireball	0,810	0,7869	1.134	0,6669
Lycos	0,161	0,8848	0,161	0,8136
Metager	-0,097	0,88	0,531	0,7354
Metaspinner	-0,456	0,9844	0,465	0,7690
WebCrawler	1,53	0,95	6,63	0,69

Tabelle 4.6: Parameter des Wachstums

Die $\Gamma_S^{(t)}$ und $\Gamma_V^{(t)}$ auf der X-Achse und die M_t, $\hat{Y}_1$, N_t und $\hat{Y}_2$ auf der Y-Achse wurden aus Kapazitätsgründen nur nach jeweils einer Woche abgetragen. In Abbildung 4.2 sind beide Funktionen des Wachstums des Vokabulars von Suchanfragen und Termen und die jeweiligen Regressionsgeraden $\hat{Y}_1$ und $\hat{Y}_2$ am Beispiel des Lycos-Datensatzes aufgezeigt. Die Datenpunkte wurden jeweils nach einem Zeitintervall τ von einer Woche abgetragen. Die oberste Gerade stellt die Winkelhalbierende dar. Hätte eine der empirisch erstellten Geraden die gleiche Steigung $(\hat{\beta}_1, \hat{\beta}_2)$, dann würde das bedeuten, dass mit jeder weiteren, neuen Suchanfrage oder mit jedem weiteren, neuen Term eine neue Dimension dazukommt. Die Bruttozahlen entsprechen den Nettozahlen, jede Suchanfrage und jeder Term kommt in diesem Fall genau einmal vor. Die mittlere Gerade stellt das Wachstum der Suchanfragen bei Lycos dar und die unterste das Wachstum der Terme. Die Menge der Terme wächst bedeutend langsamer als die Menge der Suchanfragen. Dieses Ergebnis war bereits vorhersehbar, als die Werte des durchschnittlichen Auftretens von Suchanfragen und Suchtermen in den vorherigen Abschnitten im Vergleich betrachtet wurden. Bei ZIEN ET AL. (2000) wurden ähnliche Steigungen der Geraden festgestellt. Es ist hierbei relevanter, die $\hat{\beta}_1$ und $\hat{\beta}_2$ zu betrachten, da die $\hat{\alpha}_1$ und $\hat{\alpha}_2$ von dem Volumen der Suchanfragen/Suchterme in der jeweiligen ersten Woche abhängen und nur eine Verschiebung auf der Y-Achse bedeuten.

4.3.4 Das Zipf'sche Gesetz für Suchanfragen und Terme

JANSEN ET AL. (2000b) und SPINK ET AL. (2001) betrachteten zudem das Zipf'sche Gesetz für Suchanfragen und Terme. Dieses empirische Gesetz besagt, dass die Häufigkeit eines Wortes umgekehrt proportional zu seiner Rangstelle ist. Es ist nur näherungsweise gültig. Die Suchanfragen und Terme werden nach ihrer Rangfolge der Häufigkeit aufgelistet. Damit ergibt sich der Rang für Suchanfragen, mit $m, m' = 1, \ldots, |\{m | s_m^{(T_o)} \neq 0\}|$, als $\text{Rang}(s_m^{(T_o)}) = \text{rang}_m^S([T_u; T_o])$. $\forall\, m, m'$

gilt, wenn
$$\left[(s_m^{(T_o)} > s_{m'}^{(T_o)}) \ \vee \ (s_m^{(T_o)} = s_{m'}^{(T_o)} \ \wedge \ m < m')\right],$$

dann $\mathrm{rang}_m^S([T_u; T_o]) < \mathrm{rang}_{m'}^S([T_u; T_o])$. Analog wird der Rang der Suchterme $\mathrm{Rang}(v_n^{(T_o)}) = \mathrm{rang}_n^V([T_u; T_o])$ $(n, n' = 1, \ldots, |\{n|v_n^{(T_o)} \neq 0\}|)$ definiert. Hier muss ebenfalls $\forall\ n, n'$ gelten, wenn

$$\left[(v_n^{(T_o)} > v_{n'}^{(T_o)}) \ \vee \ (v_n^{(T_o)} = v_{n'}^{(T_o)} \ \wedge \ n < n')\right],$$

dann $\mathrm{rang}_n^V([T_u; T_o]) < \mathrm{rang}_{n'}^V([T_u; T_o])$.

Für das Zipf'sche Gesetz

$$s_m^{(T_o)} = \frac{a_3}{\mathrm{rang}_m^S([T_u; T_o])^{b_3}} + \epsilon_3^m \ \text{und} \ v_n^{(T_o)} = \frac{a_4}{\mathrm{rang}_n^V([T_u; T_o])^{b_4}} + \epsilon_4^n$$

mit a_3, $a_4 \in \mathbb{R}^+$; b_3, $b_4 \in [0; 1]$ und den Störtermen ϵ_3, $\epsilon_4 \in \mathbb{R}$ können ähnlich wie bei dem funktionalen Zusammenhang des Vokabulars nach Logarithmierung die Parameter der Regressionsgeraden

$$\hat{Y}_3 = \hat{\alpha}_3 - \hat{\beta}_3 * \log_{10}(\mathrm{rang}_m^S([T_u; T_o])), \text{mit } \hat{\alpha}_3 \in \mathbb{R}^+, \ \hat{\beta}_3 \in [0; 1]$$

$$\hat{Y}_4 = \hat{\alpha}_4 - \hat{\beta}_4 * \log_{10}(\mathrm{rang}_n^V([T_u; T_o])), \text{mit } \hat{\alpha}_4 \in \mathbb{R}^+, \ \hat{\beta}_4 \in [0; 1]$$

geschätzt werden. Die Werte für $\hat{\beta}_3$ und $\hat{\beta}_4$ sollten im Allgemeinen nahe 1 liegen, um möglichst genau die Verhältnisse des Zipf'schen Gesetzes zu treffen. Für Fireball ergaben sich die Parameter zu $\hat{\beta}_3 = 0,9051$ und $\hat{\beta}_4 = 1,2441$. Für Lycos wurde $\hat{\beta}_4 = 1,1408$ geschätzt, $\hat{\beta}_3$ konnte nicht berechnet werden, da die Rechnerkapazitäten nicht ausreichten. Für Metager ergaben sich für $\hat{\beta}_3 = 0,6893$ und $\hat{\beta}_4 = 0,9776$. Die Parameter für Metaspinner sind $\hat{\beta}_3 = 0,7094$ und $\hat{\beta}_4 = 1,1424$. Keine der Schätzungen folgte perfekt dem Zipf'schen Gesetz, was für empirische Gesetzmäßigkeiten bekannter Maßen in den meisten Fällen nicht gegeben ist. Doch wurden für die Proportionalität der Suchterme gegenüber ihrem Rang eine ähnliche Struktur wie bei JANSEN ET AL. (2000b) und SPINK ET AL. (2001) gefunden. Zudem waren die Parameter der hier erhobenen Datensätze zueinander ähnlich.

Abbildung 4.3 zeigt den exemplarischen Kurvenverlauf für die Suchanfragen und Terme bei dem Lycos-Datensatz. Die untere, hellgraue Linie stellt den empirischen Verlauf der Häufigkeiten von Suchanfragen gegenüber ihrem Rang dar.

Sehr wenige Suchanfragen kommen sehr häufig vor. Die Kurve der Terme verläuft oberhalb der Kurve der Suchanfragen. Terme kommen also im Schnitt häufiger als Suchanfragen vor, was in den vorherigen Abschnitten bereits gezeigt wurde.

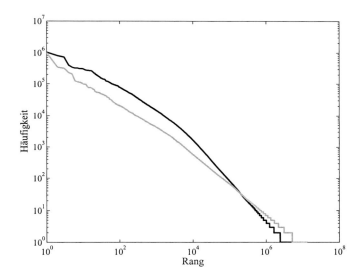

Abbildung 4.3: Häufigkeiten von Suchanfragen und Terme vs. deren Rang

4.3.5 Top-10 der Suchanfragen

Die Top-$\mathcal{M}$, für $\mathcal{M} = 1, \ldots, |\{m|s_m^{(T_o)} \neq 0\}|$ häufigsten Suchanfragen stellt die Menge der Suchanfragen SQ_m dar, für die $\mathrm{rang}_m^S([T_u; T_o]) = 1, \ldots, \mathcal{M}$ und $s_m^{(T_o)} > 0$ gilt. Diese Listen können nur auf einem bestimmten Zeitraum $[T_u; T_o]$ bezogen werden oder erst am Ende einer Erhebungsperiode $[0; T]$ erstellt werden. Hier wurden die Listen nach längeren Perioden erstellt, um zu sehen, wie sich diese top Plätze langfristig betrachtet verändern. Kürzere Intervalle sind denkbar, so dass nur die Top-$\mathcal{M}$ Liste eines Monats oder einer Woche berechnet werden. Die Top-$\mathcal{M}$, für $\mathcal{M} = 10$, der häufigsten Suchanfragen aller Suchmaschinen sind in Tabelle 4.7 (T_o=Februar 2005) und in Tabelle 4.8 (T_o=Mai 2005) zusammengestellt. Fett markiert sind dabei die Suchanfragen, die in der Top-10 aller vier

Suchmaschinen auftauchen. Es ist erkennbar, dass unter den häufigsten Suchanfragen nahezu nur solche zu finden sind, die aus einem Suchterm bestehen. Des Weiteren ist leicht ersichtlich, dass bei den generellen Suchmaschinen wie Fireball und Lycos Suchanfragen, die in erotischen Bereichen anzusiedeln sind, dominieren. Bei Fireball sind nur Suchanfragen zu finden, die aus einem Term bestehen und sexueller Natur sind. Bei den Metasuchmaschinen hingegen werden allgemeinere Suchanfragen gestellt, wobei Anfragen wie 'ebay', 'google' oder 'freenet' einen großen Interpretationsspielraum lassen. Es könnte sich hierbei um Suchanfragen echter Nutzer handeln, denkbar ist aber auch, dass diese Suchanfragen manipuliert sind, um eine wachsende Popularität der jeweiligen Websites zu erreichen.

Rang	Fireball	Lycos	Metager	Metaspinner
1.	sex	lycos	ebay	link
2.	porno	link:http://www.	google	weiterentwicklung
3.	hentai	sex	routenplaner	routenplaner
4.	lycos	hentai	telefonbuch	sex
5.	lack	porno	gmx	gebrauchtwagen
6.	fkk	ebay	web.de	jahreswagen
7.	erotik	google	sex	london
8.	anal	erotik	freenet	hotel
9.	bondage	plexiglasgehäuse	www.ebay.de	versicherung
10.	muschi	christina aguilera	www.google.de	autobewertung

Tabelle 4.7: Top-10 der Suchanfragen (bis Februar 2005)

Es ist ebenfalls denkbar, dass die Top-10 Suchanfragen bewusst gefälscht werden, um Personen, die diese Listen als Orientierungshilfe benutzen, irrezuführen. Dies geschieht durch automatisierte Suchanfragen, damit Webseiten-Betreibern die Möglichkeit, ihre Internetwerbekampagnen an diesen Listen auszurichten, genommen wird. Durch eine Manipulation der Listen sind keine Handlungsmöglichkeiten gegeben, da diese keine Aussagekraft besitzen und nicht das reale Suchverhalten der Nutzer geeignet wiedergeben. Es sind weitere Manipulationsmöglichkeiten denkbar, auf Grund des hohen Interpretationsspielraumes soll hier nicht weiter darauf eingegangen werden. Die mehrmonatige Beobachtung verschiedener Top-$\mathcal{M}$ Listen, die von den Suchmaschinen Lycos, MetaCrawler und Metaspinner täglich oder wöchentlich aktualisiert auf deren Website der Öffentlichkeit zur Verfügung gestellt werden, kam zu einem ähnlichen Ergebnis. Die Listen veränderten sich bei diesen Suchmaschinen bis auf das angegebene Datum der letzten Aktualisierung der Listen kaum oder überhaupt nicht.

Rang	Fireball	Lycos	Metager	Metaspinner
1.	**sex**	lycos	ebay	link
2.	porno	**sex**	google	**sex**
3.	hentai	link:http://www.	routenplaner	routenplaner
4.	lycos	hentai	gmx	gebrauchtwagen
5.	fkk	porno	telefonbuch	hotel
6.	erotik	ebay	www.ebay.de	london
7.	lack	erotik	web.de	jahreswagen
8.	anal	google	**sex**	autobewertung
9.	titten	fkk	www.google.de	versicherung
10.	bondage	christina aguilera	wetter	werkswagen

Tabelle 4.8: Top-10 der Suchanfragen (bis Mai 2005)

Beim Vergleich der Veränderung zwischen den beiden Top-10 Listen, ist kaum eine Änderung zu erkennen. Dies ist wahrscheinlich auch ein Grund, warum sich verschiedene Suchmaschinen nicht mehr die Mühe machen, diese Listen jede Woche neu zu berechnen. Bei den hier erhobenen Daten ergaben sich aber durchaus Änderungen, wenn diese auf wöchentlicher oder täglicher Datenbasis betrachtet werden. Was darauf hindeutet, dass die angegebenen Top-$\mathcal{M}$ Listen, die von Suchmaschinen veröffentlicht werden, durchaus manipuliert sind. Die Suchanfragen in den Metasuchern scheinen weniger an erotischen Inhalten orientiert.

4.3.6 Top-10 der Suchterme

Die Top-$\mathcal{N}$ der häufigsten Suchterme, für $\mathcal{N} = 1, \ldots, |\{n|v_n^{(T_o)} \neq 0\}|$, stellt die Menge der Terme term_n dar, für die gilt, dass $\text{rang}_n^V([T_u; T_o]) = 1, \ldots, \mathcal{N}$ und $v_n^{(T_o)} > 0$. Die $\mathcal{N} = 10$ häufigsten Suchterme werden in Tabelle 4.9 (T_o=Februar 2005) und in Tabelle 4.10 (T_o=Mai 2005) für alle Suchmaschinen nach einem längeren Zeitraum aufgelistet. Terme, die in der Top-10 aller vier Suchmaschinen auftauchen, wurden fett gedruckt.

Rang	Fireball	Lycos	Metager	Metaspinner
1.	**sex**	lycos	ebay	**in**
2.	download	**sex**	google	download
3.	**in**	**in**	**der**	hotel
4.	dvd	**der**	routenplaner	**der**
5.	free	link:http://www.	download	link
6.	kostenlos	und	und	berlin
7.	porno	hentai	**in**	für
8.	hotel	porno	für	und
9.	bilder	hotel	**sex**	dvd
10.	**der**	für	telefonbuch	**sex**

Tabelle 4.9: Top-10 der Suchterme (bis Februar 2005)

Wenig verwunderlich ist, dass in diesen Listen diverse Wörter zu finden sind, die ebenfalls in den Top-10 Listen der Suchanfragen auftauchen. In den Tabellen 4.7 und 4.8 sind viele Suchanfragen vorhanden, die nur aus einem Wort bestehen. Die häufigsten Terme entsprechen in vielen Fällen gerade den häufigsten Suchanfragen. HENZINGER ET AL. (1999) kamen zu einem ähnlichen Ergebnis.

Rang	Fireball	Lycos	Metager	Metaspinner
1.	**sex**	lycos	ebay	**in**
2.	download	**sex**	google	download
3.	**in**	**in**	**der**	link
4.	free	**der**	routenplaner	**der**
5.	porno	und	download	berlin
6.	dvd	hotel	und	hotel
7.	hotel	von	**in**	und
8.	kostenlos	für	für	für
9.	**der**	porno	berlin	dvd
10.	bilder	free	sex	von

Tabelle 4.10: Top-10 der Suchterme (bis Mai 2005)

Beim Vergleich der Top-10 der Terme aus zwei verschiedenen Zeiträumen, ist auch hier wie bei den Suchanfragen ersichtlich, dass sich nahezu keine Veränderungen ergeben haben. Der einzige Unterschied, der zwischen den verschiedenen Suchmaschinen auffällt, ist, dass die Metasucher weniger erotische Terme in den Suchen aufweisen. Weder die Top-10 der Suchanfragen noch die der Terme geben über einen längeren Zeitraum von ein paar Monaten eine gute, repräsentative

Übersicht über Fluktuationen oder Trends in Suchanfragen. Aussagekräftigere Auswertungen sind nötig, um Veränderungen im Verhalten darstellen zu können.

4.3.7 Natürliche Fragen in Suchanfragen

Die relativ große Anzahl an Stoppwörtern (und, in, der, für, ...) unter den am häufigsten verwendeten Suchtermen weist darauf hin, dass Suchanfragen häufig in einer Art und Weise gestellt werden, die sich an der natürlichen Sprachform orientiert. Es werden also nicht nur Schlagwörter eingegeben, um eine Suche zu starten, sondern zusätzlich auch noch die passenden Füllwörter ('Bars in Karlsruhe', 'Geschenke für Weihnachten'). Des Weiteren kann das Stoppwort 'und' unter den häufigsten Termen auf häufig falsch eingesetzte Operatoren hindeuten ('Bars und Karlsruhe', 'Geschenke und Weihnachten'). Solche Stoppwörter beeinflussen in den meisten Fällen die Ergebnisse bei der Suche nicht, da diese von den Suchmaschinen heraus gefiltert werden und die Ergebnisse auf einer Suchanfrage ohne diese Wörter basiert. Auf Grund der Tatsache, dass die natürliche Sprachform eine große Rolle bei der Formulierung von Suchanfragen spielt, ist es erstrebenswert zu untersuchen, inwiefern Suchanfragen in Frageform gestellt werden. Ein Hauptindikator für solche Suchanfragen ist das Vorhandensein von Fragewörtern innerhalb der Suchanfrage (siehe SPINK/ JANSEN (2004a)). Hier wird untersucht, wieviele der Suchanfragen, Fragewörter wie 'warum', 'was', 'wer', 'wo' usw. enthalten. Dafür wird die Indikatorvariable für natürliche Sprache

$$\text{nat}_{ZSt_r} = \begin{cases} 1, & wenn \quad \text{ein term}^z_{ZSt_r} \in \{\text{wann, warum, was, wer, wie, wo, ...}\} \\ 0, & sonst \end{cases}$$

mit $ZSt_r \in [T_u; T_o]$ und $z \in \mathbb{N}$ definiert. Der absolute Anteil von Suchanfragen mit Fragewörtern ist durch

$$h^{\text{nat}}([T_u; T_o]) = \sum_{ZSt_r \in [T_u; T_o]} \text{nat}_{ZSt_r}$$

und der prozentuale Anteil durch

$$P^{\text{nat}} = \frac{\sum_{ZSt_r \in [T_u; T_o]} \text{nat}_{ZSt_r}}{|\{SQ_{ZSt_r} | ZSt_r \in [T_u; T_o]\}|} * 100\%$$

gegeben. Der Anteil ist mit 145.881 Suchanfragen bei Fireball, 244.496 bei Lycos, 4.522 bei Metager und 6.789 bei Metaspinner sehr gering. Bei Fireball, Lycos und Metager liegt die prozentuale Nutzungshäufigkeit von Fragen bei rund 0,1%. Metaspinner verzeichnete einen Anteil von rund 0,2%. Es werden demnach gerne Satzkonstrukte wie "Hotels in Berlin" benutzt, aber selten tatsächliche Suchan-FRAGEN an die Suchmaschinen gerichtet.

4.3.8   Komplexität von Suchanfragen

Für die Untersuchung der Suchanfragen im Bezug auf ihre Komplexität, wurden nur Suchoperatoren in Betracht gezogen, die korrekt eingegeben wurden, wie dies in Kapitel 4.1 angesprochen wurde. Falsche Eingaben, die auch von der Suchmaschine selbst ignoriert werden und damit nicht den gewünschten Erfolg haben, wurden nicht in die Untersuchung aufgenommen. Da die Operatoren gesondert von den Suchanfragen betrachtet werden, gibt es hier keine weitere Einschränkung des Erhebungsintervalls $[0; T]$.

Der Prozentsatz der Anzahl genutzter Operatoren in Suchanfragen (P^O) errechnet sich durch

$$P^O = \frac{\sum_{i=1}^{O} op_o}{R} * 100\%$$

und die prozentuale Nutzungshäufigkeit eine bestimmten Operators p_o^O durch

$$p_o^O = \frac{op_o}{R} * 100\%,$$

für $o = 1, \ldots, O$ mögliche Operatoren.

Die Ergebnisse aus den in Kapitel 2 vorgestellten Studien konnten hier nicht bestätigt werden, da nur Operatoren wie '+', '-' oder die Phrasensuche relativ häufig genutzt wurden, aber insgesamt $P^O < 3,3\%$ war. Die Phrasensuche war die häufigste Form, Suchanfragen komplex zu gestalten. Bei Fireball enthielten 2,13%, bei Lycos 2,38% und bei Metaspinner 2,46% aller Suchanfragen eine Phrase.

Für Metager konnte diese Untersuchung nicht durchgeführt werden, da die Listen der Top-4000 Suchanfragen nur Suchbegriffe in Kleinschreibung enthielten, was keiner korrekten Operatoreingabe entspricht, weswegen von einer Auswertung abgesehen wurde. Im Gegensatz zu diesen Zahlen stehen die Ergebnisse der Umfrage. Dort wurde angegeben, dass (sehr) häufig Operatoren verwendet werden. Hierbei ist zu bedenken, dass bei der Ermittlung der Verwendungshäufigkeit nur die richtig eingegebenen Operatoren in Betracht gezogen wurden. Die Teilnehmer der Umfrage gehen unter Umständen davon aus, dass die Art und Weise ihrer Handhabung richtig ist.

4.3.9 Special Search Features

Bei den Suchmaschinen Fireball und Metaspinner wird im Live Ticker neben den gerade aktuellen Suchanfragen auch der Suchbereich angezeigt, in dem gesucht wird. Suchbereiche sind dabei grobe Einteilungen von Themen in übergeordnete Themengebiete, wie dies in Kapitel 4.1 beschrieben wurde. Der prozentuale Anteil eines Suchbereiches (P^F) wird entsprechend der Nutzungshäufigkeit von Operatoren auf $[0; T]$ mit

$$P^F = \frac{\sum_{l=1}^{L} sf_l}{R} * 100\%$$

und der eines bestimmten Suchbereichs durch

$$p_l^F = \frac{sf_l}{R} * 100\%,$$

für $l = 1, \ldots, L$ mögliche Suchbereiche berechnet. Wobei der Wert P^F nicht berechnet wird, da die Suchmaschinen Fireball und Metaspinner, die einen Suchbereich angeben, die Voreinstellung des Suchbereichs 'Deutsche Suche' (nur Seiten mit deutschem Vokabular werden angezeigt), so dass gilt $P^F = 1$.

In Tabelle 4.11 sind die häufigsten Suchbereiche mit deren prozentualen Verteilung p_l^F angegeben. Die Kategorie 'Deutsche Suche' wird am häufigsten gewählt. Das hängt damit zusammen, dass diese Einstellung bei beiden Suchmaschinen, wie schon erwähnt, standardmäßig voreingestellt ist. Bei mehr als zwei Drittel der Suchanfragen wird die Grundeinstellung nicht geändert. Interessant hingegen ist, dass bei Fireball zu einem Viertel die Suche nach 'Bilder' eingestellt wird. Bei der Metasuchmaschine hingegen sind sämtliche Optionen bis auf die Voreinstellung 'Deutsche Suche' stark unterrepräsentiert. Diese Ergebnisse passen zu der Aussage der Umfrage, dass die Suchmaschine nicht an die eigenen Bedürfnisse angepasst oder persönliche Einstellungen vorgenommen werden.

p_l^F von Suchbereich l	Fireball	Metaspinner
Bilder	24,3	1,6
Deutsche Suche	65,8	87,9
Internationale/Weltweite Suche	9,7	4,3
ohne Suchbereich	0,2	2,0
(Online) Auktionen	–	3,7
sonstige Suchbereiche	–	0,5

Tabelle 4.11: Die Werte p_l^F der einzelnen Suchbereiche

Bei Metaspinner gibt es auch die Möglichkeit in (online) Auktionen zu suchen. Diese Option wird von Suchenden verhältnismäßig oft genutzt. Dies ist eine gute Möglichkeit, den Störfaktor 'eBay' bei den Trefferlisten zu minimieren, der in der Umfrage genannt wurde, indem Treffer, die zu Auktionen führen nicht im normalen Index angezeigt werden, sondern nur, wenn dieser Suchbereich auch angegeben wurde.

4.4   Zeitliche Auswertungen von Suchanfragen

Nach den grundsätzlichen Auswertungen, werden in diesem Abschnitt die zeitlichen Aspekte in den Vordergrund gerückt. Durch die zeitliche Betrachtung werden Aussagen über das Suchverhalten und das Informationsbedürfnis der Suchenden getroffen.

4.4.1   Verteilung der Suchanfragen über die Zeit

In diesem Teil des Kapitels werden die verschiedenen Aspekte der Suchanfragen im Tages- und Wochenverlauf angesprochen und dargestellt. Es ist kein neues Phänomen, dass verschiedene Tageszeiten und bestimmte Wochentage einen Einfluss auf das Verhalten von Menschen bei Transaktionen haben. In der Finanztheorie gibt es verschiedene Veröffentlichungen, die auf das Thema im Rahmen des Börsenhandels eingehen (siehe JAIN/ JOH (1988), FRENCH/ ROLL (1986), MCINISH/ WOOD (1985) und MCINISH/ WOOD (1991)). Hierbei ist allerdings zu beachten, dass Börsen nur zu bestimmten Zeiten geöffnet haben und nicht an jedem Tag gehandelt werden kann.

MCINISH/ WOOD (1991) gehen auf das gehandelte Volumen während eines Tages ein und fanden heraus, dass sich dieses im Tagesverlauf signifikant ändert, während hier zwischen den einzelnen Werktagen keine Unterschiede festzustellen sind. JAIN/ JOH (1988) kommen zu einem ähnlichen Ergebnis.

In FRENCH/ ROLL (1986) hingegen wurden die Effekte von Wochenenden und Feiertagen betrachtet. Ein interessanter Schluss ist hier, dass die gefundenen Unterschiede vom privaten Informationsfluss abhängen und so einen Einfluss auf das Verhalten an der Börse haben.

Um die Verteilung des Volumens von Suchanfragen über bestimmte Wochentage oder Tageszeiten zu betrachten, sei

$aggregat \in \{Tageszeiten, Tage, Wochentage, Monate, Quartale, Jahre, Kalender\}$, $aggregat(\tau)$ gibt die entsprechende Eigenschaft eines Zeitintervalls τ zurück, z.b. $Wochentage(\tau)$ gibt den Wochentag wieder, dem τ entspricht. Zudem sei

$taktelement \in aggregat$ und es gilt

$Tageszeiten = \{00h, 01h, \ldots, 22h, 23h\}$,

$Wochetage = \{Mo, Di, Mi, Do, Fr, Sa, So\}$,

$Monate = \{1, 2, \ldots, 11, 12\}$,

$Quartale = \{I, II, III, IV\}$,

$Jahre = \{2004, 2005, 2006, \ldots\}$ und

$Kalender =$ das entsprechende Datum von τ.

Kalender entspricht dem Datum eines Zeitintervalls, Tageszeiten der Stunde. Feinere Angaben als zur Basis $aggregat$ können nicht gemacht werden. Weiter gilt

$identitaet \in \{Stunde, Tag, Wochentag, Monat, Quartal, Jahr, Datum\}$.

Die $identitaet(ZSt_r)$ gibt das entsprechende Merkmal des Zeitstempels zurück, z.B. $Stunde(ZSt_r)$ gibt die Uhrzeit wieder, zu der SQ_{ZSt_r} erhoben wurde.

$\mathbb{T}_{taktelement} = \{ZSt_r | identitaet(ZSt_r) = taktelement \wedge ZSt_r \in [T_u; T_o] \}$, dies gilt für alle $taktelement \in aggregat$. Für $aggregat = Kalender$ wird gerade eine tägliche Taktung vorgenommen, die mit der Zeit weiterläuft. Um das Vorgehen zu verdeutlichen, wird vor der Ergebnisdarstellung ein kurzes Beispiel erläutert.

Die relative Häufigkeit von Suchanfragen an den verschiedenen Wochentagen soll untersucht werden. Weiter soll betrachtet werden, zu welchen Tageszeiten besonders viele Suchanfragen generiert werden. Dazu werden die folgenden zwei $aggregat$ betrachtet: $aggregat = \{Wochentage, Tageszeiten\}$.

Insgesamt wurden 1000 Suchanfragen über einen kurzen Zeitraum erhoben. Davon wurden $|\mathbb{T}_{Mo}| = 300$, *identitaet = wochentag* an Montagen abgesetzt und zwischen 14.00 und 14.59 Uhr an allen Wochentagen $|\mathbb{T}_{14h}| = 50$, *identitaet = stunde*.

Die prozentualen Anteile lassen sich durch $P_{taktelement} = \frac{|\mathbb{T}_{taktelement}|}{|\{SQ_{ZSt_r}|ZSt_r \in [T_u;T_o]\}|}$ errechnen. Hier ergibt sich $P_{Mo} = \frac{300}{1000} * 100\% = 30\%$ und $P_{14h} = \frac{50}{1000} * 100\% = 5\%$.

Wie in diesem Beispiel erläutert, wurden in den folgenden Abschnitten die prozentualen Anteile der jeweiligen Wochentage und Stunden eines Tages berechnet. Die Durchschnitte sind dabei graphisch dargestellt. Hierbei sind auf der x-Achse die *taktelement* $\in$ *aggregat* und auf der y-Achse die dazugehörigen $P_{taktelement}$ abgetragen.

In Abbildung 4.4 sind die Ergebnisse für die Betrachtung der Tageszeiten gezeigt. Das Tageshoch liegt zwischen 13.00 und 15.00 Uhr. Der absolute Tiefpunkt wird in den frühen Morgenstunden zwischen fünf und sechs Uhr erreicht. Während der Tiefpunkt den Ergebnissen bei BEITZEL ET AL. (2004) entspricht, ist das Hoch bei allen hier beobachteten Suchmaschinen nachmittags und nicht in den späten Abendstunden.

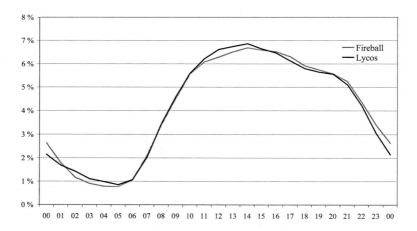

Abbildung 4.4: Mittlere prozentuale Anzahl pro Stunde

In den Top-4000-Listen von Metager waren nur Suchanfragen ohne Zeitstempel vorhanden, weswegen die zeitliche Information verloren ging. Die Kurven bei Fireball (FB) und Lycos (LY) haben prozentual gesehen einen nahezu identischen Verlauf. Die Metaspinner-Kurve hat den gleichen charakteristischen Verlauf, wurde hier aber aus Gründen der Übersichtlichkeit weggelassen.

In Abbildung 4.5 ist der Verlauf über die Wochentage dargestellt. Es werden hier wieder der Übersichtlichkeit wegen nur die Verläufe des Suchanfragenvolumens bei Fireball (FB) und Lycos (LY) gezeigt, wobei die anderen beiden Kurven den gleichen Verlauf zeigten. Die Top-4000 Suchanfragen von Metager wurden täglich versendet, weswegen hier die Auswertung über die Wochentage möglich war.

Wie in Abbildung 4.5 zu sehen, werden an Montagen mehr Suchanfragen an die Suchmaschinen gerichtet als an anderen Tagen der Woche. Dieser Effekt verschiebt sich an montäglichen Feiertagen auf den ersten folgenden Werktag. So ist der Ostermontag einer der Montage, an dem die Kurve nicht schlagartig nach oben geht. Die Theorie von FRENCH/ ROLL (1986), dass private Information in die Aktionen von Händlern einfließen, bestätigt sich im übertragenen Sinn bei dem Verhalten der Suchenden. So werden anscheinend Informationen, die an Wochenenden gesammelt wird, an Montagen verarbeitet und so nach bestimmten Themen gesucht.

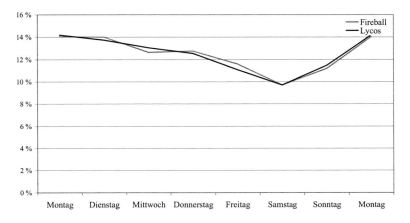

Abbildung 4.5: Mittlere prozentuale Anzahl pro Wochentag

Auf der anderen Seite ist es natürlich möglich, dass die Personen keinen (schnellen) Internetanschluss zu Hause haben, weswegen verstärkt an den Montagen im Büro gesucht wird. Trotzdem spielt hier die private Information eine große Rolle, da an keinem anderen Werktag die Kurve ein so hohes Niveau erreicht, sondern zum Wochenende hin abfällt. Obwohl gerade gegen Ende der Woche Pläne für das Wochenende gemacht werden. Es ist ein deutlicher charakteristischer Verlauf zu sehen, der hier in Anlehnung an die Effekte beim Aktienhandel als **Montagseffekt** der Suchenden bezeichnet wird (siehe Abbildung 4.5).

4.4.2 Eintagsfliegen und Dauerbrenner

Wie die Auswertung der Suchanfragen und Terme zeigte, ergaben die reinen Top-10 Listen über einen Zeitraum von mehreren Monaten keine besonderen Erkenntnisse bzgl. sich verändernder Interessen bei Suchenden. Werden diese Listen jedoch in kurzen Abständen pro Woche oder Tag betrachtet, ergeben sich Fluktuationen wie in Tabelle 4.12 zu sehen ist. In dieser Tabelle sind die Top-10 Listen unterschiedlicher Tage für den Lycos-Datensatz aufgeführt. Es wird in diesem Abschnitt auf die Auswertung von Termen in Abhängigkeit der Zeit eingegangen, um diese Fluktuationen und stabilen Spitzen zu erklären. Bei der Formalisierung werden nur noch Terme in Betracht gezogen. Für Suchanfragen ist das Vorgehen analog. Die Ergebnisse werden für die Suchanfragen und Suchterme dargestellt.

Rang	05.09.2004	10.12.2004	23.12.2004	17.09.2005
1.	+	+	+	damion
2.	lycos	lycos	lycos	mail
3.	in	sex	sex	+
4.	sex	in	in	link
5.	jackie	download	bluetooth-software	lycos
6.	der	paris	hotel	neil
7.	hentai	der	der	sex
8.	mailto	hilton	lastminute	in
9.	the	bilder	porno	add
10.	free	porno	online	hentai

Tabelle 4.12: Top-10 der Suchterme für verschiedene Tage

Bei ZIEN ET AL. (2000) wurde das erste Mal auf sogenannte 'heiße' und 'populäre' Terme eingegangen. Dabei sind heiße Terme solche, die nur in sehr wenigen der zuvor festgelegten Zeitintervallen τ (Stunden, Tage, Wochen,...) nachgefragt werden, wohingegen populäre Terme in nahezu jedem erhobenen Zeitintervall auftauchen.

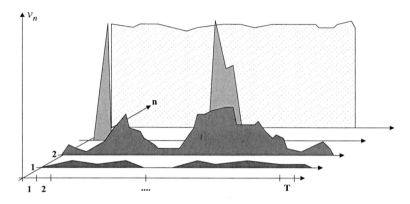

Abbildung 4.6: Beispiel für $v_{n\tau}$

In Abbildung 4.6 sind beispielhafte Verläufe von Termen dargestellt. Hier ist zu erkennen, dass sich manche Terme auf dauerhaft hohem Niveau befinden, während andere nur zeitweise mit hoher Frequenz auftauchen. Für Suchmaschinen-Betreiber ist die Kenntnis häufig wiederkehrender Terme von Interesse, um in diesem Fall mit Empfehlungen oder angepassten Caches im Hintergrund reagieren zu können (siehe XIE/ O'HALLARON (2002) und LEMPEL/ MORAN (2003)). Um heiße und populäre Terme zu identifizieren ist es zweckmäßig zuerst die Verteilung der Terme zu visualisieren. Dies geschieht, indem veranschaulicht wird, wieviele Terme in genau einem, zwei, drei oder mehreren Intervallen auftreten. Mit $\vec{V}(\tau)$, für $\tau = 1, \ldots, T$, ergibt sich die Matrix $\mathcal{V}_{N_T \times T}$ mit den Elementen $v_{n\tau}$, welche in Tabelle 4.13 zu sehen sind. Die Matrix wurde hier bewusst nicht mit '0' aufgefüllt, da es theoretisch möglich ist, dass im ersten Zeitintervall alle Terme auftauchen. Dann wäre im ersten Zeitintervall das Vokabular vollständig und die weiteren Suchanfragen setzten sich daraus zusammen. Dabei würde gelten, dass $v_{n\tau} \neq 0$. Um abhängig von der Suchmaschine Terme auszuschließen, die nur wenige Male innerhalb eines Zeitintervalls auftauchen, wird der Schwellenwert f eingeführt. Liegt ein Term mit der Häufigkeit seines Auftretens innerhalb eines Zeitintervalls τ über diesem Schwellenwert f, $v_{n\tau} > f$, ist dieser Term f-häufig.

$\mathcal{V}$	1	$\ldots$	τ	$\ldots$	T	$\vec{V}^{(T)}$
1	v_{11}	$\ldots$	$v_{1\tau}$	$\ldots$	v_{1T}	$v_1^{(T)}$
$\vdots$	$\vdots$	$\ddots$	$\vdots$	$\ddots$	$\vdots$	$\vdots$
n	v_{n1}	$\ldots$	$v_{n\tau}$	$\ldots$	v_{nT}	$v_n^{(T)}$
$\vdots$	$\vdots$	$\ddots$	$\vdots$	$\ddots$	$\vdots$	$\vdots$
N_T	$v_{N_T 1}$	$\ldots$	$v_{N_T \tau}$	$\ldots$	$v_{N_T T}$	$v_{N_T}^{(T)}$
	$\|\vec{V}(1)\|_1$	$\ldots$	$\|\vec{V}(\tau)\|_1$	$\ldots$	$\|\vec{V}(T)\|_1$	$\Gamma_V^{(T)}$

Tabelle 4.13: Die Matrix $\mathcal{V}_{N_T \times T}$

Damit wird die Matrix $\mathcal{A}^f_{N_T \times (T_o - T_u)}$ erstellt, die angibt, in welchen Zeitintervallen $\tau \in [T_u; T_o]$ ein Term f-häufig war. Für die Elemente $a_{n\tau}(f)$ gilt

$$a_{n\tau}(f) = \begin{cases} 1, & v_{n\tau} \geq f \\ 0, & sonst. \end{cases}$$

In jedem Zeitintervall wird 'abgetastet', ob ein term$_n$ f-häufig war. Die Matrix $\mathcal{A}^f_{N_T \times (T_o - T_u)}$ mit ihren Randsummen ist in Tabelle 4.14 dargestellt. Für die Randsummen gilt, dass $\sum_{\tau \in [T_u; T_o]} a_{n\tau}(f) = c_n(f, [T_u; T_o])$ die Anzahl der Intervalle $\tau \in [T_u; T_o]$ ist, in denen der term$_n$ f-häufig ist. Die Anzahl der Terme, die im Zeitintervall τ f-häufig sind, wird durch $|\{n | a_{n\tau}(f) \neq 0 \wedge \tau \in [T_u; T_o]\}| = b_\tau(f)$ beschrieben.

$\mathcal{A}^f_{N_T \times (T_o - T_u)}$	T_u	$\ldots$	τ	$\ldots$	T_o	
1	$a_{1T_u}(f)$	$\ldots$	$a_{1\tau}(f)$	$\ldots$	$a_{1T_o}(f)$	$c_1(f, [T_u; T_o])$
$\vdots$	$\vdots$	$\ddots$	$\vdots$	$\ddots$	$\vdots$	$\vdots$
n	$a_{nT_u}(f)$	$\ldots$	$a_{n\tau}(f)$	$\ldots$	$a_{nT_o}(f)$	$c_n(f, [T_u; T_o])$
$\vdots$	$\vdots$	$\ddots$	$\vdots$	$\ddots$	$\vdots$	$\vdots$
N_T	$a_{N_T T_u}(f)$	$\ldots$	$a_{N_T \tau}(f)$	$\ldots$	$a_{N_T T_o}(f)$	$c_{N_T}(f, [T_u; T_o])$
	$b_{T_u}(f)$	$\ldots$	$b_\tau(f)$	$\ldots$	$b_{T_o}(f)$	

Tabelle 4.14: Die Matrix $\mathcal{A}^f_{N_T \times (T_o - T_u)}$

Weiter kann für jeden der Terme angegeben werden, in wie vielen Zeitintervallen x der Term häufig ist. Für die Elemente $d_{nx}(f, [T_u; T_o])$ dieser Matrix $\mathcal{D}_{N_T \times (T_o - T_u + 1)}$ gilt:

$$d_{nx}(f, [T_u; T_o]) = \begin{cases} 1, & c_n(f, [T_u; T_o]) = x, \ x \in [0; (T_o - T_u)] \\ 0, & sonst. \end{cases}$$

Die Matrix $\mathcal{D}_{N_T \times (T_o - T_u + 1)}$ ist in Tabelle 4.15 mit den Randsummen dargestellt, wobei gilt, dass $\sum_n d_{nx}(f, [T_u; T_o]) = p_x(f, [T_u; T_o])$.

Mit den Randsummen $p_x(f, [T_u; T_o])$ wird die Anzahl der Terme angegeben, die genau in x Zeitintervallen häufig sind. Diese diskrete Häufigkeitsverteilung von Termen innerhalb des Erhebungszeitraums wird visualisiert. Für die Visualisierung können alle Terme des angelegten Wörterbuchs in Betracht gezogen werden oder auch nur die Top-4000 Terme wie bei Metager.

In Tabelle 4.16 sind die Verteilungen der Terme des Lycos-Datensatzes für verschiedene Schranken f und Zeitintervalle $\tau \in [T_u; T_o]$ dargestellt.

$\mathcal{D}^f_{N_T \times (T_o - T_u + 1)}$	0	$\cdots$	x	$\cdots$	$T_o - T_u$
1	$d_{10}(f, [T_u; T_o])$	$\cdots$	$d_{1x}(f, [T_u; T_o])$	$\cdots$	$d_{1(T_o - T_u)}(f, [T_u; T_o])$
$\vdots$	$\vdots$	$\ddots$	$\vdots$	$\ddots$	$\vdots$
n	$d_{n0}(f, [T_u; T_o])$	$\cdots$	$d_{nx}(f, [T_u; T_o])$	$\cdots$	$d_{n(T_o - T_u)}(f, [T_u; T_o])$
$\vdots$	$\vdots$	$\ddots$	$\vdots$	$\ddots$	$\vdots$
N_T	$d_{N_T 0}(f, [T_u; T_o])$	$\cdots$	$d_{N_T x}(f, [T_u; T_o])$	$\cdots$	$d_{N_T(T_o - T_u)}(f, [T_u; T_o])$
	$p_0(f, [T_u; T_o])$	$\cdots$	$p_x(f, [T_u; T_o])$	$\cdots$	$p_{(T_0 - T_u)}(f, [T_u; T_o])$

Tabelle 4.15: Die Matrix $\mathcal{D}_{N_T \times (T_o - T_u + 1)}$

Die tägliche Betrachtung führt zu einer charakteristischen Kurve wie sie auch bei ZIEN ET AL. (2000) beschrieben wird. Für eine Taktung τ von einem Tag ergibt sich eine charakteristische Form eines sehr weiten 'U'. Viele Terme kommen nur in sehr wenigen Zeitintervallen vor, dann fällt die Kurve ab, um gegen Ende wieder anzusteigen. In diesem Bereich gibt es wieder viele Terme, die in nahezu allen Zeitintervallen häufig sind. Bei dem Schwellenwert $f = 1000$ und $\tau = 1$ Tag ist diese Zweiteilung deutlich zu sehen.

Auf Basis dieses zeitlichen Verlaufs können drei zeitlich abhängige Hauptklassen von Termen bestimmt werden: Terme, die nur in ein oder zwei Zeitintervallen häufig sind, werden als **Eintagsfliegen** (Mayflies) bezeichnet, während die Terme, die in nahezu allen Zeitintervallen auftauchen **Dauerbrenner** (Evergreens) genannt werden. Dazwischen befindet sich das sogenannte **Mittelfeld** (Midfield).

Der Indikator für einen $term_n$, dass er ein Dauerbrenner ist, wird als

$$Evergreen_n(f, [T_u; T_o], \delta) = \begin{cases} 1 & , \ \dfrac{\sum\limits_{\tau \in [T_u; T_o]} a_{n\tau}(f)}{T_o - T_u + 1} \geq \delta \\ 0 & , \ sonst \end{cases}$$

definiert. Durch δ wird der geforderte Prozentsatz an Intervallen angegeben, in denen ein Term häufig sein muss, um als Dauerbrenner bezeichnet zu werden. Erfahrungsgemäß sind Werte für $\delta \geq 0,9$ ausreichend. Dieser Term war damit in 90% aller definierten Zeitintervalle vertreten. Es können aber durchaus auch kleinere Werte als ausreichend angenommen werden.

Eine Eintagsfliege ist vorhanden, wenn

$$Mayfly_n(f, [T_u; T_o]) = \begin{cases} 1 & , \ \sum\limits_{\tau \in [T_u; T_o]} a_{n\tau}(f) = 1 \ \text{bzw. 2} \\ 0 & , \ sonst \end{cases}$$

gilt.

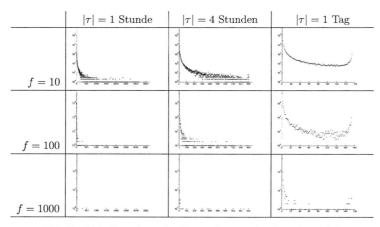

Tabelle 4.16: Verteilung der Terme für verschiedene f und $|\tau|$

In Tabelle 4.17 sind die Anzahl der Elemente für $\tau \in [1; 403]$ Tage und $\delta = 0,9$ der jeweiligen Klassen angegeben.

	$f = 200$	$f = 400$
Eintagsfliegen	4837	2826
Mittelfeld	3880	1713
Dauerbrenner	134	50
Summe	8851	4589

Tabelle 4.17: Ausmaße der zeitlichen Hauptklassen für $f = 200$ und $f = 400$

In Abbildung 4.7 sind diese Mengen gut zu sehen. Es wurde hierbei der Zeitpunkt des ersten Erscheinens eines term_n

$$first_n(f, [T_u; T_o]) = \min\{\tau \in [T_u; T_o] | a_{n\tau}(f) = 1\}$$

auf der x-Achse und der Zeitpunkt des letzten Erscheinens

$$last_n(f, [T_u; T_o]) = \max\{\tau \in [T_u; T_o] | a_{n\tau}(f) = 1\}$$

auf der y-Achse abgetragen. Auf der Winkelhalbierenden liegen Eintagsfliegen, für die $x = y$ gilt. Oben links sind die Terme als schwarzer Pulk zu sehen, deren erstes und letztes Auftauchen sehr weit auseinanderliegen. Das Mittelfeld breitet sich als ungeordnete Punktemenge dazwischen aus.

Bei den obigen Matrizen können statt der Häufigkeiten der Terme $v_{n\tau}$ die Häufigkeiten der Suchanfragen $s_{m\tau}$ eingesetzt werden, um die Menge der Eintagsfliegen und Dauerbrenner von Suchanfragen zu erhalten. Die Charakteristika, die beschrieben wurden, bleiben die gleichen.

Die Verteilung hängt stark von der Schranke f ab. Ist diese zu hoch gewählt, gibt es nur noch Eintagsfliegen, ist diese zu niedrig, ergeben sich zu viele Terme, die dann keine Aussagekraft mehr haben. Die akzeptable Höhe von f ist dabei von der Menge der eingehenden Suchanfragen der beobachteten Suchmaschine, von der Aktualität, der Brisanz der Suchworte und von der Suchmaschine selbst abhängig. Außerdem muss überlegt werden, welche Aussage am Ende der Erhebung getroffen werden soll. Für Strategien, den Cache einer Suchmaschine optimal anzulegen und welche Webseiten in kürzeren Abständen von der Suchmaschine besucht werden sollen, sollten höhere Schwellenwerte verwendet werden. Für empirische Erhebungen und Visualisierungen der Verteilungen und der Darstellung der Charakteristika von Suchtermen sind niedrigere Schwellenwerte von Vorteil.

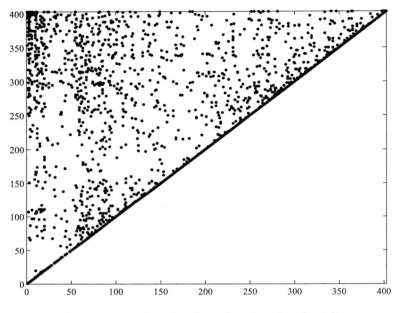

Abbildung 4.7: $first_n(200, [0; 403])$ vs. $last_n(200, [0; 403])$

Im Folgenden werden die Ergebnisse der Suchmaschine Lycos ausführlicher vorgestellt, welche die meistbesuchte Suchmaschine der Erhebung ist. Auf die anderen Suchmaschinen wird nur kurz eingegangen. Wie in Tabelle 4.16 zu sehen war, empfiehlt es sich, die Intervalle auf Tagesbasis zu wählen, da hierdurch die Dauerbrenner deutlich herauskristallisiert werden. Da eine Schwelle von $f = 100$ zu viele Ergebnisse ergab, wurde die Schwelle hier exemplarisch auf $f = 400$ gesetzt. Bei dem Lycos-Datensatz mit $\tau \in [0; 244]$ und $\delta = 0,9$ (90% aller Intervalle) muss für $term_n$ $c_n(400, [0; 244]) \in [219, 6; 244]\}$ gelten, damit es sich bei $term_n$ um einen Dauerbrenner handelt. Terme $term_n$, für die $c_n(400, [0; 244]) \leq 2$ gilt, sind dahingegen Eintagsfliegen. Die Ergebnisse sind in Tabelle 4.18 dargestellt. Es fällt sofort auf, dass unter den Dauerbrenner von Termen sehr häufig 'Quasi'-Operatoren ('+', '-', 'und', 'and', 'or' oder '&'), Stoppwörter ('der', 'die', 'in', 'the', 'von', etc.) und Wörter mit erotischem Bezug zu finden.

	Term	c_i		Term	c_i		Term	c_i		Term	c_i
(o)	+	244	(e)	erotik	243	(e)	fkk	240	(o)	or	234
(o)	-	244	(e)	girls	243	(f)	mit	240	(e)	titten	234
(r)	berlin	244	(e)	nackt	243	(sm)	ebay	239	(m)	video	234
(m)	bilder	244	(e)	sexy	243	(e)	gay	239	(m)	software	233
(f)	der	244	(f)	von	243	(f)	im	239	(e,r)	hilton	232
(f)	die	244	(a)	de	242	(sm)	google	238	(e)	hardcore	229
(m)	download	244	(e)	frauen	242	(sh)	kostenlos	238	(o)	&	228
(m)	free	244	(r)	hotel	242	(e)	nude	238	(e)	manga	228
(e)	hentai	244	(f)	of	242	(e)	porn	238	(m)	chat	227
(f)	in	244	(m)	online	242	(sh)	kostenlose	237	(sh)	test	227
(sm)	lycos	244	(e,r)	paris	242	(m)	mp3	237	(sh)	gratis	225
(e)	porno	244	(o)	and	241	(r)	hamburg	236	(m)	musik	223
(e)	sex	244	(f)	für	241	(e)	pics	236	(r)	münchen	223
(f)	the	244	(f)	2	240	(e)	girl	235	(a)	auto	222
(o)	und	244	(m)	dvd	240	(sh)	shop	235	(e)	gina	221
									(f)	das	220

Tabelle 4.18: Dauerbrenner von Terme bei Lycos für $f = 400, \tau \in [0; 244]$

In den Klammern vor den Termen sind Kategorien angegeben, in welche die Wörter unterteilbar sind. Dabei wurden die Themengebiete Allgemeines (a), Erotik (e), Füllwörter (f), Multimedia & Musik (m), Operatoren (o), Reise (r), Shopping (sh) und Suchmaschinen (sm) definiert. Da 'paris' und 'hilton' sehr oft vorkamen, wurde daraus geschlossen, dass 'paris hilton' gemeint sein könnte, weswegen hier zwei Themengebiete angegeben wurden.

Von den 61 identifizierten Dauerbrennern von Termen fallen 19 in den Themenbereich Erotik und weitere elf stellen Füllwörter dar. Bemerkenswert hierbei ist, dass über die Zeit gesehen täglich erotische Inhalte nachgefragt werden, auch wenn dieses in der Umfrage verneint wird und bei SPINK ET AL. (2002a) erwähnt wird, dass sich die Anfragen inhaltlich von 'E-Sex' nach 'E-Commerce' umorientiert haben.

Interessant ist, dass ein hoher Anteil aus Füllwörtern besteht, welche auf die Suche keinen Einfluss haben, da sie von den meisten Suchmaschinen nicht in Betracht gezogen werden. Demnach ist bei Suchenden die natürliche Sprache fest verankert, so dass nicht mit einer reinen Verschlagwortung gearbeitet wird.

2054 Eintagsfliegen wurden gefunden, die die verschiedensten Themengebiete an-
schneiden und nur in ein oder zwei Intervallen über den Schwellenwert kamen
und damit häufig waren. Auf Grund des Umfangs der Termmenge wird hier auf
eine vollständige Enumeration verzichtet. Zudem bringt die Kenntnis dieser Terme wenig, da in einem solchen kurzen Zeitraum kaum mit geeigneten Strategien
reagiert werden kann.

	Term	c_i		Term	c_i
(o)	+	244	(m)	download	237
(f)	in	244	(e)	porno	237
(sm)	lycos	244	(e)	hentai	236
(e)	sex	244	(o)	-	235
(sh)	free	240	(f)	für	235
(f)	der	239	(f)	von	233
(m)	bilder	238	(r)	berlin	232
(f)	the	238	(f)	die	227
(o)	und	238	(e)	erotik	223
			(r)	hotel	223

Tabelle 4.19: Dauerbrenner der Terme bei Lycos für $f = 1000, \tau \in [0; 244]$

Für einen Schwellwert von $f = 1000$ ist die Liste der Dauerbrenner von Termen in
Tabelle 4.19 angegeben. Hier sind immer noch sehr viele Füllwörter und falsch verwendete Operatoren vorhanden. Nahezu die Hälfte der Dauerbrenner von Suchbegriffen macht diese 'nutzlose' Kategorie aus. Für die erhobenen Suchanfragen
ist das Ergebnis für $f = 400$ in Tabelle 4.20 aufgezeigt. Die Dauerbrenner von
Suchfragen bestehen aus nur einem Term, und fallen entweder in das Themengebiet Erotik oder Suchmaschinen.

	Term	c_i		Term	c_i
(e)	hentai	244	(e)	erotik	238
(sm)	lycos	244	(sm)	google	236
(e)	sex	243	(sm)	ebay	234
(e)	porno	242	(e)	fkk	222

Tabelle 4.20: Dauerbrenner der Suchanfragen bei Lycos für $f = 400, \tau \in [0; 244]$

Tabelle 4.21 und 4.22 zeigt die Ergebnisse für die Suchmaschine Fireball. Bei
den Termen erbrachte die Schwelle $f = 400$ 84 Dauerbrenner der Terme, was eine
vollständige Aufzählung unübersichtlich macht. Die Schwelle wurde deswegen auf

$f = 500$ erhöht. Auf Grund des geringeren Volumens an Suchanfragen wurde die Schwelle auf $f = 100$ gesetzt, um die häufigen Suchanfragen zu erhalten. Die weiteren Parameter bleiben gleich.

	Term	c_i		Term	c_i
(o)	+	244	(r)	hotel	239
(sh)	free	244	(e)	nackt	239
(f)	in	244	(r)	berlin	238
(e)	sex	244	(f)	für	238
(e)	porno	243	(e)	sexy	238
(m)	download	242	(f)	von	238
(e)	hentai	242	(e)	pics	237
(o)	-	241	(a)	online	233
(f)	der	241	(e)	fkk	232
(o)	und	241	(o)	or	232
(m)	bilder	240	(e)	porn	232
(e)	erotik	240	(e)	nude	229
(e)	girls	240	(f)	the	229
(o)	and	239	(f)	die	225
			(e)	frauen	225

Tabelle 4.21: Dauerbrenner der Terme bei Fireball für $f = 500, \tau \in [0; 244]$

	Term	c_i		Term	c_i
(e)	porno	244	(e)	nackt	241
(e)	titten	244	(e)	pussy	240
(e)	bondage	243	(e)	penis	238
(e)	erotik	243	(e)	vagina	238
(e)	anal	242	(e)	hardcore	237
(e)	blowjob	242	(sm)	lycos	237
(e)	fkk	242	(e)	paris hilton	232
(e)	gina wild	242	(e)	busen	231
(e)	hentai	242	(e)	porn	231
(e)	sex	242	(e)	lesben	230
(e)	muschi	241	(e)	manga	225

Tabelle 4.22: Dauerbrenner der Suchanfragen bei Fireball für $f = 100, \tau \in [0; 244]$

In beiden Tabellen ist zu erkennen, dass die Suchwörter und -anfragen überwiegend erotischer Natur sind. Zudem sind die Dauerbrenner von Suchanfragen sehr kurz formuliert.

Der Vergleich der Ergebnisse beider Suchmaschinen zeigt, dass die Listen sehr ähnlich aufgebaut sind. Dies betrifft die Nutzung von 'Operatoren', die Nutzung von Füllwörtern und erotisch-orientierter Wörter in der gleichen Weise. Die Metasuchmaschinen haben ein deutlich geringeres Volumen an Suchanfragen. Zur Ermittlung der Dauerbrenner von Termen wurde deswegen bei Metager $f = 50$ gewählt. Der Erhebungszeitraum wurde bei diesem Beispiel mit $\tau \in [0; 154]$ kürzer gewählt. Hier tauchten bei gleichen Parametern die folgenden Dauerbrenner auf (Tabelle 4.23).

	Term	c_i		Term	c_i
(f)	der	152	(r)	routenplaner	145
(m)	download	148	(f)	in	144
(sm)	google	145	sm	ebay	143
			(f)	und	139

Tabelle 4.23: Dauerbrenner der Suchanfragen bei Metager für $f = 50, \tau \in [0; 154]$

Bei $f = 10$ kamen noch Städtenamen wie Berlin, Hamburg und Hannover hinzu. Des Weiteren wurde nach Begriffen gesucht, die in den Themenbereich Reise passen. Bei den Suchanfragen wurde sofort eine niedrige Schwelle von $f = 10$ angesetzt. Die Dauerbrenner von Suchanfragen sind in Tabelle 4.24 aufgeführt.

Bei der Suchmaschine Metaspinner fielen bei $f = 50, \tau \in [0; 154]$ nur vier Begriffe in den Bereich der Dauerbrenner von Termen (+, in, download, der), wobei die weiteren Begriffe ein ähnliches Bild wie oben abgeben, wenn die Schwelle niedriger gesetzt wird. Es wird neben Füllwörtern und 'Operatoren' nach Wörtern gesucht, die zum Themengebiet Reise passen. Es bestätigt sich die Vermutung von oben, dass in Metasuchern differenzierter gesucht wird, als in generellen Suchmaschinen.

	Term	c_i		Term	c_i
(sm)	ebay	147	(m)	gmx	145
(sm)	google	147	(e)	erotik	144
(r)	routenplaner	147	(sm)	www.google.de	144
(e)	sex	147	(e)	porno	(142)
(a)	telefonbuch	147	(e)	porno	142
(sm)	www.ebay.de	146	(a)	telefonauskunft	142

Tabelle 4.24: Dauerbrenner der Suchanfragen Metager für $f = 10, \tau \in [0; 154]$

Durch die Aufteilung in Eintagsfliegen und Dauerbrenner der Terme ist es möglich neben den kurzfristigen Top-N Listen auch die kontinuierlich interessanten Terme zu ergründen, um so Strategien abzuleiten, die für Suchmaschinen und für Website-Betreiber von Interesse sind. Die Eintagsfliegen der Terme stellen eine sehr große Menge dar und wurden deswegen im Rahmen dieser Arbeit nicht näher angegeben. Die Auflistung der Dauerbrenner von Termen zeigte, dass vielfach nach erotischen Inhalten gesucht wird. Ein weiterer Anteil entfällt auf falsch verwendete Operatoren und Füllwörter, die bei der eigentlichen Suche nichts nützen. Ein weiteres großen Suchgebiet repräsentiert das Thema 'Reise'.

Die Dauerbrenner von Suchanfragen zeigen ähnliche Ergebnisse, wobei hier die Füllwörter und 'Operatoren' logischer Weise keine gesonderte Rolle mehr spielen.

4.4.3 Impulse und Events

Bei den oben angeführten Ergebnissen und der Gruppierung der Suchanfragen und Terme in zwei zeitlich grundsätzlich unterschiedliche Gruppen werden gute Ergebnisse im Bereich der Dauerbrenner und Eintagsfliegen bei Suchanfragen und Termen erzielt. Ein Problem ist jedoch das Mittelfeld, in dessen Bereich auch Terme fallen, die interessant sind, da sie über steigende und fallende Interessenslagen der Suchmaschinennutzer Auskunft geben. Das Problem, die 'Gewinner' und 'Verlierer' in Suchanfragen zu identifizieren ist bei HENZINGER (2003) als interessant und offen beschrieben. Die Kenntnis dieser kurzfristig auftauchenden Interessen befähigt eine Suchmaschine, dem Suchenden bestimmte Seiten zu empfehlen oder zu diesem Thema ähnliche Suchanfragen anzugeben. Eine weitere Möglichkeit besteht darin, die Teile des Indexes, die solche 'brisanten' Themen enthalten, in kurzen Zeitabständen zu erneuern, um aktuelle Nachrichten ebenfalls in Form von Suchergebnissen zur Verfügung stellen zu können.

In Anbetracht der Häufigkeiten, mit der Suchanfragen wiederholt auftreten, ist es bei Suchanfragen nahezu unmöglich alle neu auftauchende Suchanfragen und deren zeitlichen Verlauf zu beobachten. Es werden deswegen im weiteren Verlauf des Kapitels die zugrunde liegenden Terme der Suchanfragen als Daten herangezogen. Dies geschieht vor allem basierend auf der Tatsache, dass die Anzahl der Dimensionen bei der Betrachtung der Terme bedeutend langsamer steigt.

Beim Text Mining werden grundsätzlich die Begriffe Topic (z.B. Baseball) und
Event (z.B. 6. Baseballspiel der Weltmeisterschaften 1975) unterschieden. Die
Grenze zwischen diesen beiden Begriffen kann unter Umständen fließend sein. Des
Weiteren kann ein Ereignis unerwarteter (Naturkatastrophe, Tod einer berühmten
Persönlichkeit) oder erwarteter Natur (Weltmeisterschaften, Wahlen) sein (YANG
ET AL. (1998) und LENT ET AL. (1997)). Im Rahmen des Suchverhaltens wird
hier ein Topic dahingehend definiert, dass verschiedene Terme, mit denen nach
dem gleichen Thema oder den gleichen Inhalten gesucht wird, zusammengefasst
werden. Zudem werden hier nicht nur Events, sondern auch Impulse betrachtet.
Impulse sind unvorhergesehene Ereignisse. Events sind Ereignisse, die einen fe-
sten Termin des Eintretens haben und damit vorhersehbar sind oder wiederholt
in mehr oder weniger regelmäßigen Abständen auftauchen. Die charakteristischen
Verläufe von Eintagsfliegen, Impulsen, Events und Dauerbrennern werden in den
folgenden Abbildungen verdeutlicht. Der Übergang von der einen zu der anderen
Bezeichnung ist fließend.

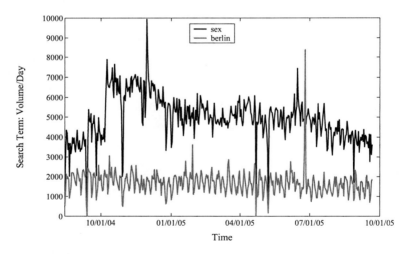

Abbildung 4.8: Beispiel für Dauerbrenner

In Abbildung 4.8 ist ein Beispiel für den zeitlichen Verlauf von Dauerbrennern gegeben. Hier ist eine imaginäre Linie vorstellbar, die den Schwellwert f beschreibt.
Nur Terme die mindestens so oft an einem Tag nachgefragt werden, werden als

häufige Terme bezeichnet. In diesem Beispiel ist der Verlauf der Häufigkeiten der Terme 'Sex' und 'Berlin' anhand des Lycos-Datensatzes gezeigt. Abbildung 4.8 zeigt, dass die Häufigkeiten von Dauerbrennern der Terme Schwankungen ausgesetzt sind, aber im Grunde immer über einem definierten Schwellenwert (z.B. $f = 400$) liegen. In Abbildung 4.9 sind Beispiele für den zeitlichen Verlauf der Häufigkeiten von Impulsen und Eintagsfliegen angegeben. Ein Impuls tritt innerhalb einer kurzen Zeitspanne auf und verschwindet dann wieder, da er nicht mehr interessant genug ist, um häufig zu sein. In diesem Fall stellt das Wort 'Erdbeben' eine Eintagsfliege dar, die an dem Tag nach dem Erdbeben in Freiburg (05.12.2004), kurzzeitig interessant wurde.

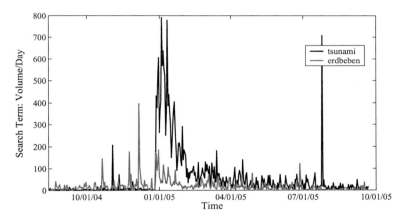

Abbildung 4.9: Beispiel für Impulse und Eintagsfliegen

Wie aber aus Abbildung 4.9 auch zu entnehmen ist, wird das Wort Erdbeben etwas später zu einem Impuls, denn während der Flutkatastrophe nach einem Seebeben im Indischen Ozean im Dezember 2004 wurde auch dieser Term wieder verstärkt nachgefragt.

Ein Term ist nur dann eine Eintagsfliege, wenn er in einem festgelegten Zeitraum (z.B. ein Jahr) nur ein oder zwei mal den Schwellenwert f erreicht. Ist dies öfter der Fall, wird der Term zu einem Impuls, vor allem wenn er lange nicht auftritt und dann während eines kurzen Zeitfensters verstärkt nachgefragt wird. Ein Impuls ist unerwartet und tritt unter anderem nach Naturkatastrophen oder nach

dem Tod einer berühmten Persönlichkeit auf. Ein sehr bekannter Impuls war im
Jahr 2004 die entblößte Brust von Janet Jackson beim Superbowl 2004 in den
USA (CHARNY (2004)).

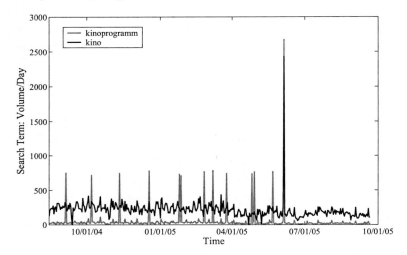

Abbildung 4.10: Beispiele für Events: Kino

Zu erwartende Events, die in relativ regelmäßigen Abständen wiederkehren sind
in Abbildung 4.10 gezeigt. Hier ist der zeitliche Verlauf der absoluten Häufigkeiten der Terme 'Kino' und 'Kinoprogramm' gegeben. Der Term 'Kinoprogramm'
tritt nahezu jeden Monat relativ regelmäßig auf, während der Term 'Kino' den
Verlauf eines Dauerbrenners aufweist, wobei die Anzahl der Suchanfragen meist
unter 400 liegt. Es sind aber auch andere Terme wie 'Weihnachten' denkbar,
die auf höherem zeitlichen Aggregationslevel wiederholt (einen Monat im Jahr)
vorkommen (siehe Abbildung 4.11).

Zwischen Impulsen und Events gibt es einen weiteren deutlichen Unterschied.
Bei Impulsen steigt die Menge der Suchanfragen beim Auftreten von unerwarte-
ten Ereignissen abrupt an, um dann mit sinkendem Interesse wieder abzufallen.
Events hingegen haben die Spitze des Volumens der Suchanfragen am Ende, be-
ziehungsweise am Tag des erwarteten Ereignisses (siehe Abbildung 4.11). Bei
Vorankündigungen einer Naturkatastrophe kann eine Mischform entstehen.

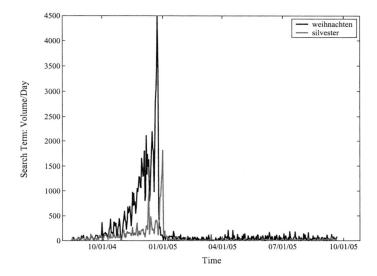

Abbildung 4.11: Beispiele für Events: Weihnachten

Bei der Betrachtung von Abbildung 4.9 und 4.10 fällt auf, dass in Abbildung 4.9 vor und nach dem Impuls die Menge der Suchanfragen nahe Null liegt, während die Menge der Dauerbrenner fortlaufend auf hohem Niveau bleibt. Auf Grund der Gestalt der Linie, die das Informationsbedürfnis der Suchenden wiedergibt, und bei brisanten Themen explosionsartig ansteigt, wird diese als **Interessenslinie** bezeichnet. Mit dem Interesse an der Information, das von deren Aktualität und Brisanz abhängt, steigt und fällt diese Interessenslinie. Es gibt hohe oder niedrige Signale des Informationsbedürfnisses. Dauerbrenner haben eine sehr hohe Interessenslinie, trotzdem sind Schwankungen auffällig, sie rauschen auf hohem Niveau. Andere Terme rauschen auf sehr niedrigem Niveau. Mit Hilfe dieser unteren und oberen Grenze wird die **Informationsbandbreite** des Interesses der Suchenden definiert. Im folgenden Abschnitt werden diese Erkenntnisse formalisiert.

Die untere Linie der Bandbreite wird durch f angegeben, da damit das niedrigere Rauschen abgeschnitten und entschieden wird, ab wann ein Signal als ein tatsächliches Informationsbedürfnis angesehen wird. Die obere Grenze (upper bound ub) wird hier als durch die drei Berechnungsmöglichkeiten

$$ub_1(f, [T_u; T_o], \delta) = \min_{\{n|Evergreen_n(f,[T_u;T_o],\delta)=1\}} \left\{ \frac{\sum_{\tau \in [T_u;T_o]} v_{n\tau}}{T_o - T_u + 1} \right\}$$

$$ub_2(f, [T_u; T_o], \delta) = \frac{\sum_{\{n|Evergreen_n(f,[T_u;T_o],\delta)=1\}} \sum_{\tau \in [T_u;T_o]} v_{n\tau}}{(T_o - T_u + 1) \sum_{n} Evergreen_n(f, [T_u; T_o], \delta)}$$

$$ub_3(f, [T_u; T_o], \delta) = \max_{\{n|Evergreen_n(f,[T_u;T_o],\delta)=1\}} \left\{ \frac{\sum_{\tau \in [T_u;T_o]} v_{n\tau}}{T_o - T_u + 1} \right\}$$

definiert. Dabei ist $ub_1(f, [T_u; T_o], \delta)$ der maximale Durchschnitt der Signalstärke eines Dauerbrenners, wohingegen $ub_2(f, [T_u; T_o], \delta)$ der Mittelwert der Höhe der Signale aller Dauerbrenner über den gesamten Zeitraum ist.

Die Schranke $ub_3(f, [T_u; T_o], \delta)$ ist als minimaler Durchschnitt der Signalstärke eines Dauerbrenners definiert. Die Werte für den Lycos-Datensatz sind in Tabelle 4.25 angegeben ($\tau \in [0; 403]$).

	$f = 200$	$f = 400$
$ub_1(f, [T_u; T_o], \delta)$	326,6	644,8
$ub_2(f, [T_u; T_o], \delta)$	1.003,1	1.873,1
$ub_3(f, [T_u; T_o], \delta)$	11.003,1	11.003,1

Tabelle 4.25: Obere Grenzen der Bandbreite für $f = 200$ und $f = 400$

Zur Definition von Impulsen und Events werden an dieser Stelle der Zeitpunkt des erstens Auftretens ($first_n(f, [T_u; T_o])$) und der Zeitpunkt des letzten Auftretens ($last_n(f, [T_u; T_o])$) wieder aufgegriffen, um die Impulskomponente

$$imp_n(f, [T_u; T_o]) = \frac{\sum_{\tau \in [T_u;T_o]} a_{n\tau}(f)}{last_n(f, [T_u; T_o]) - first_n(f, [T_u; T_o]) + 1}$$

zu definieren. Weiter wird die Eventkomponente $event_n(f, [T_u; T_o], taktelement)$ eines Termes $term_n$ definiert. Die Impulskomponente gibt an wie intensiv das Erscheinen eines Termes zwischen dem ersten und letzten Auftauchen prozentual gesehen war. Ein Term, der nur in einem kurzen Zeitraum in Erscheinung tritt und dabei in jedem definierten Zeitintervall häufig ist, besitzt eine hohe Impulskomponente. Ein Term, der nur am ersten und am letzten Tag des Beobachtungszeitraums gesichtet wurde, hat dahingegen eine kleine Impulskomponente.

Bei einem Event sollen bestimmte Effekte untersucht werden, beispielsweise, welche Suchbegriffe am häufigsten an einem bestimmten Wochentag nachgefragt werden. Mit den Definitionen von oben gilt

$$\mathcal{E}_{taktelement}([T_u; T_o]) = \{\tau \in [T_u; T_o] | \; identitaet(\tau) = taktelement\}$$

und für die Eventkomponente

$$event_n(f, [T_u; T_o], taktelement) = \frac{\sum\limits_{\mathcal{E}_{taktelement}([T_u; T_o])} a_{n\tau}(f)}{|\mathcal{E}_{taktelement}([T_u; T_o])|} \geq \gamma.$$

Für einen Event können auch neue *aggregat*-Mengen definiert werden, wie beispielsweise verschiedene Ferienzeiten und Arbeitstage. Andere Aufteilungen sind denkbar.

Es gelten folgende Definitionen für Impulse und Events:

Ein **Impuls** ist unvorhersehbar, er zeichnet sich durch ein sehr plötzlichen Anstieg des Signals des Informationsbedürfnis aus, bleibt für ein kurzes Zeitfenster interessant, um dann wieder zu verschwinden. Dabei muss die Impulskomponente über einem Schwellenwert $\epsilon \in [0; 1]$ liegen.

$$Impulse_n(f, [T_u; T_o], \delta, \epsilon) = \begin{cases} 1 & , \; (*) \\ 0 & , \; sonst \end{cases}$$

$(*)$ \quad $imp_n(f, [T_u; T_o]) \geq \epsilon \; \wedge$

$Evergreen_n(f, [T_u; T_o], \delta) = Mayfly_n(f, [T_u; T_o]) = 0$

Ein **Event** zeichnet sich ebenfalls durch Anstiege in den Signalen aus, kehrt aber in absehbaren Zeitabständen wieder und ist ebenfalls nur über einen kurzen Zeitraum von Interesse. Die Eventkomponente sollte über einem Schwellenwert $\gamma \in [0; 1]$ liegen.

$$Event_n(f, [T_u; T_o], \delta, \gamma, taktelement) = \begin{cases} 1 & , \; (**) \\ 0 & , \; sonst \end{cases}$$

$(**)$ \quad $event_n(f, [T_u; T_o], taktelement) \geq \gamma \; \wedge$

$Evergreen_n(f, [T_u; T_o], \delta) = Mayfly_n(f, [T_u; T_o]) = 0$

Ein Event kann dabei auf Basis verschiedener Wochentage oder Monate untersucht werden. Je nachdem, welches periodische Auftreten angenommen wird, werden unterschiedliche Events gefunden. Die Möglichkeiten sind dabei von der Dauer des erhobenen Zeitraumes abhängig.

Um bei Impulsen und Events das explosionsartige Ansteigen des Volumens der Suchanfragen einzubeziehen, muss für den $term_n$ gelten, dass:

$$\exists\ \tau \in [T_u; T_o],\ \text{mit}\ v_{n\tau} \geq ub_u(f, [T_u; T_o], \delta),\ \text{mit}\ u \in \{1, 2, 3\}$$

Damit ist der explosionsartige Anstieg, ein sogenannter **Burst**, definiert, der wie oben erwähnt charakteristisch für Impulse und Events ist. Ein Term weist an einem Tag ein höheres Volumen auf, als durch eine der oberen Schranken $ub_u(f, [T_u; T_o], \delta)$ festgelegt und übersteigt damit die Informationsbandbreite.

Die Ergebnisse der Impulse und Events (der Wochentage) für verschiedene $f = 200, 400$, $\epsilon = 0, 5; 0, 7; 0, 9$ und $\gamma = 0, 7; 0, 9$, $\delta = 0, 9$ und für verschiedene $ub_u(f, [T_u; T_o], \delta)$ ($u = 1, 2, 3$ und '-' ohne Begrenzung) sind in Tabelle 4.26 und 4.27 für den Lycos-Datensatz dargestellt. Laut Definition ist eine Eintagsfliege kein Impuls, da aber Eintagsfliegen den gleichen explosionsartigen Anstieg aufweisen werden sie in die Betrachtung mit eingeschlossen, um das Ausmaß des Vorkommens abzuschätzen. In Tabelle 4.26 wurden zur Veranschaulichung die Ergebnisse gegenübergestellt. Tabelle 4.26 zeigt, dass sich die oberen Schranken für das Auftreten eines Impulses einschränkender auswirken, als die Vorgabe, dass Impulse länger als einen Tag in Erscheinung treten. Zudem ist erkennbar, dass ein Großteil der Impulse über den Schranken liegen. Je nach Anwendung ist es daher möglich die umfangreiche Menge der Eintagsfliegen mit einzuschließen und die Schranke $ub_u(f, [T_u; T_o], \delta)$ dementsprechend zu wählen.

Zur Darstellung welche Wörter zu den Impulsen gehören, werden hier zur Übersichtlichkeit nur die Suchterme für $f = 200, 400$, $ub_3(200, [0; 403], 0, 9)$ und $\gamma = 0, 9$ angegeben, wobei die Eintagsfliegen weggelassen werden.

$\underline{f = 200,\ ub_3(200, [0; 403], 0, 9)\ \text{und}\ \gamma = 0, 9}$: au, bill, brabus, chip, delete, gachnang, garb, inmobiliaria, link:http://www., lloret, mod, ohrenkorrekturen, plexiglasgehäuse, pressearbeit, privatschule, propangas, ps, verein.

$f = 400$, $ub_3(400, [0; 403], 0, 9)$ und $\gamma = 0, 9$: au, bill, chip, delete, gachnang, garb, inmobiliaria, link:http://www., lloret, mar, mod, ohrenkorrekturen, plexiglasgehäuse, pressearbeit, privatschule, propangas, ps, pérou.

f	ϵ	Burst	Anzahl Impulse ohne Eintagsfliegen	Anzahl Impulse mit Eintagsfliegen
200	0,5	-	496	5.333
		1	409	2.777
		2	187	1.167
		3	30	113
	0,7	-	347	5.184
		1	287	2.658
		2	129	1.109
		3	28	111
	0,9	-	233	5.070
		1	177	2.548
		2	64	1.044
		3	18	101
400	0,5	-	259	3.085
		1	201	1.969
		2	104	780
		3	24	131
	0,7	-	185	3.011
		1	134	1.902
		2	67	743
		3	19	126
	0,9	-	145	2.971
		1	97	1.865
		2	52	728
		3	18	125

Tabelle 4.26: Gefundene Impulse

Insgesamt erschienen diese Terme zwei bis fünf Tage lang. Es muss dabei noch einmal darauf hingewiesen werden, dass bei diesem Beispiel die Impulskomponente sehr hoch gewählt wurde. Weiterhin ist auffällig, dass sich diese Terme unterscheiden. Das hängt damit zusammen, dass die Funktion $p_x(f, [T_u; T_o])$ durch unterschiedliches f verändert wurde (siehe Tabelle 4.16).

Für die Eventkomponente ϵ wurden nur die Werte $0, 7$ und $0, 9$ betrachtet. In Tabelle 4.27 ist die Anzahl der Events für unterschiedliche Wochentage mit und ohne Betrachtung der verschiedenen $ub_u(f, [T_u; T_o], \delta)$ angegeben. Die Ergebnisse werden im Anschluss kurz angegeben. Auf monatlich wiederkehrende Events wird hier nicht eingegangen, die Berechnung erfolgt gleichermaßen. Es sei an dieser Stelle darauf hingewiesen, dass hier keine 'reinen' Events dargestellt werden. Ein 'Montagsevent' ist unter Umständen auch an einem Dienstag vertreten, wie die Ergebnisse zeigen werden. Zur Betrachtung eines 'reinen' Events, darf es nur genau ein *taktelement* $\in$ *aggregat* geben, für das

$$event_n(f, [T_u; T_o], taktelement) > \gamma$$

gilt.

f	γ	Burst	#Mo	#Di	#Mi	#Do	#Fr	#Sa	#So
200	0,7	-	127	126	106	93	67	20	53
		1	127	126	106	93	67	19	53
		2	81	81	69	60	49	17	38
		3	8	8	8	8	6	1	5
	0,9	-	48	52	35	14	3	4	4
		1	48	52	35	14	3	3	4
		2	33	34	23	10	3	3	3
		3	3	4	3	1	3	0	0
400	0,7	-	53	53	44	41	26	7	20
		1	53	53	44	41	26	7	20
		2	19	19	18	14	11	2	9
		3	2	2	2	1	1	0	0
	0,9	-	22	23	15	7	0	2	1
		1	22	23	15	7	0	2	1
		2	10	12	8	5	0	1	0
		3	1	1	1	1	0	0	0

Tabelle 4.27: Gefundene Events

Aus Tabelle 4.27 ist ersichtlich, dass alle betrachteten Events bis auf eine Ausnahme über $ub_1(f \in \{200, 400\}, [0; 403], 0, 9)$ liegen. Zudem sieht man einen ähnlichen Verlauf der Intensität des Suchverhaltens, wie dies in Tabelle 4.5 gezeigt wurde.

Bei den Events ($f = 200$, $\gamma = 0, 9$ und $ub_3(200, [0; 403], 0, 9)$) wurde unter der Woche nach Städten ('stuttgart', 'essen', 'leipzig', 'stadt') gesucht, freitags waren 'suchmaschinen' von Interesse. Bei der Betrachtung der Ergebnisse ($f = 400$, $\gamma = 0, 9$ und $ub_3(400, [0; 403], 0, 9)$) zeigte sich, dass unter der Woche (Mo-Do) nach 'hotels' gesucht wird. Am Samstag spielt 'reisen' eine verstärkte Rolle, während am Sonntag nach 'chat' gesucht wird. Bei niedrigerem $\gamma = 0,7$ gehört auch 'immobilien' zu den Events $(ub_2(400, [0; 403], 0, 9))$.

Impulse und Events werden durch das Suchverhalten definiert und können mit einfachen Entscheidungsregeln aufgespürt werden. Periodizitäten, auch auf einem Aggregationsniveau von Wochentagen, sind vorhanden und können ebenfalls erkannt werden.

4.5 Inhaltliche Auswertung von Termen

Das Entdecken von bestimmten Themen basierte ursprünglich auf der Idee, in Nachrichten, die kontinuierlich in eine Datenbank 'fließen', ähnliche Meldungen und/oder neue Meldungen zu erkennen (vgl. LENT ET AL. (1997)). ALLAN (2002) und KLEINBERG (2005) geben über die verschiedenen Methoden einen guten Überblick. KLEINBERG (2005) beschreibt die grundsätzlichen Herangehensweisen und gibt Anmerkungen zu weiterführender Literatur (siehe hier CHARIKAR ET AL. (2002) oder LAVRENKO ET AL. (2000)), während ALLAN (2002) verschiedene Programme vorstellt, mit denen solche Daten- oder Nachrichtenströme und Topics visualisierbar sind (siehe MONTES-Y-GÓMEZ (2001), SWAN/ JENSEN (2000) oder YANG ET AL. (1998)). Eine ähnliche Übersicht ist bei KONTOSTATHIS ET AL. (2003) gegeben.

Die Kernaufgabe des 'Topic Detection und Tracking' liegt im Segmentieren von Nachrichten, im Auffinden von Themengebieten oder Topics, dem Verfolgen des Verlaufs von Themen (Zu- oder Abnahme von Dokumenten) und im Aufspüren von verbundenen Meldungen (vgl. KLEINBERG (2005), MORINAGA/ YAMANISHI (2004), ROY ET AL. (2002) und SCHULTZ/ LIBERMAN (1999)). Das Erfassen von neuen Themen ist ebenfalls ein grundlegendes Problem und wird in Anlehnung an neue Nachrichten-Ströme in der Literatur 'First Story Detection' genannt.

In der Literatur werden verschiedene Möglichkeiten angesprochen, um den einzelnen Aufgaben bei Nachrichten und Texten in Datenbanken gerecht zu werden. Das Klassifizieren von Texten ist eine der Kernaufgaben des Text Mining, deshalb werden hier zur Lösung auch entsprechende Methoden aus dem Text Mining Bereich übernommen. Ein Beispiel sei hier mit der Berechnung des Cosinuswinkels gegeben, der durch die Termfrequenz und die inverse Dokumenthäufigkeit modifiziert wird (SCHULTZ/ LIBERMAN (1999)), um Ähnlichkeiten zwischen Dokumenten festzustellen.

Zur Klassifikation von verbundenen Nachrichten seien an dieser Stelle noch drei grundlegende Eigenschaften genannt (vgl. YANG ET AL. (1998))

- Texte, die das gleiche Ereignis als Thema haben, werden zu ähnlichen Zeitpunkten auftreten und auch ein ähnliches Vokabular in den Texten zu Grunde liegen haben.

- Eine zeitliche Lücke zwischen der explosionsartig ansteigenden Menge von Dokumenten mit ähnlichem Inhalt, weist oft auf verschiedene Ereignisse hin (Flugzeugabsturz und etwas später eine Naturkatastrophe).

- Neue Texte werden oft dadurch deutlich, dass ein anderes Vokabular in diesen Texten zu Tage tritt.

Auf die genauen Modelle soll in diesem Rahmen nicht eingegangen werden, da hier keine Textdatenbanken mit darin enthaltenen Nachrichten gegeben sind, sondern sehr kurze Suchanfragen. Auf Basis dieser sehr spärlichen Information wird trotzdem versucht, Interessensgebiete von Suchenden zu identifizieren.

Bei solchen elementaren Teilchen wie Termen in Suchanfragen, können nicht die Methoden angewendet werden, die bei dem Klassifizieren von Dokumenten zur Verfügung stehen. Bei Termen sind keine weiteren charakteristischen Merkmale gegeben, wie das bei Texten und den darin enthaltenen Wörtern und spezifischen Ausdrücken der Fall ist. Den Termen werden charakteristische Merkmale angehängt, indem die oben definierten Formeln und Mengendarstellungen verfeinert werden. Die generelle Herangehensweise dabei ist, dass vor allem mit der Ähnlichkeit des Auftretens eines Termes über die Zeit gearbeitet wird. Die Terme werden so auf Grund ihrer zeitlichen Ähnlichkeit in CLuster unterteilt. Zusätzlich ist es interessant, ob diese Cluster auch inhaltlich in sich hogen sind. Die Anwendungsmöglichkeiten dafür sind vielfältig und werden im Fazit zusammenfassend dargestellt.

Es werden im Folgenden Möglichkeiten vorgestellt, um Cluster um Impulse und Events bzw. im zeitlichen Sinn ähnliche Terme zu entdecken.

4.5.1 Cluster um Impulse und Events

Um ein Gespür dafür zu bekommen wie Termcluster um Impulse gestaltet sind, wurden bekannte Impulse, die innerhalb des Erhebungszeitraumes auftraten, näher betrachtet. Hierunter fallen der Tsunami nach einem Seebeben im Indischen Ozean 2005 ($\tau = 137$, Lycos), der Tod des Papstes Johannes Paul II ($\tau = 232$, Lycos). Mit den bisherigen Erkenntnissen und der Definition eines Impulses wurde zusätzlich die Einschränkung des ersten Auftretens $first_n(f, [T_u; T_o]) = \tau$ (Zeitintervall des Eintretens des Impulses) getroffen.

Dabei stellte sich heraus, dass die Cluster sehr klein sind. Das *Tsunami* Cluster enthielt nur noch *Dolpo* und *Phuket* als weitere Terme. Zu dem Term *Papst* kam nur noch ein weiterer Term, nämlich *Johannes*.

Um die Größe und Beschaffenheit von Termclustern um Events zu erhalten, wurden ebenfalls die Annahmen von oben genutzt und zusätzlich die Kenntnis des Termines, an dem das Event eintrat. Damit wurde zu der Definition eines Events zusätzlich die Einschränkung getroffen, dass $last_n(f, [T_u; T_o]) = \tau$ (Termin des Events) für die Terme des Clusters gelten muss.

In dem Erhebungszeitraum waren bekannte Events wie Olympia, Halloween, Weihnachten, Valentinstag und die Bundestagswahl 2006 enthalten. Mit der Einschränkung oben wurde ersichtlich das sämtliche Cluster nur aus dem Suchwort selbst bestanden, das einzige größere Cluster war das Weihnachtscluster, in dem noch *Weihnacht*, *Weihnachtsbilder*, *Weihnachtsgedichte*, *Weihnachtskarten* und *Weihnachtsmann* enthalten waren.

Durch die große Einschränkung des ersten oder letzten Auftretens der Terme innerhalb eines Clusters, kann es passieren, dass Terme, die geringfügig von diesem festgesetzten Terminen abweichen, nicht erfasst werden. Zudem treten manche Terme auch erst mit zeitlicher Verzögerung auf. Bei der Tsunami-Katastrophe wurde primär erst nach den Städten im Katastrophengebiet gesucht und später tauchten Suchbegriffe wie 'Spendenhilfe' oder 'Opfer' auf. Es wird deswegen im nächsten Schritt für Suchterme ein Clusteralgorithmus entwickelt und angewendet, der diese Möglichkeiten zulässt, jedoch trotzdem die ähnlichen Terme eines Themenclusters aufspürt.

4.5.2   Algorithmus zum Clustern von Termen

Bei LAVRENKO ET AL. (2000), VLACHOS ET AL. (2004) und DIAZ/ JONES (2004)
werden interessante Möglichkeiten vorgestellt, mit rein zeitlichen Informationen
ein 'Topic Detection und Tracking' durchführen zu können, wobei diese Ansätze
auf Zeitreihen-analytischen Überlegungen basieren. VLACHOS ET AL. (2004) wen-
det Fourier-Reihen an, um die Signalstärke und die Frequenz der Signale zu bestimmen, um darüber Ähnlichkeiten im allgemeinen Rauschen aller Suchanfragen
zu finden. Hierfür werden die k charakteristischsten Parameter der Fourier-Reihen
benutzt. Es werden jedoch keine weiteren Angaben über das Suchverhalten und
die grundsätzlichen Unterschiede und Gemeinsamkeiten der Charakteristika von
Signalen des Informationsbedürfnis gemacht. Außerdem wird auf der gesamten
Menge der Terme operiert, was nicht zweckmäßig ist, da Dauerbrenner fortlaufend
gesucht werden. Zwar können Schwankungen bei der Anzahl korrespondierender
Suchanfragen auftauchen, aber es wird regelmäßig danach gesucht. Bei dem hier
beschriebenen Vorgehen, wird die Anzahl des Auftretens eines Termes pro Tag
jeweils als eine Zeitreihe gesehen.

Der Algorithmus lehnt sich an die Betrachtungsweise des Text Mining an, bei der
auftretende Terme in Dokumenten dazu benutzt werden, um die Ähnlichkeit der
Dokumente zu berechnen. In der Literatur wird dabei nach dem 'Vector Space
Modell' vorgegangen, bei dem Dokumente in einen n-dimensionalen Raum transferiert werden, wobei jede Dimension die Häufigkeit repräsentiert, mit der ein
bestimmter Term auftrat. Als Ähnlichkeitsmaß wird meistens der Cosinuswinkel
benutzt, wobei verschiedene Gewichtungen der Dokumentvektoren herangezogen
werden. Andere Ähnlichkeitsmaße sind denkbar und werden im Folgenden diskutiert.

Im Fall von Suchtermen entsprechen die Terme den Dokumenten und die jeweiligen Tage oder Zeitintervalle τ den Termen bei dem klassischen Modell in der
Literatur (CORNELSON ET AL. (2004)). Die Ähnlichkeiten zwischen verschiede-
nen Termen term_n und $\text{term}_{n'}$ ($n \neq n'$) werden mit Hilfe der Matrix $\mathcal{V}_{N_T \times T}$
berechnet, auf deren Elemente hier wieder zugegriffen wird. Zur Berechnung der
Ähnlichkeiten werden die Elemente der Matrix zusätzlich gewichtet. Bei COR-
NELSON ET AL. (2004) werden die gängigsten Gewichtungen vorgestellt. Für die
Anwendung bei Suchtermen werden die Gewichtungen in Tabelle 4.28 vorgestellt.

In der ersten Spalte werden die Bezeichnungen genannt und in der zweiten die an das Beispiel Suchterme adaptierte Berechnungsweise. Die Gewichtung MaxLogIdf wurde in Anlehnung an die logarithmierte inverse Dokumenthäufigkeit gebildet. Hier fallen Intervalle $\tau \in [T_u; T_o]$ weniger in das Gewicht, in denen viele der beobachteten Suchterme auftreten. Diese Periode verliert dadurch an Wichtigkeit, dass sie durch das gehäufte Auftreten von Termen nicht charakteristisch für bestimmte Terme ist. Die Elemente $v_{n\tau}$ werden in die gewichteten Elemente $w_{n\tau}$ überführt (siehe Tabelle 4.28).

Bezeichnung	Formel
Tf	$w_{n\tau} = v_{n\tau}$
01	$w_{n\tau} = a_{n\tau}(f)$
Sum	$w_{n\tau} = v_{n\tau}/v_n^{(T_o)}$
Max	$w_{n\tau} = v_{n\tau}/\max\limits_{\tau \in [T_u;T_o]}\{v_{n\tau}\}$
MaxLogIdf	$w_{n\tau} = v_{n\tau} * \log_{10}\left(\frac{N_{T_o}}{|\{n|v_{n\tau}\neq 0\}|+1}\right)/\max\limits_{\tau \in [T_u;T_o]}\{v_{n\tau}\}$

Tabelle 4.28: Berechnung Zeilenvektoren $\vec{W}_n$

Als Berechnungsmöglichkeiten der Ähnlichkeiten zwischen zwei Termen werden hier der Cosinuswinkel zwischen zwei Termen, der Jaccard Koeffizient und die euklidische Distanz angegeben, wobei diese in ein Ähnlichkeitsmaß überführt wurde. Durch die angegebenen Formeln wird die Ähnlichkeitsmatrix S erstellt.

Bezeichnung	Formel
Cosinus	$sim_{nn'} = \frac{\vec{W}_n * \vec{W'}_{n'}}{||\vec{W}_n||_2 * ||\vec{W}_{n'}||_2}$
Jaccard	$sim_{nn'} = \frac{\vec{W}_n * \vec{W'}_{n'}}{||\vec{W}_n||_2 * ||\vec{W}_{n'}||_2 - \vec{W}_n * \vec{W'}_{n'}}$
Euklid	$sim_{nn'} = \frac{1}{||\vec{W}_n - \vec{W}_{n'}||_2 + 1}$

Tabelle 4.29: Ähnlichkeitsmaße zur Berechnung der Ähnlichkeitsmatrix S

Die Elemente $sim_{nn'}$ geben dabei die Ähnlichkeiten zwischen term_n und $\text{term}_{n'}$ an, wobei $n \neq n'$ und die Diagonale der Ähnlichkeitsmatrix für die weiteren Berechnungen mit 0 belegt wurde. Die entsprechenden Formeln sind in Tabelle 4.29 zu finden. Der hier angegebene Vektor $\vec{W}_n = (w_{n1}, \ldots, w_{n\tau}, \ldots, w_{nT})$ ist der Vektor, der durch eine gegebene Gewichtung Tf, 01, Sum, Max oder MaxLogIdf normalisiert wurde. Die Werte $sim_{nn'} \in [0; 1]$ nehmen dabei den Wert 0 an, wenn sich die Terme nicht ähnlich sind und 1, wenn die Beschaffenheit ihres Auftretens übereinstimmt oder sehr ähnlich ist. Zur Bestimmung der Ähnlichkeiten werden

die Dauerbrenner aus der Betrachtung gezogen, da diese in nahezu allen Zeitintervallen auftauchen und sich dadurch immer ähnlich sind. Dies würde dazu führen
das eine MaxLogIdf Gewichtung verfälscht wird und zudem ein sehr großes Cluster herbeigeführt wird, welches gerade alle Dauerbrenner enthält. Die Eintagsfliegen werden bei der Berechnung auf den realen Daten des Lycos-Datensatzes
ebenfalls aus der Berechnung gelassen.

Der Algorithmus zum retrospektiven Clustern von Termen lautet dann wie folgt:

1. Berechne die Ähnlichkeitsmatrix $\mathcal{S}$ $\forall$ term_n für die gilt :
   $Evergreen_n(f, [T_u; T_o], \delta) = Mayfly_n(f, [T_u; T_o]) = 0$.

2. Jeder Term term_n entspricht einem Cluster cluster_n.

3. Füge jedem cluster_n die K ähnlichsten Terme $\text{term}_{n'}$ hinzu, für die gilt
   $sim_{nn'} > \varpi$, und alle die, die die gleiche Ähnlichkeit wie der letzte hinzu-
   gefügte Nachbar haben, wobei $K \in \mathbb{N}$ die maximale Anzahl der ähnlichsten
   Nachbarn ist und $\varpi \in \mathbb{R}$ eine zu wählende Untergrenze der Ähnlichkeit.

4. Entferne alle redundanten Cluster und diejenigen, die nur ein Element enthalten. (Wahlweise können Cluster, die Teilmengen von anderen Clustern
   darstellen auch entfernt werden.)

Die Berechnung der Gewichte und der Ähnlichkeiten, die optimale Anzahl K der
nächsten Nachbarn und der Schwellenwert ϖ werden im folgenden am Datenbei-
spiel untersucht und diskutiert.

Der hier beschriebene Algorithmus hat durch die generelle Einteilung in Eintagsfliegen und Dauerbrenner divisiven Charakter und soll damit die Laufzeit verbessern, indem die große Menge an solchen Termen, die nicht aussagekräftig sind, im
Vorhinein entfernt wird (nicht inkrementeller Ansatz). Beim zweiten Schritt werden die Terme als Singletons verstanden, es gibt dementsprechend genauso viele
Cluster wie Terme, die ausgewählt wurden und dann durch eine agglomerative
Methode in die jeweiligen Cluster eingeordnet werden. Da verschiedenen Terme
in verschiedenen Clustern auftauchen können, kann hier von einem fuzzy Clustering gesprochen werden, da die Terme nicht strikt in disjunkte Cluster eingeteilt
werden. Dies macht insofern Sinn, dass aus dem Vokabular der eindeutigen Terme
verschiedene Suchanfragen aufgebaut werden können.

Als Beispiel sei die Matrix $\mathcal{V}_{6\times5}$ in Tabelle 4.30 gegeben: Es wurden innerhalb des Zeitraumes von fünf Tagen sechs eindeutige Terme beobachtet: fahrrad, auto, bus, bike, tram und stau. Die Matrix zeigt die Häufigkeiten des Auftretens der Terme an den jeweiligen erhobenen Tagen.

Terme	$\tau = 1$	$\tau = 2$	$\tau = 3$	$\tau = 4$	$\tau = 5$
fahrrad	400	300	200	400	800
auto	120	0	130	0	0
bus	0	0	10	1000	0
bike	200	250	300	350	600
tram	0	0	0	900	0
stau	100	0	120	0	0

Tabelle 4.30: Matrix $\mathcal{V}_{6\times5}$ mit Nennung der Terme

Als Beispiel wird hier die Maxlogidf-Gewichtung gewählt. Die jeweiligen Multiplikatoren sind in Tabelle 4.31 angegeben.

Terme	$\tau = 1$	$\tau = 2$	$\tau = 3$	$\tau = 4$	$\tau = 5$	$\max_\tau$
fahrrad	400	300	200	400	800	800
auto	120	0	130	0	0	130
bus	0	0	10	1000	0	1000
bike	200	250	300	350	600	600
tram	0	0	0	900	0	900
stau	100	0	120	0	0	120
$\log_{10}$	$\log_{10}(6/4)$	$\log_{10}(6/2)$	$\log_{10}(6/5)$	$\log_{10}(6/4)$	$\log_{10}(6/2)$	

Tabelle 4.31: Matrix $\mathcal{V}_{6\times5}$ mit Nennung der Terme und Gewichten

Es ergibt sich mit dem Cosinus-Maß und einer MaxLogIdf-Gewichtung die Ähnlichkeitsmatrix in Tabelle 4.32.

MaxLogIdf/Cosinus	fahrrad	auto	bus	bike	tram	stau
fahrrad	0.000	0.167	0.168	0.997	0.168	0.166
auto	0.167	0.000	0.002	0.132	0.000	0.999
bus	0.168	0.002	0.000	0.194	1.000	0.002
bike	0.997	0.132	0.194	0.000	0.193	0.133
tram	0.168	0.000	1.000	0.193	0.000	0.000
stau	0.166	0.999	0.002	0.133	0.000	0.000

Tabelle 4.32: Matrix $\mathcal{S}$ mit Nennung der Terme

Für dieses einfache Beispiel werden Dauerbrenner und Eintagsfliegen nicht gesondert in Betracht gezogen. Mit einer Clustergröße $K = 6$ und $\varpi = 0,9$ ergeben sich die folgenden Cluster ($\tau \in [0; 403]$): {auto, stau}, {bike, fahrrad} und {bus, tram}. Die Betrachtung der verschiedenen Gewichtungen und dazu korrespondierender Möglichkeiten, die Ähnlichkeiten zwischen Termen zu berechnen, zeigte, dass nicht alle Berechnungsweisen für diese Anwendung geeignet sind.

Im Weiteren werden die Ergebnisse der Suchanfragen bei Lycos präsentiert, indem die unterschiedlichen Maße für $f = 400$, $K = 2$, bzw. $K = 25$ und $\varpi = 0,5$, bzw. $\varpi 0,9$ gegenübergestellt werden.

Die Bewertung erfolgte hierbei durch die Berechnung der durchschnittlichen Standardabweichung $\overline{\sigma}$ innerhalb der $cluster_n$ zum Clusterzentrum, dem Zentroiden $\vec{\mu}_n$, für alle n, die noch in der Menge der Cluster sind, mit

$$\vec{\mu}_n = \frac{\displaystyle\sum_{\substack{term_n \in\, cluster_n \\ \tau \in [T_u; T_o]}} \vec{V}_n}{|term_n \in\, cluster_n|} \text{ und } \sigma_n^2 = \frac{\displaystyle\sum_{\substack{term_n \in\, cluster_n \\ \tau \in [T_u; T_o]}} (\vec{V}_n - \vec{\mu}_n)^2}{|cluster_n|}.$$

Daraus ergibt sich für die durchschnittliche Varianz σ^2

$$\overline{\sigma}^2 = \frac{\sum_{|cluster_n|} \sigma_n}{|cluster_n|},$$

welche in Tabelle 4.33 als Standardabweichung eingetragen ist. Die Ergebnisse wurden hier für extreme Werte von K und ϖ berechnet, um die Vor- und Nachteile der Bewertungsmaße herauszustellen.

Das Cosinus-Maß ist sehr robust gegenüber den verschiedenen Gewichtungen. Die Anzahl der Cluster bleibt nahezu gleich und auch die Standardabweichung bleibt in der gleichen Größenordnung. Die Ähnlichkeiten über die euklidische Distanz zu berechnen führt dazu, dass minimale Abweichungen sehr stark bestraft werden, wodurch keine Cluster gefunden werden, da zu wenige Werte über der Schwelle ϖ liegen. Eine 01-Gewichtung durchzuführen, macht nur dann Sinn, wenn tatsächlich nur zeitliche Ähnlichkeiten von Belang sind. Diese Methode ist dann empfehlenswert, wenn zeitliche Events gefunden werden sollen. Insgesamt ist eine Entscheidung zwischen dem Cosinus- und dem Jaccard-Maß zu fällen. Das Jaccard-Maß liefert weniger Cluster bei kleinerer Standardabweichung. Zudem sind diese Cluster bei $K = 2$ und $\varpi = 0,9$ sehr klein und entsprechen gerade den Phrasensuchen. Das Cosinus-Maß findet mehr und größere Cluster mit passenden Wortmengen.

Gewicht	Maß	$K = 2, \varpi = 0,5$		$K = 25, \varpi = 0,9$	
		Anzahl Cluster	$\overline{\sigma}$	Anzahl Cluster	$\overline{\sigma}$
Tf	Cosinus	1326	71.047,7	553	59.302,7
Tf	Jaccard	1027	15.459,9	182	13.998,4
Tf	Euklid	3	0,0	2	0,0
01	Cosinus	964	21.681,6	162	191.952,7
01	Jaccard	413	19.563,2	129	4.241,8
01	Euklid	234	3.968,5	120	2.306,6
Sum	Jaccard	1083	70.792,1	231	32.685,2
Sum	Euklid	1484	78.358,7	1.152	103.394,4
Max	jaccard	1106	46.606,5	261	21.728,2
Max	Euklid	475	14.799,8	47	362,5
MaxLogIdf	Cosinus	1323	70.731,9	537	61.817,2
MaxLogIdf	Jaccard	1120	45.990,6	253	19.777,2
MaxLogIdf	Euklid	1370	50.747,1	1.134	25.618,5

Tabelle 4.33: Ergebnisse der gefundenen Cluster

Es wird deswegen empfohlen, trotz der höheren Varianz das Cosinus-Maß ohne weitere Gewichtung anzuwenden. Weiterhin ist erkennbar, dass kleine Werte für ϖ zu Ungenauigkeiten führen, große Werte um die 0,9 kalibrieren den Algorithmus so stark, dass nur noch Suchphrasen gefunden werden. Für weichere und größere Cluster werden deswegen Werte von $\varpi = 0,7$ und $0,8$ vorgeschlagen. Die Größe der Cluster wird möglichst groß gewählt, damit Wörter mit gleichen Schwellenwerten, die unter 0,9 liegen, mit einbezogen und Redundanzen vermieden werden. Wie Tabelle 4.34 zeigt fallen Redundanzen durch die gewählte Größe $K = 40$ gegenüber der kleineren Clustergröße $K = 25$ weg. Deswegen wird weiterhin diese Größe gewählt.

Durch kleine Clustergrößen treten viele ähnliche Cluster auf, die sich nur in einem oder zwei Wörtern unterscheiden. Bei großen Clustern treten des öfteren weitere Cluster auf, die Teilmengen von anderen darstellen. In Tabelle 4.34 sind die Ergebnisse für eine Clusterung mit und ohne Teilmengen dargestellt. Die Standardabweichungen der Clusterung ohne Teilmengen wird größer, weil kleinere Cluster mit kleinerer Standardabweichung nicht mehr einbezogen sind und deswegen die gesamte durchschnittliche Standardabweichung größer wird. Es ist

empfehlenswert, auf die Teilmengen zu verzichten und statt dessen nur die großen
Cluster zu verwenden.

		tf/cosinus			
		mit		ohne	
K	ϖ	#Cluster	$\overline{\sigma}$	#Cluster	$\overline{\sigma}$
25	0,7	1122	83.611,5	921	96.422,7
25	0,8	922	83.249,0	749	89.972,0
40	0,7	1109	77.756,9	909	90.380,9
40	0,8	915	80.426,9	736	87.356,0

Tabelle 4.34: Ergebnisse der Cluster mit tf/cosinus-Maß

Auszugsweise werden hier ein paar Cluster für $f = 400$, $K = 40$, $\varpi = 0, 8$, $\tau \in$
$[0; 403]$ und ohne Berücksichtigung der Teilmengen genannt. In Klammern dahinter ist die Standardabweichung des Clusters angegeben.

andreas athen olympia ulrich (175184)

archaik hellas homer ilias klassik odyssee sparta (87,8)

eintragung keywords linkpopularität meta optimieren optimierung platzierung plazierung position positionierung fahne flagge (500,8)

fotos last minute reisen urlaub (193789,2)

goethe johann wolfgang (5710)

professionelle ranking suchbegriff suchbegriffe suchdienste suchmaschienen suchmaschinen suchmaschinenanmeldung suchmaschinenanmeldungen suchmaschineneintrag suchmaschinenoptimierung webseiten (252,3)

handwerker heimwerker heizung sanitär solar (1651,7)

hannover sonne (93724,8)

krankenkasse krankenversicherung krankenversicherungen leistungsvergleich privatkrankenkassen privatkrankenversicherung privatkrankenversicherungen tarifvergleich trarifvergleich vergleiche (2963,0)

leistungsvergleich privatkrankenkasse privatkrankenkassen privatkrankenversicherung tarifvergleich testvergleich trarifvergleich (10,7)

silvester sylvester (397,8)

suchmaschinen suchmaschinenanmeldung suchmaschineneintrag suchmaschinenoptimierung webseiten webseitenoptimierung (3923,2)

weihnacht weihnachten weihnachtsbaum weihnachtsbilder weihnachtsgedichte weihnachtsgrüße weihnachtskarten weihnachtsmann (545,9)

Hierbei wurden Beispiele weggelassen, die offensichtlich Phrasensuchen darstellten und eine minimale Varianz nahe Null haben. Durch den Umfang der Ergebnisse konnte nur ein Auszug angegeben werden.

4.6 Fazit

In diesem Kapitel wurden schrittweise die grundsätzlichen Auswertungen aus anderen Studien formalisiert und an vier Datensätzen wiederholt, um die Aussagen zu festigen, und Vergleiche zwischen Metasuchern und generellen Suchmaschinen durchzuführen. Damit wurde aus der Literatur eine gültige deskriptive Auswertung von Suchanfragen erarbeitet, die verschiedene Datensätze unterschiedlicher Suchmaschinen vergleichbar machen.

Bei der Betrachtung der Terme über die Zeit wurde deutlich, dass der Montagseffekt das Volumen der Suchanfragen über die Woche bestimmt und dieser Effekt auch bei der Betrachtung der Events deutlich wird, da die Anzahl gegenüber anderen Wochentagen größer war. Außerdem wurde gezeigt, dass Terme grundsätzlich nach Art ihrer Verteilung des Auftretens über die Zeit eingeteilt werden müssen. Dafür wurden im ersten Schritt Eintagsfliegen und Dauerbrenner bestimmt, um im nächsten Schritt das Mittelfeld genauer zu untersuchen, in dem Impulse und Events liegen.

Auf Basis der Erkenntnisse wurde ein Algorithmus entwickelt, der die zeitlichen Charakteristika der Terme in Betracht zieht. Davor wurde gezeigt, dass auch mit einfachen Entscheidungsregeln Cluster gefunden werden können. Mit Hilfe des

Algorithmus können dem Suchenden bei der Suche weitere Suchbegriffe vorgeschlagen werden. Eine Herausarbeitung von Synonymen, Schreibfehlern und die generelle Nutzung von Begriffen können durch die Cluster zum Teil ebenfalls aufgespürt werden. Eine weitere Verwendung der Cluster ist, Webseiten nach darauf befindlichen Wörtern zu analysieren. Basierend auf diesen Wörtern werden im Anschluss die passenden Cluster aufgespürt. Mit den darin enthaltenen Wörtern können inhaltliche Veränderungsmöglichkeiten aufgezeigt werden, um ein verbessertes Angebot darstellen zu können, das direkt an dem Suchverhalten der Besucher ausgerichtet ist.

Kapitel 5

Zusammenfassung und Ausblick

Im Folgenden wird eine kurze Zusammenfassung der wichtigsten Ergebnisse gegeben. Aus den Erkenntnissen der Arbeit werden darauf Handlungsempfehlungen für Suchmaschinen, Website-Anbieter und Suchende gegeben. Zum Abschluss erfolgt ein Ausblick, der die weitere Forschung skizziert.

5.1 Zusammenfassung

Die Umfrage zeigte, dass vor allem das Wissen über Suchmaschinen unterschiedliche Verhaltensweisen bei der Suche zur Folge hat. Weiter stellen sich die Personen professioneller dar, da sie sehr häufig Phrasen und Operatoren nutzen. Mit Hilfe einer Umfrage ist es dennoch möglich grundsätzliche Verhaltensweisen zu erheben. Als Suchmaschinenbetreiber ist eine solche Fragestellung interessant, da die Befragten Verbesserungsvorschläge machen können. Mit ein paar gezielten Fragen können schnell Verbesserungspotentiale aufgezeigt werden. Im Gegensatz zu den beschriebenen Studien wurden weitere Gruppenunterschiede festgestellt. Die Suche verschiedener Gruppen unterscheidet sich bspw. dadurch, wie neue Webangebote gefunden oder welche Inhalte bevorzugt gesucht werden. Deutliche Unterschiede zeigte vor allem der Einsatz von Operatoren und der Phrasensuche bei den Personen, die mehr über Suchmaschinen wussten. Die Umfrage bestätigte Vermutungen aus kleineren Laborexperimenten und konnte somit getroffene Hypothesen mit einer großen Stichprobe belegen. Insgesamt scheint insbesondere das Wissen über die Funktionsweise bspw. die Komplexität von Suchanfragen und das Auffinden von Webseiten zu beeinflussen.

Mit den erhobenen Suchanfragen wurde eine Basis geschaffen, verschiedene Datensätze zu vergleichen, was bis jetzt nicht der Fall war. Dadurch wurden Ergebnisse widerlegt, die in den älteren Studien gezeigt wurden. So wird bspw. nicht weniger nach erotischen Inhalten gesucht. Es wurden grundlegende Auswertungsmöglichkeiten beschrieben und formalisiert, mit deren Hilfe Datensätze von Suchanfragen auch in Zukunft vergleichbar sind. Die Suchanfragen sind sehr kurz und werden selten in komplexer Weise durchgeführt. Basierend auf den Umfrageergebnissen zeigte sich hier zwar noch eine hohe Nutzungsrate, aber die Ergebnisse der Beobachtung zeichneten ein anderes Bild der Suchenden.

Mit der Anheftung von Zeitinformation an Terme wurde eine Möglichkeit vorgeschlagen, mit der es auch bei solchen elementaren Text-Teilchen möglich wird, Aufgabenstellungen wie Detection und Tracking zu erfüllen. Mit den Eintagsfliegen, dem Mittelfeld und den Dauerbrennern wurde eine generelle Einteilung von Termen in zeitliche Hauptcluster vorgenommen, die es ermöglicht, diese riesige Datenmenge einzuschränken. Die Kenntnis von Dauerbrennern hilft dabei, Caching-Strategien abzuleiten. Es ist möglich, spezielle Caches aufzubauen, die nur mit den Dauerbrennern arbeiten, um mehr Kapazitäten für die Berechnung der Relevanz von Webseiten zu neuen Suchanfragen zur Verfügung zu haben. Außerdem können Webseiten dementsprechend die Startseiten gliedern oder auch Dauerbrenner-Themen in den Inhalt der Seite aufnehmen, um das Interesse auf sich zu ziehen.

Als Aufgaben von Detection und Tracking wurden Impulse und Events als weitere zeitliche Termklassen identifiziert, die dem übergeordneten Mittelfeld zuzuordnen sind. Mit dem Wissen über Impulse und Events kann mit Empfehlungen und verschiedenen Strategien reagiert werden: Newsseiten können Artikel zu brisanten Themen in den Vordergrund stellen oder Angebote zu wiederkehrenden Events geben (Produkte, Terme), indem bspw. Rubriken auf der Startseite angezeigt werden, um die Navigation des Suchenden zu vereinfachen. Weiter war zu sehen, dass Nachrichten einen großen Einfluss auf das Suchverhalten ausüben.

Mit dem Clustern von Termen können durch die Angabe der nächsten Nachbarn dem Suchenden Termvorschläge gegeben werden, mit denen die Suche weiter eingrenzbar ist, oder zeigen, nach welchen Wörtern in diesem zeitlichen Zusammenhang auch gesucht wurde. Eine weitere Möglichkeit ist die Analyse der Inhalte von Webseiten, um diese basierend auf den Termclustern zu verbessern, indem andere und aktuellere Begriffe gewählt werden.

Insgesamt ist die Kenntnis des Informationsverhaltens der Suchenden vor allem interessant, um Mikrotrends zu erforschen. Gibt es Bedürfnisse oder Interessen der Konsumenten, die noch nicht bekannt sind? Auf diese Frage können strukturierte Analysen der Suchbegriffe Antworten geben. Durch den unterschiedlichen Charakter der Interessenslinien von Impulsen, Events, Dauerbrennern und Eintagsfliegen müssen hier verschiedene Modelle angewandt werden: Während ein Dauerbrenner eine durchgehende Interessenslinie hat, taucht ein Event nur von Zeit zu Zeit auf. Die zeitreihenanalytische Betrachtung der unterschiedlichen Verteilungen der Terme über die Zeit ist Gegenstand der weiterführenden Forschung.

Durch den Datenbestand und der Fortführung der Erhebung von Suchanfragen wird man auch in Zukunft über die Entwicklung von Suchenden Analysen anstellen können. Die Suchanfragen der Konsumenten entsprechen einer umfassenden Sozialstudie, schließlich ist es möglich, gesuchte Themengebiete und das Suchverhalten zu beschreiben.

5.2 Handlungsempfehlungen für Suchmaschinen

Durch die beiden großen empirischen Teile wurde gerade Betreibern von Suchmaschinen und deren Entwickler eine breite Basis an Informationen zur Verfügung gestellt. Zum einen wurde die Nutzbarkeit aus Sicht der Nutzer dargestellt, indem sie sich äußern konnten, zum anderen wurden die Suchanfragen über einen längeren Zeitraum beobachtet.

Als größtes Problem oder wichtigster Störfaktor wurde von den Suchenden, die unbrauchbaren und unseriösen Ergebnisse in der Trefferliste angesehen. 'Suchmaschinen' sollten diesbezüglich Ranking-Methoden überdenken und Strategien entwickeln, solche Angebote aus dem Index oder aus Trefferseite zu nehmen. Es ist eine spezielle Funktion denkbar, die als einfaches Eingabefenster neben dem Suchfenster zu sehen ist, in dem die Wörter eingeben werden, die auf keinen Fall im Text vorkommen sollen (Tabusuche). Die oft unterschiedlich zulässige Formulierung von Operatoren und die mangelhafte Kenntnis von Suchenden diese einzusetzen, zeigt, dass diese Funktion automatisch, visuell umgesetzt und unterstützt werden muss. Eine Art negatives Suchfenster neben dem positiven Suchfenster wäre eine sinnvolle Idee.

Ein weiterer Störfaktor waren sogenannte 'tote Links'. Ein zeitabhängiges Ranking, wie es bei BERBERICH ET AL. (2004) vorgestellt wird, gibt die Möglichkeit, aktuelle Seiten nach vorne zu bringen und so die Häufigkeit des Auftretens solcher Seiten zu vermindern. Die Kenntnis von Administratoren dieser Methode kann nur leider wieder mit sich führen, dass die Änderung des Erstellungsdatum der Webseite automatisiert wird.

Ein wichtiger Punkt ist, dass ein Index nicht nur völlig automatisiert und ohne Aufsicht arbeiten kann. Es liegt eine zu große Verantwortung darin, um das Wissen im Netz allein von einem 'Roboter' pflegen zu lassen. Es sind hier Modelle von Nöten, die solche großen Datenmengen verarbeiten und dennoch Menschen die Möglichkeit geben, diese in 'Stichproben' zu warten.

Eine weitere Möglichkeit einer zusätzlichen und sehr einfachen Funktion wäre, bei angezeigten Links die Möglichkeit zu geben, den angezeigten Treffer in die Bookmarkliste aufzunehmen. Da die Umfrage zeigte, dass die Teilnehmer sehr häufig Bookmarks anlegen, wäre dies eine Möglichkeit, die innere Mind Map der Suchenden durch solche Funktionen zu unterstützen.

Ein Problem, das für Suchmaschinen sehr schnell aktuell werden kann, ist die ablehnende Haltung der Umfrageteilnehmer bzgl. der angebotenen Werbung. Um vorausschauend auf dieses Problem zu reagieren, sollten weitere Einnahmequellen erschlossen und überlegt werden. Durch die Fülle an Text sollte demnach auch eine visuellere Variante überlegt werden, bei der sich Firmen zumindest durch ein Logo oder den Firmennamen positionieren können. Das würde den Unternehmen helfen, auch ohne einen Click-on oder -through einen Wiedererkennungseffekt zu bewirken, ohne dabei aufdringlich zu wirken. Zudem würde sich eine solche Werbestrategie von den sonst üblichen Bannern und Pop-Ups absetzen.

Die Möglichkeit, die Gewinner und Verlierer bei Suchanfragen zu erkennen und auch bei neuen Trends zeitnah reagieren zu können, gibt Suchmaschinen die Grundlage, oft nachgefragte Themengebiete im Hintergrund zu cachen und für diese Gebiete die Rangreihenfolge offline zu berechnen, um so kostbare Online-

Zeit zu sparen, in der tatsächlich neue und unbekannte Suchanfragen bearbeitet werden können. Durch das Aufdecken von Impulsen in Termen und Suchanfragen können Empfehlungen angeboten werden. Wird die erhöhte Eingabe bestimmter Suchwörter festgestellt, die Impuls-Charakter haben, kann darauf basierend ein Portfolio an Webseiten erstellt werden, welches diesem Informationsbedürfnis genügt. Durch den 'Charakter', den Terme über die einzelnen Zeitintervalle bekommen, können dem Nutzer auch zeitlich nahe Empfehlungen gegeben werden. Diese Empfehlungen wären dann nicht wie 'Leute, die dies gesucht haben, haben auch folgendes gesucht' formuliert, da dieses nicht in einem ökonomisch sinnvollen Rechenaufwand zu bewerkstelligen wäre. Hier würde eine Empfehlung 'Terme die kürzlich gesucht wurden sind...' lauten. Durch die Betrachtung anderer und charakteristischer (zeitlich abhängiger) Terme wurde das Problem der sehr kurzen und äußerst unähnlichen Suchanfragen gelöst. Zusätzlich wächst der Speicher mit den Termen, die über dem Schwellenwert liegen, nicht mit vergleichbarer Schnelligkeit wie die Suchwörterbücher von Anfragen und Termen.

Da Suchmaschinen im Grunde genommen 'nur' Empfehlungssysteme sind, sollten sie auch als solche auftreten, indem dem Suchenden der Suchprozess vereinfacht und nicht durch verschiedene spezielle Features erschwert wird, da diese Möglichkeiten in der Realität nicht angenommen werden. Das zeigen sowohl die Umfrage als auch die Beobachtungsergebnisse.

5.3 Handlungsempfehlungen für Anbieter

Website-Anbieter sollten vor allem bedenken, dass oft ein Hintergrundwissen bei den Suchenden zum gesuchten Themengebiet vorhanden ist und die Texte auf den Seiten entsprechend formuliert werden sollten. Bei fachlich vertiefenden Webseiten kann ruhig der entsprechende Jargon gewählt werden, um gerade durch die zielgerichtete Wortwahl Suchnischen zu besetzen.

Da Werbemails kein akzeptiertes Werbemedium darstellen, sollten diese behutsam eingesetzt werden. Keinesfalls sollte ein Mailversand an Personen erfolgen, die dies nicht wünschen. Da Personen häufig durch Links und andere Webseiten auf neue Angebote aufmerksam werden, sollte hier darauf geachtet werden, dass auf einschlägigen Seiten Texte zu finden sind und die entsprechenden Seiten

erwähnt werden. Eine weitere wichtige Tatsache ist, dass der Suchprozess eine
sehr intuitive Angelegenheit ist und eher die Trefferlisten erkundet werden, als
die entsprechenden Ergebnisse. Webseiten sollten je nach Zielsetzung nicht zu
lang sein, so dass der Besucher nicht scrollen muss, sondern auf einen Blick die
gewünschte Information sieht, dies sollte zusätzlich durch Eyecatcher verdeutlicht werden. Dementsprechend sollte eine Webseite nur ein Thema abhandeln
und kein Themen-Mix.

Mit Hilfe der Dauerbrenner und der Impulse bzw. Events können auch Website-
Betreiber anfangen, ihre Inhalte dahingehend auszurichten, dass Formulierungen
an den 'Suchwörterraum' der Suchenden angeglichen wird. Durch die Kenntnis
des Vokabulars der Suchenden ist es möglich, mit genau diesen Wörtern zu arbeiten, um die online Sichtbarkeit der Website zu erhöhen. Bei Websites, die sehr
aktuelle Inhalte behandeln, ist es wichtig, dass neue Nachrichten oder Trends geeignet umgesetzt werden. Durch die Kenntnis der Interessenslinie der Suchenden
ist es weiter möglich, frühzeitig Trends oder auch neue Interessen zu entdecken.
Wenn neue Suchwörter mit hohem Volumen auftreten, sollte darüber nachgedacht
werden, wie man diese Information in Werbekampagnen oder Produkte einbezie-
hen kann.

Mit der Kenntnis der Interessenslinie und der Informationsbandbreite ist es auch
möglich, geeignete Schlagwörter bei Suchmaschinen zu buchen. Im Speziellen
können Wörter, die in Frage kommen, zeitlich ausgewertet werden, um Unternehmen zu zeigen wann, wie lange und mit welche Wörtern eine online Werbe-
kampagne durchgeführt werden sollte. Implikationen für die offline Welt sind auch
möglich. Zum ersten Mal kann man das Informationsbedürfnis von Konsumenten
tatsächlich quantitativ erfassen.

5.4   Handlungsempfehlungen für Suchende

Diese Arbeit kann dem Suchenden helfen, eine Sicht auf seine Suchweise zu bekommen und im Sinne der Kognitionspsychologie zu überdenken, um so einen
Lernprozess anzustoßen. Durch eine kritische Sicht auf sich selbst werden Suchen-

de, ihre Suchstrategien überdenken und bewusster mit Suchmaschinen umgehen[1].
Da das Wissen über die Funktionsweise unterschiedliche Verhaltensweisen bei der
Suche aufwirft, ist es wichtig, sich mit dem Medium auseinanderzusetzen und zu
lernen, wie Suchmaschinen arbeiten. Nur so ist es möglich, Suchmaschinen auch
effizient einsetzen zu können. Eine 'Handlungsempfehlung' für den Suchenden ist,
überlegt an die Suche heranzugehen und gerade bei vorhandenem Hintergrundwissen bei einem Themengebiet die Möglichkeit der Phrasensuche zu nutzen.

Eine weitere Möglichkeit ist der Versuch, sich **die** perfekte Webseite vorzustellen,
die zu einem Thema gefunden werden soll, um dann schrittweise die wichtigsten
Formulierungen und Wörter in die Suche aufzunehmen, um sich so nach und nach
an 'seine' Seite heran zu tasten. Bei komplexeren Themen muss sich der Suchende
unter Umständen erst in die Begriffswelt einarbeiten, um geeignete Suchwörter
kennen zu lernen. Personen, die bereits Hintergrundwissen zu einem Themengebiet haben, kennen vielleicht den Fachjargon, den sie bei der Suche einsetzen
können.

Die Ergebnisse sollen den Suchenden aber 'wachrütteln' und Denkanstöße liefern, die monopolistische Gegebenheiten des Suchmaschinenmarktes zu erkennen.
Ebenso ist wichtig, dass die Suchenden ihr Verhalten kennen, um sich in Zukunft
mehr mit Suchmaschinen und deren Funktionsweise auseinanderzusetzen.

5.5 Ausblick

Ein dominantes Design von Suchmaschinen durch die zufällige Präsentation einer
Suchmaschinenseite mit nur einem Eingabefeld und einer zusätzlichen Tabusuche
sollte überprüft werden. Dies ist als eine Möglichkeit zu nennen, die Bedürfnisse
der Suchenden zu erkennen und die Erkenntnisse aus der Arbeit direkt umzusetzen. So ein Experiment kann wiederum online durchgeführt werden, indem
manchen Nutzern beide Eingabefelder präsentiert werden und anderen nur die
Standardoberfläche.

Bei dem Aufspüren von Impulsen und Events können vielfältige Methoden angesetzt werden, um dem Suchenden Empfehlungen und Hilfestellungen zu geben.

---

[1]In Gesprächen, nach Diskussionen oder nach der Präsentation der Ergebnisse folgte oft der
Satz: 'Wissen Sie, was Sie jetzt erreicht haben? Ich werde nie mehr so suchen wie früher...'

Geeignete Methoden müssen in der Zukunft erforscht werden. Das Verhalten von Menschen, wenn brisante Nachrichten in der Presse sind, ist interessant weiter zu erforschen und zu quantifizieren.

Fragen die geklärt werden müssen sind:

* Wie lange hält das Informationsbedürfnis an?

* Wie lange finden Menschen verschiedene Themengebiete interessant?

* Ist das Verhalten vorhersagbar?

Mit der Datenbank von Suchanfragen verschiedener Suchmaschinen ist für diese weiterführende Forschung ein Nährboden für nachfolgende Analysen (Zeitreihen, Regressionen bzw. Grad des Einflusses von Nachrichten auf Suchanfragen) gegeben, den Suchenden und seine online Umgebung weiter zu erforschen. Mit dem Wissen der online Umgebung von Suchenden, können im nächsten Schritt die online Sichtbarkeit von Webseiten erhöht werden.

Anhang A

Begriffserklärungen

In der Arbeit verwendete, grundlegende Begriffe werden im Folgenden erläutert oder definiert. Diese Begriffe werden im Verlauf des Textes nicht erneut erklärt werden:

Boolesche Operatoren: Bei Booleschen Operatoren handelt es sich um AND (oder +term), NOT (oder -term) und OR. Mit diesen Operatoren können die Terme einer Suchanfrage logisch verknüpft werden, z.b. kann erreicht werden, dass Terme in Web-Dokumenten auftauchen müssen oder nicht auftauchen dürfen. Weiter Operatoren sind möglich.

Deeplink: Ein tiefer Link führt zu einer Webseite, ohne dass der Internetnutzer über die einführende Startseite oder folgende Seiten gehen muss. Suchmaschinen leiten den Suchenden direkt auf die Seite, worauf die gesuchten Begriffe zu finden sind. In Deutschland ist diese Vorgehensweise seitens der Suchmaschinen-Betreiber rechtens, obwohl dadurch den Website-Betreibern unter anderem Werbeeinnahmen verloren gehen können, wenn bspw. nur auf der Startseite Werbung betrieben wird (vgl. URTEIL (2003)).

Eindeutige (Such-)anfrage: Da identische Suchanfragen auftreten können, stellt eine **eindeutige** Suchanfrage eine Anfrage dar, die mindestens einmal an eine Suchmaschine gestellt wurde und sich von bisher aufgelisteten Anfragen unterscheidet. Unter Berücksichtigung der Reihenfolge der Terme werden weitere Suchanfragen mit den eindeutigen verglichen, um die Häufigkeit des Auftretens zu bestimmen.

Eindeutiger (Such-)term: Dieser Begriff ist analog zu eindeutigen Suchanfragen für Terme definiert.

Eingabefeld (Eingabefenster): Auf der Startseite der Suchmaschine ist ein Textfeld zu finden, in das die gewünschten Suchwörter eingegeben werden, um eine Suche zu starten. Das Eingabefeld wird auch Suchmaske genannt.

Ergebnislisten: Wurde eine Suchanfrage in das Eingabefeld eingegeben und die Suche gestartet, zeigt die Suchmaschine eine Ergebnisliste mit einer oder mehreren Trefferseiten an, auf denen Links aufgelistet sind, die zu Webseiten führen, auf denen die Suchbegriffe zu finden sind. Unter anderem werden hier auch bezahlte Links (Adwords, Sponsored Links) angezeigt, für deren Erscheinen zu bestimmten Begriffen Website-Betreiber die interessierenden Schlüsselwörter gekauft oder ersteigert haben. Bei den empfohlenen Links stehen in den meisten Fällen weitere Informationen wie ein mehrzeiliger Textauszug der Webseite, die URL, Dateiformat oder -größe und das Erstellungsdatum der Webseite.

Ergebnisseiten: Dies sind gerade die Webseiten, die in den Ergebnislisten oder auf den Trefferseiten verlinkt bzw. dem Suchenden empfohlen werden.

Host: Mit Host (engl. für Gastgeber) wird ein Computer bezeichnet, der an einem Computernetzwerk angeschlossen ist. Um die aktuell angeschlossenen Hosts herauszufinden, kann an die IP-Adresse des Hosts ein 'ping' gesendet werden. Wird dieser beantwortet, ist der Computer angeschlossen und in Betrieb. Es kann aber auch vorkommen, dass keine Antwort kommt, da der Computer gerade nicht im Betrieb oder eine Firewall installiert ist, was heutzutage öfter auftritt. Die ungefähre Menge der Hosts ist bei ISC (2004) zu finden.

Hyperlink oder Link: Das ist ein Querverweis in Dokumenten, welcher die Navigation (per Mausklick) zwischen einzelnen Dokumenten ermöglicht. Hyperlinks bilden die charakteristische vernetzte Struktur des Web oder Netzes.

Internet: Das Interconnected Networks, kurz Internet, ist ein elektronisches Netz, das Rechner oder unabhängige Netzwerke weltweit verbindet. Das Internet dient dem Datenaustausch, welcher über definierte Protokolle durchgeführt wird.

Livesuche: Ein paar Suchdienste ermöglichen es Suchenden zu sehen, welche Suchanfragen gerade in Echtzeit von anderen Suchenden eingegeben werden. Diese Funktion wird auch Live-Ticker oder Spy-Function genannt.

Logfile oder Logdatei: Darunter wird ein automatisch erstelltes Protokoll aller oder bestimmter Aktionen von einem oder mehreren Nutzern an einem Rechner oder Webserver verstanden. Positiv an der Erhebung von Logfiles ist die Tatsache, dass sich der Proband unbeobachtet fühlt und deswegen sein Verhalten nicht beeinflusst wird. Ein typisches Webserver-Logfile besteht u.a. aus der Host-Adresse, dem Zeitstempel, dem Namen der angeforderten Datei und der Adresse, von der die Inhalte angefordert werden.

Meta-Suchmaschine: Diese Form eines Suchdienstes besitzt keinen eigenen Datenbestand, sondern greift gezielt auf die Daten anderer Suchmaschinen zu. Im Grunde genommen kann der Suchende mit Hilfe einer Meta-Suchmaschine an mehrere Suchdienste gleichzeitig eine Suchanfrage stellen. Eine in Deutschland bekannte Meta-Suchmaschine ist Metager. Diese Kategorie von Suchmaschinen wird auch als Metasucher bezeichnet.

Modifikation von Suchanfragen: Während einer Suchsitzung können mehrere Suchanfragen zu einem Thema durchgeführt werden, die abgewandelt werden, um andere oder bessere Suchergebnisse zu erhalten. Es werden Begriffe hinzugefügt, entfernt oder neue Begriffe ausprobiert, Operatoren benutzt oder verändert, siehe hierzu auch Bruza/ Dennis (1997). Es kann aber auch vorkommen, dass die gleiche Suchanfrage noch einmal gestellt wird, ohne dabei eine bestimmte Modifikation durchzuführen.

Modifikatoren: Als Modifikatoren werden oft Anführungszeichen bezeichnet, die mehrere Terme umfassen und damit eine Phrase bilden. Ein solcher Satz gilt wiederum als ein Term und wird dementsprechend behandelt. Die Suchmaschine wird als Ergebnis Webseiten liefern, auf denen die Wörter in genau dieser Reihenfolge und Zusammensetzung zu finden sind. Als Beispiel sei hier 'sein oder nicht sein' genannt, womit die Treffer der Ergebnisliste eingeschränkt werden. Diese Modifikatoren werden den Operatoren zugeordnet.

Phrasensuche: Die Suche nach mehreren zusammenhängenden Terme, die durch Anführungszeichen zusammengefasst werden, wird als Phrasensuche bezeichnet. Die zusammenhängenden Begriffe stellen die Phrase dar ($\to$ Modifikatoren).

Suchdienst: Wird zwischen den oben genannten Typen von Suchmaschinen nicht differenziert, wird im Folgenden von Suchdiensten oder Webinformationssystemen gesprochen.

Suchmaschine: Bei einer Suchmaschine wird ein Softwaretool (Crawler) eingesetzt, das automatisch das Web anhand seiner Linkstruktur durchsucht, um die gefundenen Seiten in ihrem Index aufzunehmen. Eine Suchmaschine ermöglicht den Nutzern, einen Teil des Internet zu durchsuchen. Hierfür werden in ein Eingabefeld der Suchmaschine Begriffe eingegeben, die auf der Webseite stehen müssen. Für eine detailliertere Beschreibung der Funktionsweise von Suchmaschinen siehe BERRY/ BROWNE (1999) und CHANG ET AL. (2001). Einer der bekanntesten Vertreter ist Google. Suchmaschinen mit einem eigenen Index werden auch als generelle Suchmaschinen oder Standardsuchmaschinen bezeichnet.

(Such-)anfrage: Eine Suchanfrage besteht aus einem oder mehreren Termen, die von einem Internetnutzer in die Suchmaske einer Suchmaschine eingegeben wurden. Die Suchanfrage wird genauso betrachtet, wie der Nutzer diese in die Suchmaske einer Suchmaschine eingegeben hat. Sowohl Reihenfolge als auch Rechtschreibefehler werden hier berücksichtigt.

(Such-)sequenz: Eine Suchsequenz besteht aus einer Suchanfrage und den anschließenden Aktionen, wie die Evaluation der Trefferliste oder das Betrachten von empfohlenen Seiten. Mit jeder neuen Suchanfrage beginnt eine neue Sequenz.

(Such-)sitzung: Eine Sitzung oder auch Session beinhaltet alle Suchanfragen eines Nutzers während eines bestimmten Zeitraums. Eine Sitzung kann aus nur einer Suchanfrage bestehen, aus mehreren hintereinander abgesetzten Suchanfragen oder aus Suchsequenzen.

(Such-)Term: Unter einem Term wird eine ununterbrochene Aneinanderreihung von Zeichen verstanden. In einem Term befinden sich keine Leerzeichen. Die Zeichen in Termen können Buchstaben, Ziffern, Sonderzeichen oder auch Symbole sein. Ein Term kann z.b. eine Abkürzung (URL, ISBN) oder auch eine Kombination aus Buchstaben und Ziffern (WIN2000) sein.

Top-X Listen: Auf diesen Listen werden die Top-X häufigsten Suchanfragen innerhalb eines bestimmten Zeitraums angeführt.

Trunkierung: Bei der Formulierung von Suchanfragen und der Eingabe von Suchwörtern können bei manchen Suchdiensten so genannte Wildcards '*' eingegeben werden, um damit einen Platzhalter für beliebige andere Wortteile zu symbolisieren. Eine Eingabe von Such* liefert so auch Ergebnisse zu Suchdiensten, Suchverhalten, Suchmaschine oder Sucht.

URL: Uniform Ressource Locator ist die vereinheitlichte Adressbezeichnung von Websites. Diese wird statt der Zahlenkombination der IP-Adresse, die jeder Computer bei Verbindung mit dem Internet erhält (statisch oder dynamisch), verwendet und vereinfacht die Eingabe für den Internetnutzer, da die URLs unter Umständen intuitiv erraten werden können (z.b. www.telefonbuch.de). Mit diesem Alias wird eine Verbindung zwischen maschineller und menschlich verständlicher Adresse hergestellt. Weitere Details über Top-Level-Domains wie .de oder .com oder Domains im Allgemeinen, gibt es bei IANA (2004) oder ICANN (2004).

Verzeichnis oder Web-Katalog: Bei Verzeichnissen werden die Webseiten vor der Aufnahme in den Datenbestand manuell gesichtet und bewertet. Webseiten mit illegalen Inhalten können somit auch ausgeschlossen werden. Verzeichnisse haben eine feste hierarchische Struktur. An deren Gerüst von einzelnen Kategorien und Unterkategorien orientiert sich der Suchende und findet so die gewünschte Information. Eine Suchanfrage kann auch direkt eingegeben werden, anhand der das Verzeichnis nach passenden Webseiten durchsucht wird. Verzeichnisse werde auch oft mit den gelben Seiten verglichen. Das größte von Menschenhand gestaltete Verzeichnis ist DMOZ (2006).

Web: Der Ausdruck Web wird oft als Kurzform für das World Wide Web oder WWW benutzt, oft auch fälschlicherweise für das →Internet. Das Web stellt nur den Teil des Internet dar, indem Multimedia- und Hyperlinktechnik kombiniert sind.

Webpage, Webseite: Die einzelnen Seiten oder Dokumente einer Website, die von Internetnutzern aufrufbar sind, werden so bezeichnet. Auf Webseiten können sich Hyperlinks zu anderen externen (gehören nicht zur gerade betrachteten Website) oder internen Webseiten befinden.

Website: Durch Hyperlinks vernetzte Sammlung von Webseiten innerhalb einer URL.

Anhang B

Hintergrundinformationen

In diesem Teil des Anhangs wird kurz die Entwicklung des Internet und der Suchmaschinen skizziert. Ein weiterer Abschnitt beschäftigt sich mit den Charakteristika 'des' Internetnutzers. Die wichtigsten Eckdaten sind zur Übersicht in Abbildung B.1 dargestellt. Zudem wird das Internet als Werbemedium dargestellt, indem Wissenswertes zum Online Marketing erwähnt wird. Dabei stellt sich heraus, dass Suchmaschinen das wichtigste Medium sind, um Internetnutzer auf Produkte und Webseiten aufmerksam zu machen.

B.1 Zur Entwicklung des Internet

Der erste programmgesteuerte Rechner wurde 1941 von dem deutschen Ingenieur Konrad Zuse entwickelt. Kurz darauf veröffentlichte BUSH (1945) die Arbeit 'As we may think'. In dieser Arbeit beschrieb er die Möglichkeiten der Vernetzung und Verbreitung von Speichern und stellte dafür das Instrument Memex (für Memory extension) vor. Er wird deswegen in der Literatur als der Visionär des Internet bezeichnet. Das Internet der heutigen Zeit entstand jedoch aus der Idee, ein Computernetzwerk zu schaffen, dass trotz theoretisch auftretender Beschädigungen oder Ausfälle weiter funktionstüchtig bleibt. Es sollen so Nachrichten von einem Startpunkt zum Zielpunkt befördert werden können, auch wenn Übertragungswege defekt sind. Die Idee des Internet kam aus der militärischen Forschung und Entwicklung der USA und wurde durch den Kalten Krieg vorangetrieben. Aus Angst in Kriegswirren nicht kommunizieren zu können, wenn die technische Infrastruktur durch Bomben oder Explosionen zerstört würde, wurde 1957 die Advanced Research Projects Agency (ARPA) ins Leben gerufen.

ENGELBART (1962) macht in seiner Arbeit darauf aufmerksam, wie Computer das Wissen und den Intellekt von Menschen unterstützen und verstärken können. Er wollte von Anfang an den Computer in seiner damaligen Form für den alltäglichen Gebrauch vereinfachen und kann deswegen als Erfinder der Idee des Personal Computers (PC) genannt werden. Intel wurde 1968 gegründet. Der Gründer Doug Engelbart entwickelte den Prototyp oNLine System (NLS), welcher das Browsen und Editieren von Hypertexten und eMails ermöglichte. Er war zudem der Entwickler der Maus, indem er die Radar- und Computertechnologie zusammenbrachte. KROL (1995) liefert weitere Details der Geschichte des Internet und Erklärungen der Funktionen oder Dienste. Bei INVISIBLEREVOLUTION (2004) sind neben der Biographie von Engelbart Eckdaten zu weiteren wichtigen Personen aufgeführt, die das Internet, den Hypertext und diverse Computertechnologien vorangebracht haben. Ein weiterer wichtiger Name bei der unsichtbaren Revolution, ist Tim Berners-Lee, der das Internet für die Wirtschaft und den Normalverbraucher zugänglich machte.

BERNERS-LEE (1980) bezieht sich auf einen Ratgeber des 19. Jahrhunderts für das häusliche Leben (Enquire Within Upon Everything), um seinen Prototypen des World Wide Web, nämlich Enquire, zu beschreiben. Dieses Programm erlaubte es dem Nutzer, Links zwischen beliebigen Knoten zu setzen. Jeder dieser Knoten besaß einen Titel, einen Typus und weitere Links.

Am 2. August 1984 wurde die erste eMail aus Deutschland verschickt. Deutschland war damals die vierte Nation, die im wissenschaftlichen Computer Science Network aufgenommen wurde (CSNET). Der Inhalt war das Antwortschreiben auf den offiziellen Willkommensgruß der USA im CSNET und wurde von Werner Zorn, einem Informatiker der Universität Karlsruhe (TH), verfasst. Seine eMail-Adresse lautete damals zorn@germany (HOPE (2004)).

Von Berners-Lee und der europäischen Organisation für Nuklearforschung (Conseil Européen pour la Recherche Nucléaire, CERN) wurde 1991 schließlich das WWW entwickelt, welches einen Dienst darstellt, der über dem physischen Internet operiert. Dadurch konnten direkt Hyperlinks zwischen Seiten verfolgt werden.

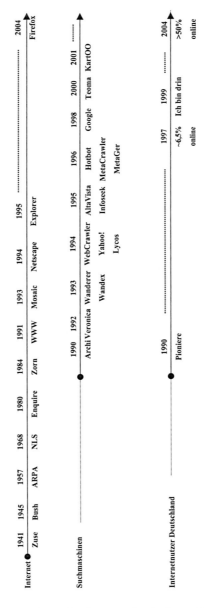

Abbildung B.1: Entwicklung des Internet, der Suchmaschinen und Nutzer

Mit dem ersten Browser Mosaic 1993 wurde das Internet technisch für Jedermann zugänglich und vereinfacht, was zum Erfolg des Mediums beitrug. Damit war es möglich, Webseiten nicht nur in Form von Text, sondern auch graphisch und damit für den Nutzer anschaulich zu gestalten. Das Internet wurde so für kommerzielle Anwendungen wie Online-Shops interessant. Im folgenden Jahr 1994 kam der Netscape Web Browser auf, der anwendungsfreundlicher als Mosaic war. Microsoft zog mit dem Internet Explorer 1995 nach und ist heute der meist genutzte Web Browser (SEARCHENGINEWATCH (2004a)). Mit Opera und Mozilla-Firefox sind jedoch weitere Browser zu nennen die in der Browserlandschaft 2005 eine Rolle spielen. Eine Aufstellung der zeitlichen Abfolge der Browser ist unter BROWSERTIMELINES (2004) und LIVINGINTERNET (2004) zu finden.

Die folgenden Zahlen zeigen das starke Wachstum der Vernetzung auf: 1981 waren nur 281 Computer an das Netz angeschlossen, 1996 gab es 9,472 Mio. Hosts, 1999 schon 43,230 und im Januar 2004 bereits 233,101 Mio. (ISC (2004)). Die beliebteste Top-Level-Domain ist .com mit rund 30 Mio Vertretern. Die zweit häufigste Domain ist .de mit 7.981 Mio. untergeordneten Websites (DENIC (2004)). Für weitere Details der Geschichte des Internet und des WWW siehe W3HISTORY (2004).

Die Weiterentwicklung des Web führt in Richtung des semantischen Webs, um Dienstleistungen und das Wissensmanagement effizienter zu gestalten (DACONTA ET AL. (2003)). Zusätzlich soll dadurch die Vielfältigkeit von Anwendungsmöglichkeiten und -gebieten für den Internetnutzer erweitert werden. BERNERS-LEE (2001) bezeichnet das semantische Web als Erweiterung des momentanen Web, indem Informationen eine Bedeutung bekommen, wodurch Mensch und Computer besser zusammenarbeiten und sich verständigen können.

B.2   Zur Entwicklung der Suchmaschinen

Mit der Entstehung des Internet und der damals erst langsam, dann exponentiell ansteigenden Menge an Informationen und Daten im Internet wurden auch die Suchmaschinen erfunden und ständig weiterentwickelt. Detaillierte Übersichten dazu sind bei KÖCHER (2004), LENSSEN (2004), SEARCHENGINEWORLD (2004), SEOCONSULTANTS (2004) und SONNENREICH (2004) zu finden. Da die

Geschichte der Suchmaschinen in verschiedenen Quellen unterschiedlich dargestellt ist und die Menge existierender (spezialisierter) Suchdienste nicht über-
schaubar ist und sich ständig ändert, wird hier nur ein grober Abriss wiedergegeben.

Eine der ersten Suchmaschinen, die aber nicht mit den heutigen Suchmaschinen
vergleichbar ist, war Archi, die 1990 von Alan Emtage entwickelt wurde. Veronica
(Very Easy Rodent-Oriented Netwide Index to Computerized Archives) durch-
suchte seit 1992 das Internet und archivierte die gefundenen Seiten in einem
Index, womit sie den heutigen Suchmaschinen ähnelt.

Der erste Robot für das gerade entstandene WWW war 1993 der Wanderer von
Mathew Gray, der das Netz automatisiert durchwanderte. Michael L. Maudlin
fügte das Programm Wandex hinzu, um die gesammelten Daten auch untersuchen zu können. Im Jahr 1993 folgten noch weitere Suchmaschinen, die jedoch
nur Teile von Webseiten wie die URL und den TITLE indexierten, wie der World-
WideWeb Worm oder RBSE Spider. Diese Robots sind jedoch heute nicht mehr
präsent. Der RBSE Spider sortierte als erste Suchmaschine die Seiten mit einem
eigenen Ranking System.

1994 folgte WebCrawler, ebenfalls mit einem Ranking System ausgestattet, der
später an Excite verkauft wurde. Das erste Verzeichnis war Yahoo! (Yet Another
Hierarchical Officious Oracle), das 1994 von David Filo und Jerry Yang gegründet
wurde und eine Sammlung ihrer besten WWW-Adressen darstellte. Hier waren
die Seiten in einer Verzeichnisstruktur angeordnet und zusätzlich wurden weitere
Informationen angegeben, es wurde jedoch nicht aktiv nach neuen Seiten im Web
gesucht, sondern die Betreiber einer Webseite mussten diese anmelden, um in den
Index aufgenommen zu werden.

Mit Lycos (ebenfalls von Michael L. Maudlin entwickelt) kam eine Suchmaschine
auf, deren Name die Aktivität widerspiegelt. Der Name ist an Lycosidae (der
lateinischen Bezeichnung für die Familien der Wolfsspinnen) angelehnt. Diese
Spinne jagt aktiv nach ihrer Beute (in diesem Fall nach Webseiten im WWW)
und lauert nicht in einem Netz. In ihrem Gründungsjahr 1994 enthielt der Index
54.000 Dokumente, im Jahr darauf waren es schon 1,5 Mio., 1996 wuchs der Index
auf über 60 Mio. Dokumente an. Nicht nur die Worthäufigkeit gesuchter Begriffe

sondern auch deren Nähe zueinander spielten eine Rolle für das Ranking.

1995 starteten mehrere kommerzielle Suchmaschinen wie Infoseek oder AltaVista ihre Reise durch das Web. Ein weiterer Durchbruch gelang 1996 auch mit dem Hotbot. Diese Suchmaschine konnte pro Tag 10 Mio. Dokumente 'ersuchen' und durchsuchen. Hotbot konnte auf Grund dieser Fähigkeit vor allem mit seiner Aktualität werben, da der Index praktisch täglich aktualisiert wurde. In diesem Jahr wurden außerdem zwei Metasucher entwickelt: MetaCrawler und MetaGer.

Im Jahr 1998 begann die Erfolgsgeschichte von Google, welche die Linkstruktur des Web zur Erstellung des Ranking einbezieht und von Larry Page und Sergey Brin entwickelt wurde. Der Name Google leitet sich von dem mathematischen Term Googol ab, welcher eine 1 mit 100 Nullen darstellt. Mit dem puristischen Design und einem einfachen Interface setzte sich Google sehr schnell durch. Im Jahr 2004 wurde in die 23. Auflage des Duden ein neues Verb aufgenommen:

goo|geln (im Internet, bes. in Google suchen); ich goog[e]le

Damit avanciert die Suche im Internet zu einem Massensport, es wird nicht mehr recherchiert, sondern es wird 'mal eben gegoogelt'.

Zur Zeit der Google-Gründung waren Portale sehr verbreitet. Portale sind Websites, die als Einstieg in einen bestimmten Bereich des Internet dienen, siehe BAUER (2001). Auf diesen, oft sehr überladenen, Webseiten konnten sich die Internetnutzer nicht gut zurechtfinden. Deswegen kam Google besonders positiv an, da auf der Hauptseite nur das dargestellt wurde, was die Hauptfunktion war, nämlich ein Eingabefeld für Suchbegriffe auf weißem Grund. Mittlerweile befinden sich 8.168.684.336 (stand 08. September 2005) Webseiten in Googles Index. Im November 2004 waren nur 4.285.199.774 Webseiten indiziert.

Für eine Reise in die Vergangenheit sind beliebige Webseiten bei WEBARCHIVE (2004) anschaubar. Hier ist auch erkennbar, dass viele Suchmaschinen sehr überladene Seiten hatten. Nach dem durchschlagenden Erfolg von Google wurden diese häufig vereinfacht, um den Suchmaschinen-Charakter in den Vordergrund zu stellen. Die Entwicklung der Suchmaschinen ist aber längst nicht abgeschlossen.

Die Trends der Weiterentwicklung gehen in verschiedene Richtungen. So wird die intuitive Benutzerführung zur Verbesserung unpräziser Suchanfragen, die Einbindung von Inhalten des unsichtbaren Webs, worunter z.b. dynamische Websites fallen, (WRIGHT (2004) und BERGMAN (2001)) und auch die Weiterentwicklung der gebuchten oder bezahlten Links auf Suchanfragen eine Rolle spielen (vgl. LE-WANDOWSKI 2003 und 2004). Die Suchmaschine Teoma (siehe BECKER (2003)), die 2000 online ging, bietet dem Suchenden automatische Verfeinerungen der Suchanfragen oder auch Vorschläge für Webseiten zu der gestellten Suchanfrage von Experten an.

Die Suchmaschine KartOO, seit 2001 online, liefert dem Suchenden zu seiner Suchanfrage einen Netzkartografen, der die Relevanz der gefundenen Webseiten und deren thematische Ähnlichkeiten darstellt (siehe BECKER (2003)), zudem werden zusätzlich Begriffe zur Verfeinerung der gestellten Suchanfrage geliefert.

Die Zahl der Suchmaschinen, die es heutzutage gibt, kann nur grob geschätzt werden. Sehr viele spezielle Suchmaschinen sind vorhanden, die sich nur mit bestimmten Inhalten oder Dateiformaten im Internet beschäftigen. Im SEARCHEN-GINEGUIDE (2005) wird die Zahl der Suchmaschinen mit 3000 Stück beziffert. Eine Auflistung verschiedener Suchmaschinen ist dort ebenfalls zu finden. Mittlerweile kooperieren Suchmaschinen auch untereinander. Eine Übersicht des groben Geflechtes kooperierender Suchmaschinen ist bei KARZAUNINKAT (2005) zu finden.

B.3   Zur Entwicklung des Internetnutzers

Da die Entwicklung des Internet und deren Technologien bzw. Dienstleistungen noch nicht abgeschlossen ist, kann nicht von *dem* Internetnutzer gesprochen werden (SCHWICKERT (1998)). Es gibt jedoch verschiedene Studien, die in regelmäßigen Abständen durchgeführt werden und die sozio-demographischen Merkmale der erhobenen Nutzer widerspiegeln. Seit 1999 existiert die ARD/ZDF-Online Studie, deren Ergebnisse in jährlichen Veröffentlichungen präsentiert werden, siehe VAN EIMEREN/ GERHARD (1999 und 2000) oder VAN EIMEREN ET AL. (2001, 2002, 2003 und 2004). Kein Medium hat sich so schnell im geschäftlichen wie im privaten Umfeld in Deutschland integriert. Das Internet wird als Medium angesehen, in dem nach beliebigen Informationen gesucht werden kann und diese meistens gefunden werden. Das Internet wird als ein modernes Orakel verstanden, das Antworten auf alle Fragen gibt. Es wird auch als Kommunikationsplattform gesehen, als unendlicher Informationspool, das interaktiv unterhält und auch zum Einkaufen dient (VAN EIMEREN/ GERHARD (1999)).

Im Jahr 1997 waren nur rund 6,5% der Bevölkerung Deutschlands online, mittlerweile liegt dieser Anteil mit 52,6% über der Hälfte. Der Internetpionier Mitte der 90er Jahre war 20-39 Jahre alt, berufstätig und formal gebildet (Schulabschluss bzw. Studium). 'Ich bin drin' wurde durch die AOL Kampagne mit Boris Becker 1999 (MÜLLER (2002)) zu der Zugangsformel oder der zentralen Zugangsparole, deren Werbebotschaft eindeutig war: Jedermann kann online gehen.

In einer aktuellen Studie von VAN EIMEREN ET AL. (2004) stellte sich heraus, dass die Internetnutzung habitualisierter und zielgerichteter ist als dies in den Anfangsjahren des Internet-Booms der Fall war.

Ein gravierender Strukturwandel vom experimentierfreudigen Pionier zu den etablierten Nutzern (Mainstream) fand statt, die ein engmaschiges Bewegungsumfeld im Web abgesteckt haben. So ist die Zahl besuchter Seiten über die Jahre gesunken. Die offline Medien wie TV und Zeitungen spielen wieder verstärkt eine Rolle bei der Auffindung von neuen Webseiten. Ebenso ist die persönliche Kommunikation mit Bekannten und Freunden wichtig, so gaben 63% der Befragten an, dass sie durch Tipps von Bekannten neue Webangebote finden (VAN EIMEREN ET AL. (2004)).

Den wichtigsten Zugangsweg stellen jedoch die Suchmaschinen und Kataloge dar. 74% der Befragten gaben an, dass dieses ihre zentrale Quelle für das Auffinden von Webseiten ist. Das Internet dient vor allem der Information, der Kommunikation per eMail oder als Shop, die Nutzung von Newsgroups, Chats, Computerspielen und Download-Angeboten ist rückläufig. Dahingegen werden Online Banking und Auktionen häufig genutzt. Das Einholen von tagesaktuellen Informationen steht an oberster Stelle, gefolgt von Informationen für die Freizeit oder Veranstaltungstipps.

Dem heutigen Internetnutzer ist es wichtig, dass Webseiten übersichtlich aufgebaut sind und die Navigation innerhalb oder zwischen Websites einfach ist. Mangelnde Schlichtheit, zuviel Werbung und Pop-Ups sowie eine irreführende Navigation wird vom Nutzer als negativ empfunden. Nach dem rasanten Wachstum und der Experimentierfreudigkeit stellen sich langsam Sättigungseffekte bei der Nutzungs- und Verweildauer ein.

Bei SEVENONE INTERACTIVE (2004), @FACTS MONTHLY (2004) und @FACTS BASICS (2004) zeigte sich ebenfalls in neueren Erhebungen 2004, dass mehr als die Hälfte (54,6%) der Deutschen das Internet nutzen. Zu den bekannten Webangeboten zählen das Auktionshaus Ebay (91,7% kannten dieses) und Google (87,5%), danach folgte T-Online (81,8%). Von denen, die angaben, Internetzugang zu haben, gehen 21,5% täglich und 18,5% mehrmals die Woche online. Auch der Zugang zum Internet wird schneller, 38,6% nutzen ISDN und schon 25,9% DSL.

KÖCHER (2004) fand heraus, dass am liebsten nach Reisezielen (73%) und Informationen zu Beruf/Ausbildung/Schule (71%) gesucht wird. Nachschlagewerke und Veranstaltungshinweise werden mit 69% der Personen ebenfalls häufig aufgerufen oder gesucht. Danach spielen Informationen zu Produkten, dem Wetter oder Fahr- und Flugplänen (66%) eine weitere große Rolle. HOLTROP ET AL. (2003) beschreiben in ihrem Buch 'Deutschland online' die gesellschaftliche und wirtschaftliche Bedeutung des Internet für Deutschland. Es sollte die Frage geklärt werden, ob das Internet tatsächlich heutzutage einen alltäglichen Bestandteil darstellt, was bestätigt wurde.

Beim Online Reichweitenmonitor (GFK-ONLINE-MONITOR (2000)) oder bei der Studie W3B (2004) werden ebenfalls in regelmäßigen Abständen die Internetnutzer und deren Nutzungsverhalten erhoben. In den USA gibt es die Studie GVU (1999). FRITZ (2000) definiert in Anlehnung an den GFK-ONLINE-MONITOR (2000) typische Internetnutzergruppen wie den Profi, den Praktiker, den Gameboy, den Klicker, das Cybergirl oder den Young Professionell.

B.4 Das Internet als Werbemedium

Das Internet vermittelt gegenüber dem traditionellen offline Marketing völlig neue Perspektiven der Kommunikation zwischen Kunden und Anbietern (vgl.

STOLPMANN (2001)). Das Online-Marketing ist zu einem bedeutenden Faktor im Tagesgeschäft von Firmen geworden und kann vor allem Zielgruppen-spezifisch gestaltet werden (HOLTROP ET AL. (2003)). SCHWICKERT (1998) geht auf die positiven Gründe ein, die das Online-Marketing mit sich bringt. Eine Webseite ist immer erreichbar, der interessierte Konsument im mobilen Zeitalter kann Informationen über Produkte jederzeit abrufen. Des Weiteren sei auch die Interaktivität des Medium Internet genannt. Zusätzlich wird der Konsument nicht nur passiv durch Werbung erreicht, sondern er informiert sich auch aktiv online. Das Internet wandelte den Kommunikationsprozess von Push zu Pull (siehe auch STOLPMANN (2001)); der Anbieter muss die Information nicht mehr nur an den Konsumenten heranbringen, sondern der Konsument kann sich diese auch abholen, wenn er darauf zugreifen möchte. Der Konsument befindet sich dadurch vor dem Besuch einer Webseite, nach der er gesucht hat, in einem aktivierten Zustand (KROEBER-RIEL/ WEINBERG (2003), S. 49) und wird deswegen aufmerksamer die Inhalte der aufgerufenen Webseite betrachten.

Tipps, wie sich Websites im Web präsentieren sollten und worauf zu achten ist, sind bei POHL (2002) zu finden. Dabei ist laut HANSON (2000) mittlerweile das Bilden einer Marke im Web wichtig, um den Besucherstrom auf den Webseiten zu erhöhen. Eine Anleitung für die Erhöhung der Anziehungskraft für Online-Besucher und potentielle Kunden beschreibt COLOMBO (2001). Bei HARTMAN (2000) ist am Beispiel der Cisco Systems dargestellt, wie anhand einer schrittweisen Durchführung ein Unternehmen den Online-Auftritt zu planen hat, indem der Mehrwert des Mediums Internet ausgeschöpft wird, um auch online durchschlagenden Erfolg zu haben. Aus Marketing-Sicht ist es für Firmen und Dienstleister, die ihre Angebote (auch) im Internet präsentieren, relevant zu wissen, wie Konsumenten auf ihnen unbekannte Webseiten aufmerksam werden. Bei DRÈZE/ ZUFRYDEN (2004) werden Möglichkeiten genannt und erhoben, wie Konsumenten neue Websites finden. WILSON (2003) gibt eine regelrechte Checkliste, um die Online-Sichtbarkeit für Neu-Besucher und damit potentielle Neu-Kunden zu verbessern. Daraus wurden die folgenden Begriffe und Regeln abgeleitet, wobei auf die offline Möglichkeiten nur am Rande eingegangen wird.

- Direkte Eingabe einer URL: Viele WWW–Adressen sind so aufgebaut, dass Konsumenten durch das 'Ausprobieren' passender Adressen die gewünschten Seiten finden können (www.telefonbuch.de).

- Links auf Webseiten: Auf Webseiten sind oft weiterführende Links zu finden, denen Internetnutzer folgen können. Diese Links führen entweder auf Seiten innerhalb der besuchten Website oder zu anderen Websites, die weiterhelfen können; es sind aber auch Links in Suchmaschinen oder Online-Shops möglich, in denen dann weiter nach gewünschten Informationen oder Produkten gesucht werden kann.

- eMails: In Werbe-eMails, die (un-)erwünschterweise den Konsumenten erreichen, sind Hinweise auf Produkte oder Sonderaktionen enthalten, die mit einem Hyperlink unterlegt sein können. Über diesen können Konsumenten direkt zu dem Online-Angebot gelangen (Push: Geht von den Website-Betreibern aus). Eine andere Möglichkeit sind die, vom Nutzer abonnierten, Newsletter von, ihm bereits bekannten, Websites, um über Angebote oder neue Produkte informiert zu werden (Pull: Geht vom Konsumenten aus). HOLTROP ET AL. (2003) schreiben, dass das eMail-Marketing dem Versenden von Katalogen entspricht.

- Online Artikel: Artikel, die online einzusehen sind, enthalten oft Informationen über Firmen, Produkte oder Angebote, die online verfügbar sind. Der Konsument kann diesen Hinweisen über einen Hyperlink folgen.

- Online Werbung: Es gibt verschiedene Formen der Online Werbung (Banner, CyberSpots, AdSpots, Pop Ups oder Unders etc.), die mit einem Hyperlink zu der entsprechenden Webseite hinterlegt sind, auf denen die beworbenen Produkte zu finden sind (INTERNETZENTRALE (2005)). Preise für Banner-Werbung und verschiedene Mediendaten von Online-Angeboten sind bei SEVENONE INTERACTIVE (2004) beschrieben.

- Communities: Im Internet sind die verschiedensten News Groups oder auch Chatrooms zu allgemeinen oder sehr speziellen Themenbereichen zu finden. Hier kann der Konsument ebenfalls auf neue Produkte oder Webseiten aufmerksam werden. Auf die Möglichkeiten und Wichtigkeit der Vernetzung von solchen untereinander kommunizierenden Einheiten gehen HAGEL (1999) und KELLY (1998) ein.

- Suchdienste: Es gibt im Internet drei grundsätzliche Arten von Suchdiensten: Suchmaschinen (www.google.de), Verzeichnisse (www.dmoz.com) und Meta-Suchmaschinen oder auch Metasucher (www.metager.de). Diese Suchdienste haben zum Teil einen eigenen Index, in dem Webseiten gespeichert sind, zum Teil greifen sie auf den Index anderer zu. Der Internetnutzer muss hier aktiv, ihn interessierende, Begriffe eingeben, zu denen er dann mehrere Ergebnisseiten geliefert bekommt, die zu der Suchanfrage passende Links zu Webseiten enthalten.

- Offline Werbung: Der Konsument erfährt durch Kampagnen in Rundfunk, Fernsehen oder Zeitschriften, die offline statt finden, von neuen Webseiten.

- Mund-zu-Mund-Propaganda: Der Konsument wird von Freunden, Bekannten oder Kollegen über neue Produkte, Angebote oder Websites informiert.

Doch welches sind die wichtigsten Möglichkeiten, Konsumenten auf neue Angebote oder Produkte auf Webseiten aufmerksam zu machen? Die zehnte GVU WWW User Survey 1999 fand heraus, dass 86% der in Europa befragten Personen einem Link auf einer Webseite folgen, um so zu einer anderen Seite zu gelangen. Ähnlich viele Personen (87%) gaben an, dass sie Suchmaschinen benutzen, um interessante Webseiten zu finden (GVU (1999)). Bei JANSEN/ POOCH (2001) wird dieser Anteil mit 71% (basierend auf einer Studie der CommerceNet/Nielsen Media) angegeben. Eine Telefonumfrage des Pew Internet & American Life Projects gibt an, dass 90% der 18- bis 64-jährigen Informationen mit Hilfe von Suchmaschinen finden (EMARKETER (2004)). Laut den bei SEARCHENGINEWATCH (2004b) veröffentlichten Auszügen von Ergebnissen verschiedener Studien wählten 73, 4% Suchmaschinen, um neue Webseiten zu finden. Im Februar 2003 kamen 13 Prozent des Besucherstroms einer Webseite über Suchmaschinen, im Jahr davor waren es nur 8 Prozent. Ein großer Anteil der Personen, die eine Webseite besuchen, um dort ein Produkt zu kaufen, nutzten zum Auffinden der Seite eine Suchmaschine. Wie aus den oben aufgeführten Zahlen ersichtlich ist, sind Suchmaschinen als eine Unterkategorie der im Internet angebotenen Suchdienste vor allem von Bedeutung, um neue Webseiten zu finden. Doch um Angebote richtig zu platzieren und um Suchmaschinen benutzerfreundlich zu gestalten, muss das menschliche Suchverhalten und die Interaktion des Menschen mit Suchmaschinen verstanden werden.

Anhang C

Fragebogen

Suchmaschinen und Suchverhalten im Internet:

Immer häufiger werden Suchmaschinen als Einstiegspunkte in das Web genutzt, um Informationen oder interessante Webseiten zu finden. Wir möchten gerne von Ihnen wissen, wie Sie Suchmaschinen einsetzen und welche Strategien Sie verfolgen, um sich im Netz zurecht zu finden. Wir wollen mit Ihrer Hilfe Verbesserungsmöglichkeiten für Suchmaschinen herausfinden.

Wir würden uns freuen, wenn Sie sich ein paar Minuten Zeit nehmen, um die folgenden Fragen zu beantworten.

Wir danken Ihnen für Ihre Unterstützung!

C.1 Standardnutzung von Suchmaschinen

1. In welchen Zeitabständen nutzen Sie Suchmaschinen?
   Antwortkategorien: mehrmals täglich, täglich, wöchentlich, monatlich, nie

2. Welchen Suchdienst nutzen Sie am häufigsten?
   Antwortkategorien: freie Antwort

3. Welchen Suchdienst nutzen Sie am zweit häufigsten?
   Antwortkategorien: freie Antwort

4. In welcher Sprache formulieren Sie meistens Ihre Suchanfragen (deutsch, englisch, etc.)?
   Antwortkategorien: freie Antwort

5. • Aus wie vielen Begriffen bestehen Ihre Suchanfragen normalerweise?

    • Wie viele Anfragen stellen Sie während eines Besuchs einer Suchmaschine normalerweise?

    • Wie viele Ergebnisseiten durchsuchen Sie meistens nach relevanten Ergebnissen?

    Antwortkategorien: 1, 2, 3, 4, 5, mehr als 5

6. • Wie häufig setzen Sie Ihre Suche zu einem späteren Zeitpunkt (nach einer kurzen Pause, am nächsten Tag, nach einer Woche) fort?

    • Wie häufig finden Sie, was Sie suchen?

    • Wie häufig kehren Sie sofort zur Suchmaschine zurück, wenn Sie auf einer gefundenen Seite nicht die gewünschte Information finden?

    Antwortkategorien: sehr häufig, häufig, manchmal, selten, nie

7. Suchen Sie vorwiegend in Themenbereichen, in denen Sie Hintergrundwissen besitzen?

    Antwortkategorien: ja, nein

8. Würden Sie zum Suchen nach Informationen in den folgenden Themenbereichen Suchmaschinen verwenden?

    • Aktuelle Nachrichten (z.B. Politik, Wirtschaft, Sport)

    • Unterhaltung (z.B. Filme, Musik)

    • Freizeit / Hobby (z.B. Kochrezepte, Fitness)

    • Reiseziele (z.B. Hotels,Angebote, Pauschalreisen)

    • Gesundheit (z.B. Ernährung, Krankheiten)

    • Informationen über Personen

    • Informationen zu Produkten

    • Recherche für fachliche Informationen

    • Erotische Inhalte

    • Sonstige Themenbereiche

    Antwortkategorien: auf jeden Fall, wahrscheinlich, vielleicht, unwahrscheinlich, auf gar keinen Fall

C.2 Nutzungsweise spezieller Suchfunktionen/-strategien

1. Haben Sie sich eine Suchsymbolleiste, wie bspw. die Google-Toolbar, heruntergeladen?
   Antwortkategorien: ja, nein, weiß nicht

2. Wenn ja, welche?
   Antwortkategorien: freie Antwort

3. • Wie häufig gestalten Sie Ihre Suche komplex, indem Sie Operatoren wie AND, +, - oder " " einsetzen (bspw. auto AND billig, "Universität Karlsruhe", Hund + Katze + Maus)?

   • Wie häufig benutzen Sie " ", um zu erreichen, dass die Suchwörter genau in der Form in einem Dokument vorkommen (z. B. "Jens Müller")?

   Antwortkategorien: sehr häufig, häufig, manchmal, selten, nie

4. Wie häufig wenden Sie eine der folgenden Suchstrategien an?

   • Ich beginne die Suche mit allgemeinen Suchbegriffen und enge diese schrittweise ein, bspw., indem ich Operatoren benutze (AND, + oder " ").

   • Ich beginne die Suche mit sehr speziellen Suchbegriffen und verallgemeinere anschließend die Anfrage, wenn ich zu wenig Ergebnisse erhalte.

   • Ich verwende keine bestimmte Strategie.

   Antwortkategorien: sehr häufig, häufig, manchmal, selten, nie

5. Wie häufig wenden Sie eine der folgenden Strategien an, wenn eine Suchanfrage erfolglos war?

- Ich benutze die gleiche Suchmaschine, verändere aber die Anfrage.

- Ich stelle die gleiche Anfrage an eine andere Suchmaschine.

- Ich stelle eine veränderte Anfrage an eine andere Suchmaschine.

- Ich gebe die Suche auf.

- Sonstiges.

Antwortkategorien: sehr häufig, häufig, manchmal, selten, nie

6. Wie häufig informieren Sie sich online, indem Sie wie folgt vorgehen?

- Ich habe kein spezielles Informationsbedürfnis, ich verschaffe mir einen breiten Überblick durch das Stöbern in möglichen Interessensgebieten, bspw. Schmökern in Online-Tageszeitungen.

- Ich durchstöbere mir bekannte Quellen nach ausgewählten Themen, bspw. besuche ich einen Online-Shop aus meiner Bookmarkliste/ von meinen Favoriten, um nach Angeboten zu suchen.

- Ich führe eine aktive, aber unstrukturierte Suche durch, um mein eigenes Wissen auf einem bestimmten Gebiet zu vertiefen (bspw. suche ich mit einer einfachen Suchanfrage nach italienischen Kochrezepten).

- Ich führe eine aktive und strukturierte Suche nach einer bestimmten Information durch, bspw. formuliere ich eine komplexere Suchanfrage mit Operatoren, um eine ganz bestimmte Information zu erhalten (z.B. ein ganz bestimmtes Kochrezept).

Antwortkategorien: sehr häufig, häufig, manchmal, selten, nie

7. Haben Sie Ihre favorisierte Suchmaschine Ihren Bedürfnissen angepasst bzw. personalisiert?

Antwortkategorien: ja, nein, weiß nicht

C.3 Einschätzung von Suchdiensten

1. Inwieweit treffen die folgenden Aussagen im Umgang mit Suchmaschinen auf Sie zu?

   - Ich weiß einfach nicht genau, wie Suchmaschinen Suchanfragen bearbeiten.
   - Ich kann Operatoren (AND, + oder bspw. " ") nicht effizient einsetzen.

   Antwortkategorien: -2 (trifft nicht zu), -1, 0, 1, 2 (trifft zu)

2. Wie häufig treffen die folgenden Aussagen beim Einsatz von Suchmaschinen auf Sie zu?

   - Ich erhalte viele Links, die irrelevant sind, aber mit meiner Suchanfrage zusammenhängen.
   - Ich erhalte viele Links, die irrelevant sind, aber nichts mit meiner Suchanfrage zu tun haben (Spam-Seiten).
   - Links, die ich aufrufe, existieren nicht mehr.
   - Mich stören andere Aspekte an Suchmaschinen.

   Antwortkategorien: sehr häufig, häufig, manchmal, selten, nie

3. Falls Sie andere Aspekte an Suchmaschinen stören, nennen Sie diese bitte.
   Antwortkategorien: freie Antwort

4. Sind die folgenden Aussagen richtig oder falsch?

   - Bei Google arbeitet eine Redaktion daran, Webseiten in ein Verzeichnis aufzunehmen.
   - Bei DMOZ.com arbeitet eine Redaktion daran, Webseiten in ein Verzeichnis aufzunehmen.
   - Metasuchmaschinen haben ein eigenes Verzeichnis.
   - Metasuchmaschinen suchen gleichzeitig in mehreren Suchmaschinen.
   - Metasuchmaschinen haben ein eigenes Redaktionsteam, das Webseiten bewertet und in Kategorien unterteilt.

   Antwortkategorien: richtig, falsch, weiß nicht

5.   • Wie hoch schätzen Sie den Anteil aller Seiten im Web ein, den Sie über
      Suchmaschinen finden können?

     • Wie hoch schätzen Sie den Prozentsatz aller Suchanfragen ein, die
       Google bearbeitet?

     • Wie hoch schätzen Sie den Anteil aller Seiten im Web ein, den Sie über
       Suchmaschinen finden können?

     Antwortkategorien: 0-25%, 26-50%, 51-75%, 76-95%, 96-100%

6.   Fänden Sie es sinnvoll, wenn es nur eine Suchmaschine gäbe?

     Antwortkategorien: ja, nein, weiß nicht

C.4 Navigation im Internet

1. Welche Startseite nutzen Sie, wenn Sie in das Internet gehen?
   Antwortkategorien: freie Antwort

2. Legen Sie Bookmarks an, um geeignete Seiten wiederzufinden?
   Antwortkategorien: sehr häufig, häufig, manchmal, selten, nie

3. Wie häufig nutzen Sie Portale (T-online, MSN etc.)?
   Antwortkategorien: mehrmals täglich, täglich, wöchentlich, monatlich, nie

4. • Ich finde Werbe-Banner und Werbe-Pop-Ups interessant.

   • Ich finde textuelle Werbung wie AdWords und Sponsored Links bei Suchmaschinen interessant.

   Antwortkategorien: -2 (trifft nicht zu), -1, 0, 1, 2 (trifft zu)

5. Wie häufig finden Sie neue Webseiten durch die folgenden Möglichkeiten?

   • Ich errate die URL, bspw. www.telefonbuch.de.

   • Ich verfolge Links auf mir bekannten Webseiten.

   • Ich werde in Werbemails auf neue Seiten aufmerksam.

   • Ich erfahre von Webseiten in Online-Nachrichtenartikeln.

   • Ich werde in Communities bzw. Chatrooms auf neue Seiten aufmerksam.

   • Ich suche mit Suchmaschinen neue Seiten.

   • Ich suche in Verzeichnissen nach neuen Seiten.

   • Ich erfahre durch Bekannte von neuen Webseiten.

Antwortkategorien: sehr häufig, häufig, manchmal, selten, nie

C.5   Allgemeine Fragen

1. Seit wann (Jahr) nutzen Sie das Internet?
   Antwortkategorien: freie Antwort

2. Wie oft nutzen Sie das Internet?
   Antwortkategorien: mehrmals täglich, täglich, wöchentlich, monatlich, nie

3. Wo haben Sie Zugang zum Internet?
   Antwortkategorien: Geschäftlich, Privat, Unterwegs (Mehrfachnennungen möglich)

4. Welche Technik verwendet Ihr meist genutzter Internet-Zugang?
   Antwortkategorien: Analog-Modem, ISDN, DSL, LAN, GSM/UMTS, Sonstiges, weiß nicht

5. Wie alt sind Sie?
   Antwortkategorien: freie Antwort

6. Was trifft auf Sie zu?

   - Angestellte(r)
   - Arbeiter(in)
   - Beamte(r)
   - Selbständige(r)
   - Auszubildende(r)
   - Hausfrau/-mann
   - Rentner(in)
   - Schüler(in)
   - Student(in)
   - z.Z. keine Erwerbstätigkeit

   Antwortkategorien: Checkbox (nur eine Antwort möglich)

7. Geschlecht
   Antwortkategorien: männlich, weiblich

8. Wie stark ist Ihr Vertrauen in die folgenden Informationsquellen?

   - Tageszeitungen
   - Zeitschriften/Magazine
   - Mitmenschen
   - Fernsehen
   - Online-Nachrichten-Dienste
   - Usenet-News
   - Webseiten

   Antwortkategorien: -2 (überhaupt nicht), -1, 0, 1, 2 (sehr stark)

9. Haben Sie eine eigene Homepage?
   Antwortkategorien: ja, nein

10. Falls Sie eine eigene Homepage haben, haben Sie diese für Suchmaschinen optimiert?
    Antwortkategorien: ja, nein

Literaturverzeichnis

[1] @FACTS MONTHLY (2004): *@facts monthly - Die Internetbasisdaten vom September 2004*, http://www.atfacts.de.

[2] @FACTS BASICS (2004): *@facts basics - I. Quartal 2004*, http://www.atfacts.de.

[3] AGUILAR, F. (1967): *Scanning the Business Environment*, New York: Mc-Milan.

[4] ALLAN, J. (2002): *Introduction to Topic Detection and Tracking*, in: Allan, J. (Hrsg.): Topic Detection and Tracking: Event-based Information Organization, Kluwer Academic Publishers, S. 1–16.

[5] ALLAN, J./ PAPKA, R./ LAVRENKO, V. (1998): *On-Line New Event Detection and Tracking*, Research and Development in Information Retrieval, S. 37–45.

[6] ALLEN, S./ DECIE, K. (2004): *Consumers Reluctant to Spend Even Though Their Satisfaction Remains High: American Customer Satisfaction Index (ACSI) Holds Steady at Ten-Year High*, http://www.theacsi.org/releases.htm.

[7] ANONYMUS (2002): *Search King, Inc. vs. Google, Inc.*, CIV 02 1457 M, http://news.findlaw.com/hdocs/docs/google/skgoogle101702pimot.pdf.

[8] AOL (2004): *Suchdienst*, http://www.aol.com, für den deutschsprachigen Raum bspw. http://www.aol.de.

[9] BAEZA-YATES, R./ RIBEIRO-NETO, B. (1999): *Modern Information Retrieval*, Addison Wesley Publishing Company New York, NY.

[10] BAMBERG, G. / BAUR, F. (1989): *Statistik*, Oldenbourg Verlag.

[11] BANDILLA, W. (1999): *WWW-Umfrage - Eine alternative Datenerhebungstechnik für die empirische Sozialforschung?*, in: Batinic, B./ Reips, U./ Bošnjak, M. (Hrsg.): *Online Social Sciences*, Hogrefe & Huber Publishers.

[12] BAGER, J. (2004): *Gerangel an der Bande: Google AdWords - Werbung mit Risiken*, c't 13/04, S. 170.

[13] BATES, M. (1989): *The Design of Browsing and Berrypicking Techniques for the Online Search Interface*, Online Review, 13, S. 407–424, http://www.gseis.ucla.edu/faculty/bates/berrypicking.html.

[14] BATINIC, B./ REIPS, U./ BOŠNJAK, M. (2002): *Online Social Sciences*, Hogrefe & Huber Publishers.

[15] BATINIC, B./ WERNER, A./ GRÄF, L. / BANDILLA, W. (HRSG.) (1999): *Online Research*, Hogrefe.

[16] BAUER, H. (2001): *Unternehmensportale - Geschäftsmodelle, Design, Technologien*, Galileo Business.

[17] BECKER, A. (2003): *www.teoma.com: Suche in drei Dimensionen*, Tomorrow, Mai 2003, S. 32–37.

[18] BEITZEL, S./ JENSEN, C./ CHOWDHURY, A./ GROSSMAN, D./ FRIEDER, O. (2004): *Hourly Analysis of a Very Large Topically Categorized Web Query Log*, Proceedings of the 2004 ACM SIGIR Conference on Research and Development in Information Retrieval (ACM-SIGIR), Sheffield, UK, July 2004.

[19] BELL, W. (1991): *Searching Behavior: The Behavioural Ecology of Finding Resources*, London, Chapman and Hall.

[20] BERBERICH, K./ VAZIRGIANNIS, M./ WEIKUM, G. (2004): *T-Rank: Time-Aware Authority Ranking*, In Leonardi, St. (Hrsg.) (2004): Algorithms and Models for the Web-Graph: Proceedings of the Third International Workshop, WAW 2004, Springer, S. 131–142.

[21] BEREKOVEN, L./ ECKERT, W./ ELLENRIEDER, P. (1999): *Marktforschung: Methodische Grundlagen und praktische Anwendung*, Gabler Verlag.

[22] BERGMANN, M. (2001): *The Deep Web: Surfacing Hidden Value*, The Journal of Electronic Publishing, `http://www.press.umich.edu/jep/07-01/bergman.html`.

[23] BERNERS-LEE, T. (1980): *The Enquire System - A Short Descrition*, `http://www.w3.org/History/1980/Enquire/`.

[24] BERNERS-LEE, T. (2001): *Semantic Web*, `http://www.w3.org/2001/sw/`.

[25] BERRY, M. (2004): *Survey of Text Mining: Clustering, Classification, and Retrieval*, Springer.

[26] BERRY, M./ BROWNE, M. (1999): *Understanding Search Engines - Mathematical Modeling and Text Retrieval*, Software-Environments-Tools, SIAM.

[27] BHARAT, K./ BRODER, A. (1998a): *A Technique for Measuring the Relative Size and Overlap of Public Web Search Engines*, Computer Networks, 30(1–7), Proceedings of the 7th World Wide Web Conference, S. 107–117.

[28] BHARAT, K./ BRODER, A. (1998b): *Measuring the Web*, Digital Systems Research Center, `http://research.compaq.com/SRC/whatsnew/sem.html`.

[29] BNN (2004): *Wissenschaftler starten Umfrage zu Suchmaschinen*, Badische Neueste Nachrichten, 59. Jahrgang, Nr.179, Ausgabe Karlsruhe.

[30] BOMHARDT, CH./ GAUL, W. (2004): *Web Robot Detection - The Influence of Robots on Web Mining*, Operations Research Proceedings 2003, Springer, Berlin, Heidelberg, 2004, S. 181-188.

[31] BOMHARDT, CH./ GAUL, W./ SCHMIDT-THIEME, L. (2005): *Web Robot Detection - Preprocessing Web Logfiles for Robot Detection*, New Developements in Classification and Data Analysis, Springer, Berlin, 2005, S. 113-124.

[32] BOŠNJAK, M. (2002): *(Non)Response bei Web-Befragungen*, Shaker Verlag.

[33] BOŠNJAK, M./ BATINIC, B. (2002): *Understanding the Willingness to Participate in Online-Surveys - The Case of E-Mail Questionnaires*, in: BATINIC ET AL. (2002).

[34] BRIN, S./ PAGE, L. (1998): *The Anatomy of a Large-Scale Hypertextual Web Search Engine*, Proceedings of the 7th International World Wide Web Conference, S. 107–117.

[35] BROWSERTIMELINES (2004): *Browser Timelines - Releases Important to HTML and CSS Development*, http://www.blooberry.com/indexdot/history/browsers.htm.

[36] BRUZA, P./ DENNIS, S. (1997): *Query ReFormulation on the Internet: Empirical Data and the Hyperindex Search Engine*, 5th RIAO Conference, http://workingweb.com.au/training/RIAO97.pdf.

[37] BUSH, V. (1945): *As We May Think*, The Atlantik Monthly, http://www.ps.uni-sb.de/~duchier/pub/vbush/vbush.shtml.

[38] CHACHEDA, F./ VIÑA, Á. (2001a): *Understanding How People Use Search Engines: A Statistical Analysis For E-Business*, Proceedings of the e-2001 (e-Business and e-Work Conference and Exhibition), 1, S.319–325.

[39] CHACHEDA, F./ VIÑA, Á. (2001b): *Experiencies Retrieving Information in the World Wide Web*, Departemento de Tecnoloxías da Informacións, Facultad de Informática, Universidad de A Coruña, Technical Report, PGIDT 99PX11050/B.

[40] CALISHAIN, T./ DORNFEST, R. (2003): *Google Hacks*, O'Reilly & Associates.

[41] CALISHAIN, T./ DORNFEST, R./ ADAMS, D. (2003): *Google Pocket Guide*, O'Reilly & Associates.

[42] CATLEDGE, L./ PITKOW, J. (1995): *Characterizing Browsing Strategies in the World Wide Web*, The Third International World Wide Web Conference, Technology, Tools and Applications, http://www.igd.fhg.de/archive/1995_www95/proceedings/papers/80/userpatterns/UserPatterns.Paper4.formatted.html.

[43] CHANG, G./ HEALY, M./ MCHUGH, J./ WANG, J. (2001): *Mining the World Wide Web - An Information Search Approach*, The Kluwer International Series on Information Retrieval, Kluwer Academic Publishers.

[44] CHARIKAR, M./ CHEN, K./ FARACH-COLTON, M. (2002): *Finding Frequent Items in Data Streams*, Proceedings International Colloquium on Automata Languages and Programming 2002.

[45] CHARNY, B. (2004): JANET JACKSON'S FLASH DANCE TOPS WEB SEARCH, published on ZDNet News: February, 2004, http://news.zdnet.com/2100-3513_22-5153330.html.

[46] CHOO, CH./ DETLOR, B./ TURNBULL, D. (2000a): *Information Seeking on the Web: An Integrated Model of Browsing and Searching*, First Monday 5, 2, http://firstmonday.org/issues/issue5_2/.

[47] CHOO, CH./ DETLOR, B./ TURNBULL, D. (2000b): *Working the Web: An Empirical Model of Web Use*, HICSS 33 (33rd Hawaii International Conference on System Science), Knowledge: Creation, Organization and Use, 7, S. 2064.

[48] CHOO, CH./ MARTON, CH. (2003): *Information Seeking on the Web by Women in IT Professions*, Internet Research, 13(4), S. 267–280.

[49] COCKBURN, A./ MCKENZIE, B. (2001): *What do Web Users do? An Empirical Analysis of Web Use*, International Journal of Human-Computer Studies, 54(6), S. 903–922.

[50] COLOMBO, G. (2001): *Capturing Customers.com - Radical Strategies for Selling and Marketing a Wired World*, Career Press, Franklin Lakes, NJ.

[51] COOPER, B. (2001): *Searching the Internet*, Dorling Kindersley - Essential Computers.

[52] CORNELSON, M./ GREENGRASS, E./ GROSSMAN, R./ ARIDI, R./ SHNIDMAN, D. (2004): *Combining Families of Information Retrieval Algorithms Using Metalearning*, in: Berry (2004).

[53] COTHEY, V. (2002): *RESEARCH - A Longitudinal Study of Worl Wide Web Users' Information-Searching Behavior*, Journal of the American Society for Information Science and Technology: JASIST, 53(2), S. 67–78.

[54] CYBERATLAS (2004): *U.S. Web Usage and Traffic*, http://www.clickz.com/stats/big_picture/traffic_patterns/article.php/3395351.

[55] DACONTA, M./ OBRST, L./ SMITH, K. (2003): *The Semantic Web*, Wiley.

[56] DECKER, D. (2001): *Marktforschung mit dem Internet - Einsatzmöglichkeiten, Grenzen und Entwicklungspotentiale*, Tectum Verlag.

[57] DENIC (2004): *Statistiken*, Deutsches Network Information Center, http://www.denic.de/de/domains/statistiken/index.html.

[58] DIAZ, F./ JONES, R. (2004): *Using Temporal Profiles of Queries for Precision Prediction*, Proceedings SIGIR International Conference on Information Retrieval.

[59] DMOZ (2006): *Open Directory Project*, größtes von Menschenhand gestaltetes Verzeichnis, http://www.dmoz.com/.

[60] DÖPFNER, M./ HOLTROP, TH./ WIRTZ, B. (2003): *Deutschland Online. Entwicklungsperspektiven der Medien- und Internetmärkte*, Th. Gabler Verlag.

[61] DÖRING, N. (2003): *Sozialpsychologie des Internet - Die Bedeutung des Internet für Kommunikationsprozesse, Identitäten, soziale Beziehungen und Gruppen*, Internet und Psychologie - Neue Medien in der Psychologie, Hogrefe, Verlag für Psychologie.

[62] DRÈZE, X./ ZUFRYDEN, F. (2004): *The Measurement of Online Visibility and its Impact on Internet Traffic*, Journal of Interactive Marketing, 18(1), S. 20–37.

[63] EASTMAN, C./ JANSEN, B. (2003): *Coverage, Relevance, and Ranking: The Impact of Query Operators on Web Search Engine Results*, ACM Transactions on Information Systems, 21(4), S. 383–411.

[64] ELLIS, D. (1989): *A Behavioural Model for Information Retrieval System Design*, Journal of Information Science, 15(4/5), S. 237–247.

[65] ELLIS, D./ COX, D./ HALL, K. (1993): *A Comparison of the Information Seeking Patterns of Researchers in the Physical and Social Sciences*, Journal of Documentation, 49(4), S. 356–369.

[66] EMARKETER (2004): *E-Mail Marketing*, http://www.emarketer.com/ Report.aspx?email_jun04.

[67] ENGELBART, D. (1962): *Augmenting Human Intellect: A Conceptual Framework*, AFOSR-3233, Summary Report, CONTRACT AF49(638)-1024, http://www.bootstrap.org/augdocs/friedewald030402/ augmentinghumanintellect/ahi62index.html.

[68] FORTIN, D. (1998): *Methodological Issues About Experimental Research Conducted Through a Web Interface*, Proceedings of the Australian and New Zealand Marketing Academy Conference, S. 759–765.

[69] FRENCH, K./ ROLL, R. (1986): *Stock Return Variances: The Arrival of Information and the Reaction of Traders*, in: Lo, A.W. (1997): Market Efficiency: Stock Market Behavior in Theory and Practice, Volume I, Edward Elgar Publishing Limited, Cheltenham, UK.

[70] FRITZ, W. (2000): *Internet-Marketing und Electronic Commerce: Grundlagen, Rahmenbedingungen, Instrumente*, Gabler Verlag.

[71] FROOGLE (2004): *'Einkaufshelfer' von GOOGLE bei Produkten zum Kauf online*, http://froogle.google.com.

[72] FROSCH-WILKE, D. (2002): *Das Internet als Marketingmedium*, in: Frosch-Wilke, D./ Roth, Ch. (Hrsg.): Marketing-Kommunikation im Internet: Theorie, Methoden und Praxisbeispiele vom One-to-One bis zum Viral-Marketing, Vieweg Verlag.

[73] GAUL, W./ SCHMIDT-THIEME, L. (2002): *Web Controlling und Recommendersysteme*, in: Hippner, H./ Merzenich, M./ Wild, K.D. (Hrsg.): Handbuch Web Mining im Marketing, Vieweg, S. 235–247.

[74] GAUL, W./ BOMHARDT, CH./ SCHMIDT-MÄNZ, N. (2004): *Einsatz von Computergestützter Lehrveranstaltungsevaluation*, Zeitschrift für Evaluation, Heft 01/2004.

[75] GFK-ONLINE-MONITOR (2000): *Internet-Nutzung in Deutschland: Analyse der sechsten Erhebungswelle des GfK-Online-Monitors*, G+J Electronic Media Service AdSales.

[76] GLÖGGLER, M. (2003): *Suchmaschinen im Internet - Funktionsweisen, Ranking Methoden, Top Positionen*, Springer Verlag.

[77] GOKER, A./ HE, D. (2000): *Analysing Web Search Logs to Determine Session Boundaries for User-Oriented Learning*, Proceedings of International Conference on Adaptive Hypermedia and Adaptive Web-Based Systems, S. 319–322.

[78] GOLDSMITH, R. (2002): *Viral Marketing - Get Your Audience to do Your Marketing for You*, Prentice Hall, Pearson Education, London.

[79] GOOGLE (2004): *Suchdienst*, http://www.google.com oder für den deutschsprachigen Raum bspw. http://www.google.de.

[80] GOOGLE NEWS (2004): *Newsservice von Google*, news.google.com oder für den deutschsprachigen Raum bspw. news.google.de.

[81] GRÄF, L. (2002): *Assessing Internet Questionnaires: The Online Pretest Lab*, in: BATINIC ET AL. (2002).

[82] GREEN, H. (1999): *The Information Gold Mine*, Business Week Online, Ausgabe vom 26. Juni 1999, http://www.businessweek.com/1999/99_30/b3639030.htm.

[83] GRIESBAUM, J./ BEKAVAC, B. (2004): *Von der Kommerzialisierung bis zum Deep Web, Problemfelder der Internetsuche*, in: Hammwöhner, R./ Rittberger, M./ Semar, W. (Hrsg.): Wissen in Aktion - Der Primat der Pragmatik als Motto der Konstanzer Informationswissenschaft, UVK Verlagsgesellschaft mbH, 2004, S. 35–50.

[84] GRIESBAUM, J./ RITTBERGER, M./ BEKAVAC, B. (2002): *Deutsche Suchmaschinen im Vergleich: Altavista.de, Fireball.de, Google.de und Lycos.de*, in: Hammwöhner, R./ Wolff, Ch./ Womser-Hacker, Ch. (Hrsg.), Information und Mobilität, Optimierung und Vermeidung von Mobilität durch Information, Proceedings des 8. Internationalen Symposiums für Informationswissenschaft, Konstanz 2002, S. 201–223.

[85] GVU (1999): *Results of the GVU's Tenth World Wide Web User Survey*, http://www.gvu.gatech.edu/user_surveys/survey-1998-10/.

[86] HAGEL, J./ ARMSTRONG, A.G. (1999): *Net Gain, Profit im Netz, Märkte erobern mit virtuellen Communities*, Falken und Gabler, Management.

[87] HAN, S./ GOKER, A./ HE, D. (2001): *Web User Search Pattern Analysis for Modeling Query Topic Changes*, User modeling for context-aware applications, a workshop of the 8th International Conference on User Modeling.

[88] HANSON, W. (2000): *Principles of Internet Marketing*, South-Western College Publishing.

[89] HÄRTING, N. (2005): *Internetrecht*, Schmidt.

[90] HARTMAN, A./ SIFONIS, J./ KADOR, J. (2000): *Net Ready*, McGraw-Hill.

[91] HAUPTMANN, P. (1999): *Grenzen und Chancen von quantitativen Befragungen mit Hilfe des Internet*, in: Batinic et al. (1999).

[92] HAUPTMANN, P./ LANDER, B. (2001): *Zur Problematik von Internet-Stichproben*, in: Theobald et al. (2001).

[93] HAWKINS, D. (1996): *Hunting, Grazing, Browsing: A Model for Online Information Retrieval*, Online 20 (January/February 1996), S. 71–73.

[94] HENZINGER, M./ MITZENMACHER, M./ NAJORK, M. (1999): *Measuring Index Quality Using Random Walks on the Web*, Proceedings of the 8th International World Wide Web Conference, S. 213–225.

[95] HENZINGER, M. (2003): *Algorithmic Challenges in Web Search Engines*, Internet Mathematics, 1(1), S. 115–126.

[96] HETTICH, ST./ HIPPNER, H. (2001): *Assoziationsanalyse*, in: Hippner, H./ Küsters, U./ Meyer, M./ Wilde, K. (Hrsg.): Handbuch Data Mining im Marketing - Knowledge Discovery in Marketing Databases, Vieweg, S. 427–464.

[97] HILER, J. (2002): *Google Time Bomb - Will Weblogs blow up the World's favorite Search Engine?*, Microcontent News, http://www.microcontentnews.com/articles/googlebombs.htm.

[98] HIPPLER, H. (1988): *Methodische Aspekte schriftlicher Befragungen: Probleme und Forschungsperspektiven*, Planung und Analyse, 15(6), S. 244–248.

[99]   HÖLSCHER, CH. (1999): *Informationssuche im World Wide Web – Messung von Benutzerverhalten*, GOR'99, Deutsche Gesellschaft für Online Forschung.

[100] HÖLSCHER, CH./ STRUBE, G. (1999a): *Searching on the Web: Two Types of Expertise*, Poster Proceedings of ACM-SIGIR'99, S. 305–306.

[101] HÖLSCHER, CH./ STRUBE, G. (1999b): *The Role of Knowledge in WWW Search: Differences in IR Skills and Domain Expertise*, Multi-Modalities and Interactions, HCP'99, S. 425–430.

[102] HÖLSCHER, CH./ STRUBE, G. (2000): *Web Search Behavior of Internet Experts and Newbies*, Proceedings of the 9th International World Wide Web Conference, S. 337–346.

[103] HOLTROP, TH./ DÖPFNER, M./ WIRTZ, B.W. (2003): *Deutschland Online - Entwicklungsperspektiven der Medien- und Internetmärkte*, Gabler.

[104] HOPE (2004): *Happy Birthday eMail*, News Brandaktuell, http://www.mcs.de/news/2004/2004_08_02.html.

[105] HOTCHKISS, G. (2003): *Into the Mind of the Searcher*, A Research Initiative by Enquiro, http://www.enquiro.com.

[106] HOTCHKISS, G./ GARRISON, M./ JENSEN, ST. (2004): *Search Engine Usage in North America*, A Research Initiative by Enquiro, http://www.enquiro.com.

[107] HSIEH-YEE, I. (1993): *Effects of Search Experience and Subject Knowledge on Online Search Behavior: Measuring the Search Tactics of Novice and Experienced Searchers*, Journal of the American Society for Information Science, 44, S. 161–174.

[108] HSIEH-YEE, I. (1998): *Search Tactics of Web Users in Searching for Texts, Graphics, Known Items and Subjects: A Search Simulation Study*, Reference Librarian, 60, S. 61–85.

[109] HSIEH-YEE, I. (2001): *Research on Web Search Behavior*, Library and Information Science Research, 23, S. 167–185.

[110] HUBERMAN, B. (2001): *The Laws of the Web - Patterns in the Ecology of Information*, The MIT Press.

[111] HUBERMAN, B./ PIROLLI, P./ PITKOW, J./ LUKOSE, R. (1998): *Strong Regularities in World Wide Web Surfing*, Science, 280(5360), S. 94–97.

[112] IANA (2004): *IANA ccTLD Database*, Internet Assigned Numbers Authority, http://www.iana.org/cctld/cctld-whois.htm.

[113] ICANN (2004): *New Sponsored TLD Applications*, Internet Corporation For Assigned Names and Numbers, http://www.icann.org/tlds/stld-apps-19mar04/stld-public-comments.htm.

[114] INAN, H. (2002): *Measuring the Success of Your Website: A Customer-Centric Approach to Website Management*, Prentice Hall.

[115] INVISIBLEREVOLUTION (2004): *The History of Doug Engelbart and Interactive Computing*, http://www.invisiblerevolution.net/index-inside.html.

[116] INTERNETZENTRALE - ONLINE MEDIAVERMARKTUNG (2005): *Werbeformen* http://www.internetzentrale.com.

[117] iPROSPECT (2004): *Search Engine User Attitudes*, iProspect—800 522 1152, http://www.iProspect.com.

[118] ISC (2004): *Internet Domain Survey*, Internet Systems Consortium, http://www.isc.org.

[119] JAIN, P./ JOH, G. (1988): *The Dependence between Hourly Prices and Trading Volume*, Journal of Financial and Quantitative Analysis, 23(3), S. 269–283.

[120] JANETZKO, J. (1999): *Statistische Anwendungen im Internet - Daten in Netzumgebungen erheben, auswerten und präsentieren*, Addison-Wesley.

[121] JANSEN, B. (2000): *An Investigation Into the Use of Simple Queries on Web IR Systems*, Information Research, An Electronic Journal, 6(1).

[122] JANSEN, B./ EASTMAN, C. (2003): *The Effects of Search Engines and Query Operators on Top Ranked Results*, Proceedings of the International

Conference on Information Technology: Computers and Communications (ITCC'03), S. 135–139.

[123] JANSEN, B./ GOODRUM, A./ SPINK, A. (2001): *Searching for Multimedia: An Analysis of Audio, Video, and Image Web Queries*, World Wide Web Journal, 3(4), S. 249–254.

[124] JANSEN, B./ POOCH, U. (2001): *Web User Studies: A Review and Framework for Future Work*, Journal of the American Society of Information Science and Technology, 52(3), S. 10073–1074.

[125] JANSEN, B./ SPINK, A. (2000): *Methodological Approach in Discovering User Search Patterns Through Web Log Analysis*, Bulletin of the American Society for Information Science and Technology, 27(1), S. 15–17.

[126] JANSEN, B./ SPINK, A. (2003): *An Analysis of Web Documents Retrieved and Viewed*, Proceedings of the 4th International Conference on Internet Computing, S. 65–69.

[127] JANSEN, B./ SPINK, A. (2006): *How are we searching the World Wide Web? A Comparison of nine Search Engine Transaction Logs*, Information Processing and Management 42(1), 248–263.

[128] JANSEN, B./ SPINK, A./ BATEMAN, J./ SARACEVIC, T. (1998a): *Searchers, the Subjects they Search, and Sufficiency: A Study of a Large Sample of Excite Searchers*, Proceedings of WebNet–98, World Conference on the WWW and Internet.

[129] JANSEN, B./ SPINK, A./ PEDERSEN, J. (2005): *A Temporal Comparison of AltaVista Web Searching*, Journal of the American Society for Information Science and Technology. 56(6), S. 559–570.

[130] JANSEN, B./ SPINK, A./ PFIFF, A. (2000a): *A Linguistical Analysis of World Wide Web Queries*, American Society of Information Science and Technology, Annual Meeting: Knowledge Innovations: Celebrating Our Heritage, Designing Our Future.

[131] JANSEN, B./ SPINK, A./ SARACEVIC, T. (1998b): *Failure Analysis in Query Construction: Data and Analysis from a Large Sample of Web Que-*

ries, Proceedings of the 3rd ACM Conference on Digital Libraries, S. 289–290.

[132] JANSEN, B./ SPINK, A./ SARACEVIC, T. (2000b): *Real Life, Real Users, and Real Needs: A Study and Analysis of User Queries on the Web*, Information Processing and Management, 36(2), S. 2007–2027.

[133] KALBACH, J. (2000): *Designing for Information Foragers: A Behavioral Model for Information Seeking on the World Wide Web*, Internet Working (3.3), 9, itg Publication, `http://www.internettg.org/newsletter/dec00/article_information_foragers.html`.

[134] KAMVAR, S./ HAVELIWALA, T./ MANNING, CH./ COLUB, G. (2003): *Exploiting the Block Structure of the Web for Computing PageRank*, WhitePaper, `http://citeseer.ist.psu.edu/567307.html`.

[135] KANTOR, P./ NORDLIE, R. (1999): *Models of the Behavior of People Searching the Internet*, ASIS '99, Proceedings of the 62nd ASIS Annual Meeting, 36, S. 643–650.

[136] KARZAUNINKAT, ST. (2005): *Die Suchfibel*, `http://www.suchfibel.de`.

[137] KELLY, K. (1998): *New Rules for the New Economy - 10 Radical Strategies for a Connected World*, Penguin Books.

[138] KENNEDY, R./ KENT, T. (2001): *Search Engine Optimization and Placements – An Internet Marketing Course for Webmasters*, The Write Market.

[139] KIM, K./ ALLEN, B. (2002): *RESEARCH - Cognitive and Task Influences on Web Searching Behavior*, Journal of the American Society for Information Science and Technology: JASIST, 53(2), S. 109–119.

[140] KIRSCH, ST. (1998): *Infoseek's Experiences Searching the Internet*, SIGIR Forum, ACM, 32 (2), S. 3–7.

[141] KLEINBERG, J. (1999): *Authoritative Sources in a Hyperlinked Environment*, Journal of the ACM, 46(5), S. 604–632.

[142] KLEINBERG, J. (2005): *Temporal Dynamics of On-Line Information Streams*, wird erscheinen in: M. Garofalakis/ J. Gehrke/ R. Rastogi (2005):

Data Stream Management: Processing High-Speed Data Streams, Springer.

[143] KÖCHER, R. (2004): *ACTA 2004: Das Internet in der Konkurrenz mit anderen Medien*, Allensbacher Computer- und Technik-Analyse, Institut für Demoskopie Allensbach, http://www.acta-online.de.

[144] KÖHLER, M. (2001): *Zur sozialen Verträglichkeit des Internet mit besonderer Berücksichtigung der Variable Einsamkeit*, in: Vitouch, P. (Hrsg.): Psychologie des Internet, WUV Universitätsverlag.

[145] KÖRBER, S. (2000): *Suchmuster erfahrener und unerfahrener Suchmaschinennutzer im deutschsprachigen World Wide Web. Ein Experiment*, http://www.hausarbeiten.de/faecher/vorschau/27.html.

[146] KOMAN, R. (1998): *The Scent of Information: Helping Users find their way by Making Your Site "Smelly"*, WebReview.com, http://www.ddj.com/documents/s=3110/nam1012433977/.

[147] KONTOSTATHIS, A./ GALITSKY, L./ POTTENGER, W./ ROY, S./ PHELPS, D. (2003): *A Survey of Emerging Trend Detection in Textual Data Mining*, in: Berry, M.W. (2003): Survey of Text Mining - Clustering, Classification, and Retrieval, Springer.

[148] KOTLER, PH. (2003): *Marketing - Märkte schaffen, erobern und beherrschen*, Econ.

[149] KREMPL, ST. (2004): *Bundestag sorgt sich um Vielfalt im Suchmaschinenmarkt*, Heise Newsticker, Meldung 48398, http://www.heise.de/newsticker/meldung/48398.

[150] KROEBER-RIEL, W./ WEINBERG, P. (2003): *Konsumentenverhalten*, 8. Auflage, Verlag Vahlen.

[151] KRÖGER, D./ GIMMY, M. (200o): *Handbuch zum Internetrecht : Electronic Commerce - Informations-, Kommunikations- und Mediendienste*, Springer.

[152] KROL, E. (1995): *Die Welt des Internet - Handbuch und Übersicht*, O'Reilly - International Thomson Verlag.

[153] LAU, T./ HORVITZ, E. (1999): *Patterns of Search: Analyzing and Modeling Web Query Refinement*, Proceedings of the 7th International Conference of User Modeling, S. 119–128.

[154] LAVRENKO, V./ SCHMILL, M./ LAWRIE, D./ OGILVIE, P./ JENSEN, D./ ALLAN, J. (2000): *Mining of Concurrent Text and Time-Series*, KDD-2000 Workshop on Text Mining.

[155] LAWRENCE, ST./ GILES, C. (1999): *Accessibility of Information on the Web*, Commentary, Nature, 400, S. 107–109.

[156] LEMPEL, R./ MORAN, SH. (2003): *Predictive Caching and Prefetching of Query Results in Search Engines*, Proceedings of the 12th International Conference on World Wide Web, Budapest, Ungarn, S. 19 – 28 .

[157] LENSSEN, PH. (2004): *Search Engine History*, Google Blogoscoped, `http://blog.outer-court.com/history/`.

[158] LENT, B./ AGRAWAL, R./ SRIKANT, R. (1997): *Discovering Trends in Text Databases*, Proceedings of the 3rd International Conference on Knowledge Discovery in Databases and Data Mining, AAAI Press, S. 227–230.

[159] LEWANDOWSKI, D. (2003): *Suchmaschinen-Update: Markttrends und Entwicklungsperspektiven bei WWW-Universalsuchmaschinen*, Proceedings der Competence in Content: 25. Online-Tagung der DGI, S. 25–35.

[160] LEWANDOWSKI, D. (2004): *Technologie-Trends im Bereich der WWW-Suchmaschinen*, Proceedings der Information Professional 2011: 26. Online-Tagung der DGI, S. 183–195.

[161] LEWANDOWSKI, D. (2005): *Web Information Retrieval: Technologien zur Informationssuche im Internet*, Frankfurt am Main: DGI, 2005 (Informationswissenschaft; 7).

[162] LINOFF, G./ BERRY, M. (2001): *Mining the Web - Transforming Customer Data into Customer Value*, Wiley.

[163] LIVINGINTERNET (2004): *Living Internet*, `http://livinginternet.com/`.

[164] LUCAS, W./ TOPI, H. (2002): *Form and Function: The Impact of Query Term and Operator Usage on Web Search Results*, Journal of the American Society for Information Science and Technology, 53(2), S. 95–108.

[165] MACHILL, M./ NEUBERGER, CH./ SCHINDLER, F. (2002): *Transparenz im Netz - Funktionen und Defizite von Internet-Suchmaschinen*, Gütersloh 2002, Verlag Bertelsmann Stiftung.

[166] MACHILL, M./ NEUBERGER, CH./ SCHWEIGER, W./ WIRTH, W. (2003): *Wegweiser im Netz - Qualität und Nutzung von Suchmaschinen*, in: Machill/ Welp, (Hrsg.): Wegweiser im Netz - Qualität und Nutzung von Suchmaschinen, Verlag Bertelsmann Stiftung, S. 13–490.

[167] MACHILL, M./ WELP, C. (HRSG.) (2003): *Wegweiser im Netz - Qualität und Nutzung von Suchmaschinen*, Verlag Bertelsmann Stiftung.

[168] MARCHIONINI, G./ DWIGGINS, S./ KATZ, A./ LIN, X. (1993): *Information Seeking in Full-Text End-User-Oriented Search Systems: The Roles of Domain and Search Expertise*, Library and Information Science Research, 15, S. 35–69.

[169] MARCHIONINI, G. (1995): *Information Seeking in Electronic Environments*, Cambridge, Cambridge University Press.

[170] MATHIESEN, M. (1995): *Marketing on the Internet: A Proven 12-Step Plan for Promoting, Selling, and Delivering Your Products and Services to Millions over the Information Superhighway*, Maximum Press.

[171] McCUE, C. (2000): *CliffsNotes^{TM} Finding What You Want on the Web - What You Need to Know now!*, Hungry Minds.

[172] McINISCH, TH./ WOOD, R. (1985): *Intraday and Overnight Returns and Day-Of-The-Week Effects*, The Journal of Financial Research, 8(2), S. 119–126.

[173] McINISCH, TH./ WOOD, R.. (1991): *Hourly Returns, Volume, Rade Size, And Number of Traders*, The Journal of Financial Research, 14(4), S. 303–315.

[174] MERKUR (2004): *Internet-Suche: So finden Sie den Weg durch den Daten-Dschungel*, Münchner Merkur, Nr. 215.

[175] METAGER (2004): *Suchdienst*, http://www.metager.de.

[176] MILLER, G./ GALANTER, E./ PRIBRAM, K. (1970): *Plans and the Structure of Behavior*, London: Holt, Rinehart and Winston.

[177] MONTES-Y-GÓMEZ, M./ GELBUKH, A./ LÓPEZ-LÓPEZ, A. (2001): *Mining the News: Trends, Associations, and Deviations*, Computación y Sistemas, 5(1), S. 14–24.

[178] MONTGOMERY, A./ FALOUTSOS, CH. (2001): *Identifying Web Browsing Trends and Patterns*, Computer, Internet Watch. 34(7), S. 94–95.

[179] MORINAGA, S./ YAMANISHI, K. (2004): *Tracking Dynamics of Topic Trends using a Finite Mixture Model*, Proceedings of the 2004 ACM SIGKDD international conference on Knowledge discovery and data mining, S. 811–816.

[180] MSN (2004): *Suchdienst*, http://www.msn.com, für den deutsprachigen Raum bspw. http://www.msn.de.

[181] MÜLLER, K. (2002): *Boris Becker ist wieder "drin" - AOL filmt neuen Werbespot mit ehemaligem Tennis-Profi*, http://www.teltarif.de/arch/2002/kw05/s7101.html.

[182] NÄF, M./ STREULE, P./ HARTMANN, W. (2000): *Risiko Internet? - Sicherheitsaspekte bei der Internet-Benutzung*, Orell Füssli Verlag AG.

[183] NAVARRO-PRIETO, R./ SCAIFE, M./ ROGERS, Y. (1999): *Cognitive Strategies in Web Searching*, 5th Conference on Human Factors and the Web, Proceedings, http://zing.ncsl.nist.gov/hfweb/proceedings/navarro-prieto/.

[184] NICHOLSON, S. (1997): *Indexing and Abstracting on the World Wide Web: An Examination of Six Web Databases*, Information Technology and Libraries, 16(2), S. 73–81.

[185] NIELSEN, J. (2003): *Information Foraging: Why Google Makes People Leave Your Site Faster*, Jakob Nielsen's Alertbox, June 30, 2003, `http://www.useit.com/alertbox/20030630.html`.

[186] NOBLES, R./ O'NEIL, S. (2000): *Maximize Web Site Traffic — Build Web Site Traffic Fast and Free by Optimizing Search Engine Placement*, Streetwise.

[187] NOTESS, G. (2004): *Internet Search Engine Update*, ONLINE, 28(2), S. 14.

[188] ONDRUSEK, A. (2004): *The Attributes of Research on End-User Online Searching Behavior: A Retrospective Review and Analysis*, Library and Information Science Research, 26, S. 221–265.

[189] OZMUTLU, S./ OZMUTLU, H./ SPINK, A. (2003a): *Are People asking questions of general Web Search Engines?*, Online Information Review, 27(6), S. 396–406.

[190] OZMUTLU, S./ OZMUTLU, H./ SPINK, A. (2003b): *A Study of Multitasking Web Search*, Proceedings of the International Conference on Information Technology: Computers and Communications (ITCC'03), S. 145–148.

[191] OZMUTLU, H./ SPINK, A./ OZMUTLU, S. (2002):*Analysis of Large Data Logs: An Application of Poisson Sampling on Excite Web Queries*, Information Processing and Management, 38, S. 473–490.

[192] OZMUTLU, S./ SPINK, A./ OZMUTLU, H. (2004): *A Day in the Life of Web Searching: An Exploratory Study*, Information Processing and Management, 40, 319–345.

[193] PFLEIDERER, R. (2001): *Zufallsauswahl im Internet*, in: Theobald et al. (2001).

[194] PIROLLI, P./ CARD, ST. (1999): *Information Foraging*, Psychological Review, 106(4), S. 643–675.

[195] POHL, J. (2002): *Hochprozentig - Tipps und Tricks für ein Top-Ranking*, Internet Professionell, 9/2002, S. 66–71.

[196] POLLOCK, A./ HOCKLEY, A. (1997): *What's Wrong with Internet Searching*, D-Lib Magazine, http://www.dlib.org/dlib/march97/bt/03pollock.html.

[197] PROCTOR, E. (2002): *Boolean Operators and the Naive End-User: Moving to AND*, ONLINE, July/August 2002, S. 34–37.

[198] RIEH, S./ XIE, H. (2001): *Patterns and Sequences of Multiple Query Reformulations in Web Searching: A Preliminary Study*, Proceedings of the 64th ASIST Annual Meeting, 38, S. 246–255.

[199] ROSENFELD, L./ MORVILLE, P. (1998): *Information Architecture for the World Wide Web*, O'Reilly.

[200] ROSS, N./ WOLFRAM, D. (1999): *End User Searching on the Internet: An Analysis of Term Pair Topics Submitted to the Excite Search Engine*, Journal of the American Society for Information Science, 51(10), S. 949–958.

[201] ROY, S./ GEVRY, D./ POTTENGER, W. (2002): *Methodologies for Trend Detection in Textual Data Mining*, Proceedings of the Textmine '02 Workshop, Second Siam Conference on Data Mining.

[202] SAMSON, M. (2003): *Search King, Inc. vs. Google Technology, Inc*, Case No. Civ-002-1457-M (W.D. Okla., Jan. 13, 2003), http://www.phillipsnizer.com/library/cases/lib_case337.cfm.

[203] SARACEVIC, T./ KANTOR, P. (1991): *Online Searching: Still an imprecise art*, Library Journal, 116(16), S. 47–51.

[204] SCHACH, S./ SCHÄFER, TH. (1978): *Regressions- und Varianzanalyse: Eine Einführung*, Springer Verlag, Berlin.

[205] SCHILLEWAERT, N./ LANGERAK, F./ DUHAMEL, T. (1998): *Non Probability Sampling for WWW Surveys: A Comparison of Methods*, Journal of the Market Research Society, 40 (4), 307–322.

[206] SCHMIDER, E. (2003): *Handbuch für Webtexter - So schreiben Sie fürs Internet*, Springer.

[207] SCHMIDT-MÄNZ, N./ BOMHARDT, CH. (2005): *Wie Suchen Onliner im Internet?*, in: Science Factory 2/2005, Absatzwirtschaft.

[208] SCHMIDT-MÄNZ, N./ GAUL, W. (2003): *Measurement of Online Visibility*, Operations Research Proceedings 2003, Springer, Berlin, Heidelberg, S. 205-212.

[209] SCHMIDT-MÄNZ, N./ GAUL, W. (2004): *Web Mining and Online Visibility*, Classification - the Ubiquitous Challenge. Springer, Heidelberg, S. 418-425. Proceedings, Gesellschaft für Klassifikation, 2004.

[210] SCHMIDT-MÄNZ, N./ KOCH, M. (2005): *Patterns in Search Queries*, in: Baier, D., Decker, R., and Schmidt-Thieme, L. (Eds.) (2005): Data Analysis and Decision Support. Springer, Heidelberg, S. 122-129.

[211] SCHMIDT-MÄNZ, N./ KOCH, M. (2006): *A General Classification of (Search) Queries and Terms*, Proceedings of 3rd International Conference on Information Technologies: Next Generations, Las Vegas, Nevada, USA.

[212] SCHMIDT-THIEME, L./ GAUL, W. (2002): *Aufzeichnung des Nutzerverhaltens - Erhebungstechniken und Datenformate*, in: Hippner, H./ Merzenich, M./ Wild, K.D. (Hrsg.): Handbuch Web Mining im Marketing, Vieweg, S. 35–52.

[213] SCHMITZ, M. (2002): *Neue Kunden gewinnen mit Suchmaschinen*, Praxisleitfaden für Mittelständler und Großunternehmen, BusinessVillage.

[214] SCHÜTT, M.-L. (1999): *Pfadanalysen führen zum Kunden*, Absatzwirtschaft, 11, S. 108–110.

[215] SCHULTZ, J./ LIBERMAN, M. (1999): *Topic Detection and Tracking using idf-Weighted Cosine Coefficient*, Proceedings of the DARPA Broadcast News Workshop, pp. 189-192, 1999.

[216] SCHWEIGER, W. (2001): *Hypermedien im Internet - Nutzung und ausgewählte Effekte der Linkgestaltung*, Internet Research, Band 3, Verlag Reinhard Fischer.

[217] SCHWICKERT, A./ THEURING, TH. (1998): *Online-Marketing: Grundlagen, Modell und Fallstudie für Versicherungsunternehmen*, Teubner-Reihe Wirtschaftsinformatik.

[218] SEARCHENGINEGUIDE (2005): *Internet Search Engines*, http://www.searchengineguide.com.

[219] SEARCHENGINEWATCH (2004a): *Nielsen NetRatings*, Marktanteile von Suchdiensten nach Prozentsatz der abgesetzten Suchanfragen, http://searchenginewatch.com/reports/article.php/2156451.

[220] SEARCHENGINEWATCH (2004b): *2003 & 2002 Statistics*, Statistiken zum Nutzungsverhalten von Suchmaschinen, http://searchenginewatch.com/reports/article.php/2156471.

[221] SEARCHENGINEWORLD (2004): *Search Engine History*, http://www.searchengineworld.com/engine/players.htm.

[222] SEIBOLD, B. (2002): *Klick-Magnete: Welche Faktoren bei Online-Nachrichten Aufmerksamkeit erzeugen*, @Internet Research, Verlag Reinhard Fischer.

[223] SEOCONSULTANTS (2004): *History of Search Engines and Directories*, http://www.seoconsultants.com/search-engines/history/.

[224] SEO-CONSULTING (2004): *60% der Internetnutzer unzufrieden mit Suchmaschinen*, Artikel vom 11. November 2004, http://www.seo-consulting.de/pages/news-306.php.

[225] SEVENONE INTERACTIVE (2004): *Online-Mediendaten 2004*, http://www.71i.de/downloads/interactivePod/online_mediadaten_2004.pdf.

[226] SHNEIDERMAN, B./ BYRD, D./ CROFT, B. (1997): *Clarifying Search – A User-Interface Framework for Text Searches*, D-Lib Magazine, http://www.dlib.org/dlib/january97/retrieval/01shneiderman.html.

[227] SILVERSTEIN, C./ HENZINGER, M./ MARAIS, H./ MORICZ, M. (1999): *Analysis of a Very Large Web Search Engine Query Log*, ACM SIGIR Forum, 33(1), S. 6–12.

[228] SONNENREICH (2004): *A History of Search Engines*, http://www.wiley.com/legacy/compbooks/sonnenreich/history.html.

[229] SPINK, A./ BATEMAN, J./ JANSEN, B. (1998): *Searching heterogeneous collections on the Web: Behavior of Excite Users*, Information Research, 4(2).

[230] SPINK, A./ BATEMAN, J./ JANSEN, B. (1999): *Searching the Web: Survey of Excite Users*, Internet Research: Electronic Networking Applications and Policy, 9(2), S. 117–128.

[231] SPINK, A./ GUNAR, O. (2001): *E-Commerce Web Queries: Excite and Ask Jeeves Study*, First Monday, Peer-Reviewed Journal on the Internet, 6(7), S. 4.

[232] SPINK, A./ JANSEN, B. (2004a): *Web Search: Public Searching of the Web*, Kluwer Academic Publishers.

[233] SPINK, A./ JANSEN, B. (2004b): *A study of Web Search Trends*, Webology, 1(2), http://www.webology.ir/2004/v1n2/a4.html.

[234] SPINK, A./ JANSEN, B./ OZMUTLU, H. (2000a): *Use of query reformulation and Relevance Feedback by Excite Users*, Internet Research: Electronic Networking Applications and Policy, 19(4), S. 317–328.

[235] SPINK, A./ JANSEN, B./ WOLFRAM, D./ SARACEVIC, T. (2002a): *From E-Sex to E-Commerce: Web Search Changes*, IEEE Computer, 35(3), S. 107–109.

[236] SPINK, A./ OZMUTLU, H./ LORENCE, D. (2004c): *Web Searching for Sexual Information: An Exploratory Study*, Information Processing and Management, 40, S. 113–123.

[237] SPINK, A./ OZMUTLU, H./ OZMUTLU, S./ JANSEN, B. (2002b): *Multitasking Information Seeking and Searching Processes*, Journal of the American Society for Information Science and Technology, 53(8), S.639–652.

[238] SPINK, A./ OZMUTLU, S./ OZMUTLU, H./ JANSEN, B. (2002c): *U.S. Versus European Web Searching Trends*, ACM SIGIR Forum, 36(2), S. 32–38.

[239] SPINK, A./ PARK, M./ JANSEN, B./ PEDERSEN, J. (2004d): *Multitasking Web Search on AltaVista*, Proceedings of the International Conference on Information Technology: Coding and Computing (ITCC'04), 1, S. 309–313.

LITERATURVERZEICHNIS 239

[240] SPINK, A./ SOLLENBERGER, M./ HURSON, A. (2000b): *Elicitation Queries to the Excite Web Search Engine*, CIKM 2000: Proceedings on the Conference on Information and Knowledge Management, S. 134–140.

[241] SPINK, A./ WILSON, T.D./ FORD, N./ FOSTER, A./ ELLIS, D. (2002d): *RESEARCH - Information Seeking and Mediated Searching Study. Part 3. Successive Searching*, Journal of the American Society for Information Science and Technology: JASIST, 53(9), S. 716–727.

[242] SPINK, A./ WOLFRAM, D./ JANSEN, B./ SARACEVIC, T. (2001): *Searching the Web: The Public and Their Queries*, Journal of the American Society for Information Science and Technology, 52(3), S. 226–234.

[243] SPINK, A./ XU, J. (2000): *Selected Results from a Large Study of Web Searching: The Excite Study*, Information Research, 6(1), erhältlich unter http://InformationR.net/ir/6-1/paper90.html.

[244] STARSETZKI, TH. (2001): *Rekrutierungsformen und ihre Einsatzbereiche*, in: Theobald et al. (2001).

[245] STERNE, J. (2002): *Web Metrics: Proven Methods for Measuring Web Site Success*, Wiley Publishing.

[246] STOLPMANN, M. (2001): *Online-Marketingmix: Kunden finden, Kunden binden im E-Business*, Galileo Business.

[247] STRAUSS, J./ FROST, R. (1999): *Marketing on the Internet*, Prentice Hall.

[248] STERN (2004): *Spürhund-Rennen: Mit neuen Methoden wollen alternative Suchmaschinen das Finden von Informationen im Internet leichter machen als bei Google*, Stern, Ausgabe 9.9.2004, S. 172-173.

[249] SWAN, R./ JENSEN, D. (2000): *TimeMines: Constructing Timelines with Statistical Models of Word Usage*, KDD-2000 Workshop on Text Mining.

[250] TAUSCHER, L./ GREENBERG, S. (1997a): *How People Revisit Web Pages: Empirical Findings and Implications for the Design of History Systems*, International Journal of Human-Computer Studies, 47, S. 97–137.

[251] TAUSCHER, L./ GREENBERG, S. (1997b): *Revisitation Patterns in World Wide Web Navigations*, Proceedings of CHI 97, Human Factors in Computing Systems, S. 399–406.

[252] THENG, Y./ JONES, M./ THIMBLEBY, H. (1996): *Lost in Hyperspace – Psychological Problem or Bad Design? Proceedings of the first Asia Pacific Conference on Computer Human Interaction, Singapore, June 1996, pp 387-396.*

[253] THEOBALD, A. (2000): *Das World Wide Web als Befragungsinstrument*, Gabler Edition Wissenschaft, Interaktives Marketing.

[254] THEOBALD, A./ DREYER, M./ STARSETZKI, TH. (HRSG.) (2001): *Online-Marktforschung: Theoretische Grundlagen und praktische Erfahrungen*, Gabler.

[255] THUROW, SH. (2003): *Search Engine Visibility*, New Riders Publishing.

[256] TUTEN, T./ URBAN, D./ BOŠNJAK (2002): *Internet Surveys and Data Quality: A Review*, in: BATINIC ET AL. (2002).

[257] URTEIL 'DEEPLINK' (2003): *Internet-Suchdienst für Presseartikel nicht rechtswidrig*, Bundesgerichtshof, Mitteilung der Pressestelle, Nr. 96/2003, Urteil vom 17. Juli 2003 - I ZR 259/00.

[258] VAN EIMEREN, B./ GERHARD, H. (1999): *ARD/ZDF-Online-Studie 1999: Wird Online Alltagsmedium?*, Media Perspektiven 8/1999.

[259] VAN EIMEREN, B./ GERHARD, H. (2000): *ARD/ZDF-Online-Studie 2000: Gebrauchswert entscheidet über Internetnutzung.*, Media Perspektiven 8/2000.

[260] VAN EIMEREN, B./ GERHARD, H./ FREES, B. (2001): *ARD/ZDF-Online-Studie 2001: Internetnutzung stark zweckgebunden.*, Media Perspektiven 8/2001.

[261] VAN EIMEREN, B./ GERHARD, H./ FREES, B. (2002): *ARD/ZDF-Online-Studie 2002: Mehr Routine, weniger Entdeckerfreude.*, Media Perspektiven 8/2002.

[262] VAN EIMEREN, B./ GERHARD, H./ FREES, B. (2003): *ARD/ZDF-Online-Studie 2003: Unerwartet hoher Zuwachs.*, Media Perspektiven 8/2003.

[263] VAN EIMEREN, B./ GERHARD, H./ FREES, B. (2004): *ARD/ZDF-Online-Studie 2004: Potenzial vorerst ausgeschöpft?*, Media Perspektiven 8/2004.

[264] VLACHOS, M./ MEEK, CH./ VAGENA, Z. (2004): *Identifying similarities, periodicities and bursts for online search queries*, Proceedings of the 2004 ACM SIGMOD International Conference on Management of Data,Paris, France, ACM Press, S. 131–142.

[265] W3B (2004): *18. WWW-Benutzer-Analyse W3B*, Fittkau & Maaß GmbH Internet Consulting & Research Services, http://www.w3b.org/ergebnisse/w3b18/.

[266] W3HISTORY (2004): *A Little History of the World Wide Web*, http://www.w3history.org.

[267] WATT, J. (1997): *Using the Internet for Quantitative Survey Research*, http://www.swiftinteractive.com/white1.asp.

[268] WANG, P./ BOWNAS, J./ BERRY, M. (2003): *Trend and Behavior Detection from Web Queries*, in: Berry (2003).

[269] WANG, P./ BOWNAS, J./ BERRY, M. (2003): *Mining Longitudinal Web Queries: Trends and Patterns*, Journal of the American Society for Information Science and Technology: JASIST, 54(8), S. 743–758.

[270] WEBARCHIVE (2004): *Internet Archive - The Wayback Machine*, http://www.webarchive.org/.

[271] WEBER, CH./ GRONER, R. (1999): *Suchstrategien im WWW bei Laien und Experten*, in: Wirth, W./ Schweiger, W. (Hrsg.) (1999): *Selektion im Internet – Empirische Analysen zu einem Schlüsselkonzept*, Westdeutscher Verlag, S. 181–196.

[272] WEBHITS (2005): *Nutzung von Suchmaschinen*, Marktanteile von Suchdiensten nach Prozentsatz der abgesetzten Suchanfragen in Deutschland,

http://www.webhits.de/deutsch/index.shtml?/deutsch/webstats.
html.

[273] WEICK, K./ DAFT, R. (1983): *The Effectiveness of Interpretation Sy-stems*, In: Organizational Effectiveness: A Comparison of Multiple Models, Hsg.: Cameron, K.S./ Whetten, D.A., New York, Academic Press, S. 71–93.

[274] WERNER, A. (1998): *Site Promotion - Werbung auf dem WWW*, Dpunkt Verlag.

[275] WERNER, A./ STEPHAN, R. (1998): *Marketing Instrument Internet*, Dpunkt Verlag.

[276] WILSON, R. (2003): *The Web Marketing Checklist: 29 Ways to Promote Your Website*, Web Marketing Today, 125, http://www.wilsonweb.com/articles/checklist.htm.

[277] WILSON, T. (1997): *Information Behavior: An Interdisciplinary Perspective*, Information Processing and Management, 33(4), S. 551–572.

[278] WOLFRAM, D./ SPINK, A./ JANSEN, B./ SARACEVIC, T. (2001): *Vox Populi: The Public Searching of the Web*, Journal of the American Society for Information Science and Technology, 52(23), S. 1073–1074.

[279] WRIGHT, A. (2004): *In Search of the Deep Web*, http://www.salon.com/tech/feature/2004/03/09/deep_web/index_np.html.

[280] XIE, Y./ O'HALLARON, D. (2002): *Locality in Search Engine Queries and Its Implications for Caching*, Infocom (2002), http://www-2.cs.cmu.edu/~ylxie/papers/infocom02.ps.

[281] YAHOO! (2004): *Suchdienst*, http://www.yahoo.com, für den deutsch-sprachigen Raum bspw. http://www.yahoo.de.

[282] YANG, Y./ PIERCE, T./ CARBONELL, J. (1998): *A study on Retrospective and On-line Event Detection*, Proceedings of SIGIR-98, 21st ACM International Conference on Research and Development in Information Retrieval, S. 28–36.

[283] ZHONG, N./ LIU. J./ YAO, Y. (2003): *Web Intelligence*, Part III: Web Information Retrieval und Part IV: Social Network Intelligence, Springer Verlag.

[284] ZIEN, J./ MEYER, J./ TOMLIN, J./ LIU, J. (2000): *Web Query Characteristics and their Implications on Search Engines*, Almaden Research Center, Research Report, RJ 10199 (95073).

[285] ZIEN, J./ MEYER, J./ TOMLIN, J./ LIU, J. (2001): *Web Query Characteristics and their Implications on Search Engines*, Poster Proceedings of the Tenth International World Wide Web Conference.

[286] ZUKERMAN, I./ ALBRECHT, D./ NICHOLSON, A. (1999): *Predicting Users' Requests on the WWW*, Proceedings of the 7th International Conference on User Modeling, S. 275–284.

Aus unserem Verlagsprogramm:

Uwe Osterrieder
Kommunikation im Internet
*Kommunikationsstrukturen im Internet
unter Betrachtung des World Wide Web als Massenmedium*
Hamburg 2006 / 322 Seiten / ISBN 978-3-8300-2320-3

Jan-Frederik Engelhardt
Kundenlauf in elektronischen Shops
*Typologisierung und Analyse des Erlebens und des Blick-,
Klick- und Kaufverhaltens in zwei- und dreidimensionalen
elektronischen Shop-Umgebungen auf Grundlage statischer
und sequenzanalytischer Mustererkennungen*
Hamburg 2006 / 500 Seiten / ISBN 978-3-8300-2262-6

Hans Rüdiger Kaufmann (Hrsg.)
International Customer Behaviour and Retailing Research
2nd CIRCLE Conference Proceedings
Hamburg 2006 / 246 Seiten / ISBN 978-3-8300-2194-0

Marco Hardiman
Nutzerspezifische Gestaltung von Multimedialität in Internetauftritten
Hamburg 2005 / 280 Seiten / ISBN 978-3-8300-1945-9

Stefanie Hettich
**Strategische Planung des Electronic Customer
Relationship Managements**
*Methoden und Konzepte der Informationsversorgung
in der Umweltanalyse*
Hamburg 2005 / 408 Seiten / ISBN 978-3-8300-1750-9

Alexander Koldau
Einstiegsstrategien in den Internethandel
Entwicklung eines Leitfadens für den Baustoffhandel
Hamburg 2004 / 350 Seiten / ISBN 978-3-8300-1403-4

Jörg Meyer
Mundpropaganda im Internet
*Bezugsrahmen und empirische Fundierung des Einsatzes
von Virtual Communities im Marketing*
Hamburg 2004 / 294 Seiten / ISBN 978-3-8300-1377-8

VERLAG DR. KOVAČ

FACHVERLAG FÜR WISSENSCHAFTLICHE LITERATUR

Postfach 57 01 42 · 22770 Hamburg · www.verlagdrkovac.de · info@verlagdrkovac.de

Einfach
Wohlfahrtsmarken
helfen!